本著作获 "中南民族大学中央高校基本
科研业务费专项资金项目资助"

(The Project was Supported by the Special Fund for
Basic Scientific Research of Central Colleges,
South-Central University for Nationalities)

长江流域

卢世菊 ● 著

与旅游开发

道教文化遗产

基于文化线路视角

中国社会科学出版社

图书在版编目(CIP)数据

长江流域道教文化遗产与旅游开发:基于文化线路视角/
卢世菊著. —北京:中国社会科学出版社，2012.8
　ISBN 978-7-5161-0814-7

　Ⅰ.①长…　Ⅱ.①卢…　Ⅲ.①长江流域—道教—文化
遗产—旅游资源开发—研究　Ⅳ.①F592.75

中国版本图书馆 CIP 数据核字(2012)第 079388 号

出　版　人　赵剑英
责任编辑　郭晓鸿
责任校对　刘　娟
责任印制　戴　宽

出　　　版　中国社会科学出版社
社　　　址　北京鼓楼西大街甲 158 号 (邮编 100720)
网　　　址　http://www.csspw.com.cn
　　　　　　中文域名:中国社科网　　010-64070619
发　行　部　010-84083685
门　市　部　010-84029450
经　　　销　新华书店及其他书店

印　　　刷　北京市君升印刷有限公司
装　　　订　廊坊市广阳区广增装订厂
版　　　次　2012 年 8 月第 1 版
印　　　次　2012 年 8 月第 1 次印刷

开　　　本　710×1000　1/16
印　　　张　19
插　　　页　2
字　　　数　279 千字
定　　　价　48.00 元

目　录

第一章　绪论:研究现状与研究内容

　　"文化线路"(Cultural Routes) 是近些年国际遗产保护领域出现的一种新的遗产类型和遗产保护理论,文化线路如同筋脉,可使一定时间内一定国家或地区的文化联成一个整体,并带来各个文化社区的交流和对话,给人类文明的发展和遗产保护事业带来重大的影响,因此日益受到国际社会的关注,已有诸如西班牙的圣地亚哥·德·卡姆波斯特拉朝圣路 (1993)、阿曼的乳香之路(2000)、日本的纪伊山圣地和朝圣之路 (2004) 等多处文化线路遗产陆续进入《世界遗产名录》,体现出文化遗产的保护范围在不断扩大。

　　中国五千年的文明孕育了大运河、丝绸之路、茶马古道等举世闻名的文化线路遗产,北京大学的俞孔坚先生 (2009) 结合文献研究方法与德尔菲法,系统全面地梳理出国家层面上的文化线路,包括丝绸之路、长城、长江及其沿线文化带、红军长征路线等共 19 条,涉及交通线路、军事工程、自然河流与水利工程、历史主题事件四大类型,并特别指出,长江等虽属于自然河流,但它们是中华民族文明的摇篮,对中国历史的经济、社会与文化发展起到了重要的作用,沿线文化带历史文化遗存十分丰富,可以作为提名入选。[①] 由此,本书

---

　　① 参见俞孔坚等《中国国家线性文化遗产网络构建》,《人文地理》2009 年第 3 期。

以文化线路的新理念和新方法来审视和梳理长江流域的道教文化遗产资源是可行和必要的。

本书在大量考察、调研、查阅资料的基础上，参照国际上对"文化线路"的界定标准，对长江流域道教文化的传播与发展、有形遗产资源要素、无形遗产资源要素进行分析研究，并对长江流域道教文化线路遗产资源的保护与旅游开发展开系统的论述，期望从一个全新的视角来展示长江流域这条极具特色的沿线文化带。

一 国内外研究现状述评

文化线路的理论研究起源于西班牙。1993 年，西班牙因其国内的圣地亚哥·德·卡姆波斯特拉朝圣路被列为《世界遗产名录》，遂邀请有关专家对文化线路的有关问题进行深入讨论。从西方国家对文化线路已有的研究成果来看，理论研究较少，实证分析较多（刘小芳，2007）[①]。

理论研究主要集中在三个方面：一是关于文化线路内涵外延的界定方面。很多专家学者甚至世界遗产大会都存在对文化线路的歧义，主要涉及对文化线路与文化景观、线状文化景观、廊道遗产等概念的辨析与理解。二是关于文化线路背景环境的研究。文化线路是一个巨大的遗产系统，当要分析线路沿线的社会经济对线路施加的影响时，环境就成为一个重要的因素，学者和世界遗产的专家、官员在这方面的研究主要涉及三维环境论、背景环境进化系统和环境保护方面。三是文化线路遗产保护管理方法的研究。首先就一般层面的管理而言，多数学者仍认为传统遗产管理模式对文化线路的管理保护仍具有意义，特别是对文化线路的完整性、原真性保护管理方面多国学者提出了管理的原则和方法；其次是就文化遗产管理层次来说提出了"领地

---

① 参见刘小方《文化线路研究的新进展》，《桂林旅游高等专科学校学报》2007 年第 6 期。

控制"理论。

实证分析主要集中在对国际十多条知名文化线路的研究上,如对西班牙殖民时期在南美洲的皇家之路、中国的丝绸之路、中东地区的汉志铁路等给予了重点关注。

文化线路最初是为了保护文化遗产而提出来的,学者们较少研究文化线路产生的经济效应问题,但随着旅游业的不断发展,越来越多的学者也将研究的目光投向文化线路与旅游发展上来。托弗·奥利弗(2004)以爱尔兰为例,探讨了文化线路与旅游者的体验之间的关系,他通过一系列的图表发现,文化线路的改变很大程度上影响了旅游者对目的地形象的感知,因而要加强文化线路的保护工作,以建立一个很好的旅游目的地形象。① 马琳·劳伦斯(2007)提出了文化线路旅游的经济重要性,认为这是某些国家和地区能够脱贫的一个好办法,并认为文化线路旅游是旅游业可持续发展的最好工具,他将圣地亚哥朝圣之路、昆士兰遗产步道和哈德良长城作为案例,介绍其背景、发展旅游的模式与计划,分析这些文化线路的制度结构,以及它们如何针对旅游者的需求进行管理与营销,他认为目前一些发达国家对文化线路旅游的尝试是成功的,这些国家最初的宗旨是为维护文化遗产,而不是为了经济效益,但后来的旅游业发展出乎意料。而发展中国家与此截然不同,他们从最初就是为了旅游业带来的经济效应,忽视了文化线路本身的保护,这在一定程度上体现了发达国家与发展中国家的区别,发展中国家应在 以保护为前提的条件下进行文化线路旅游开发,采取整体开发策略,这才能真正成功地发展文化线路旅游。② 马琳·劳伦斯的观点很值得参考和借鉴。到目前为止,文化线路旅游仍然是一个新名词,相信,文化线路及其旅游开发利用的研究仍将是今后一段时间内国外学者们关注的重点。

---

① 参见 Tove Oliver, *The Cultural Tour Route: A Journey of The Imagination*, Tourism Analysis, 2004 Vol. 8。

② 参见 Marline Laurens, *The Underpinnings of Successful Route Tourism in South Africa*, 2007 年。

我国是从 2006 年 6 月国家设立"文化遗产日"以后，文化线路这一理念才渐入人们的视野。我国作为历史悠久的文明古国，拥有丰富的文化遗产资源，如何借鉴国际上先进的文化遗产保护理念和方法来保护我国的文化遗产，已经引起业界和学者的重视。经过查找清华大学 CNKI 的期刊论文数据库（2011 年 7 月 20 日检索），有 38 篇文献以文化线路为题名进行论述。研究成果主要集中在三个方面：一是对文化线路相关概念的研究（姚雅欣①，2006；刘小方②，2006；王建波③，2009）；二是对文化线路的影响及意义的研究（吕舟④，2006；李林⑤，2008）；三是对文化线路的案例研究（刘小方⑥，2007；李林⑦，2008；牛云峰⑧，2009；章剑华⑨，2009；王建波⑩，2010）。可以看出，近年来我国学界对文化线路的研究有限，研究成果、研究对象较为单薄，特别是在案例研究方面主要集中在丝绸之路、大运河、茶马古道、川盐古道个案上，因而加强对文化线路特别是类似长江这样自然形成的文化故道的关注和研究尤为必要。

长江是中华民族的母亲河，在长江流域，世代生息的炎黄子孙因生命或信仰孕育出光辉灿烂、神采飞扬的长江文化，道教文化即是其中重要的组成部分。道教是中国的本土宗教，尽管道教前史很长，渊源有自，但目前学术界及道教界认为，道教的著名道派如天师道、丹鼎派、上清派、灵宝派、净明道、

---

① 参见姚雅欣、李小青《"文化线路"的多维度内涵》，《文物世界》2006 年第 1 期。
② 参见刘小方《文化线路辨析》，《桂林旅游高等专科学校学报》2006 年第 5 期。
③ 参见王建波、阮仪三《作为遗产类型的文化线路——〈文化线路宪章解读〉》，《城市规划学刊》2009 年第 4 期。
④ 参见吕舟《文化线路构建文化遗产保护网络》，《中国文物科学研究》2006 年第 1 期。
⑤ 参见李林《"文化线路"对我国文化遗产保护的启示》，《江西社会科学》2008 年第 4 期。
⑥ 参见刘小方、李海军《世界文化线路遗产的保护与旅游开发——以四川省为例》，《桂林旅游高等专科学校学报》2007 年第 2 期。
⑦ 参见李林《"文化线路"与"丝绸之路"文化遗产保护探析》，《新疆社会科学》2008 年第 3 期。
⑧ 参见牛云峰《文化线路与丝绸之路（新疆段）民族文化资源开发——以库车—新和段为例》，《乌鲁木齐职业大学学报》2008 年第 4 期。
⑨ 参见章剑华《江苏文化线路遗产及其保护》，《东南文化》2009 年第 4 期。
⑩ 参见王建波、阮仪三《作为文化线路的京杭大运河水路遗产体系研究》，《中国名城》2010 年第 9 期。

武当道等都发源于长江流域,长江流域是道教的摇篮(杨立志①,2005)。至今长江流域各地仍保留着许多珍贵的道教风景名胜和文物古迹,犹如繁星点缀银河,因宗教信仰而趋出的这条道教文化通道是长江流域文化体系的一大特色和优势,需要我们大力地开展研究。

虽然如今道教研究已成为国际汉学界的一个研究领域,但西方汉学家着重在道教教仪、经典、道教知识和技术的利用等方面展开较为系统的研究(张泽洪②,2003),对道教文化的保护与旅游开发等方面的研究并未引起足够的重视。国内学者对道教研究的内容比较广泛,涉及道教理论、思想、宗派、现状、文学、艺术、语言、经典,以及与当前环境保护、人生哲学主题均有联系,反映了中国的道教研究已进入了一个百花齐放的时代。在宗教文化旅游不断升温的背景下,学术界对道教文化旅游的研究成果不断问世。从已有文献看,主要集中在:对某道教圣地或某行政区域内道教的旅游开发研究(袁银枝③,2004;兰虹④,2007;刘春燕⑤,2003;冀群风⑥,2002;唐崇敏⑦,2006;熊伯坚⑧,2006);探讨道教文化与旅游的关系(孔令宏⑨,2005;胡锐⑩,1999;江妍等⑪,2007);探讨如何利用道教的生态伦理思想指导旅游,实现旅游的可持续发展(秦永红⑫,2002;卢世菊⑬,2003)。这些成果显示:第一,研究的出发点是对道教文化的孤立的"点"状展示,而非以道教活动为

---

① 杨立志:《道教与长江文化》,湖北教育出版社2005年版,第1页。
② 参见张泽洪《20世纪以来日本的道教研究》,《四川大学学报》2003年第2期。
③ 参见袁银枝《魏宝山道教文化旅游资源与开发略论》,《宗教学研究》2004年第4期。
④ 参见兰虹《青城山道教资源的保护与开发》,《西南民族大学学报》2007年第12期。
⑤ 参见刘春燕《三清山道教文化旅游资源开发研究》,《江西社会科学》2003年第4期。
⑥ 参见冀群风《武当山旅游发展对策研究》,《郧阳师范高等专科学校学报》2002年第2期。
⑦ 参见唐崇敏《对成都市综合开发道教文化资源的思考》,《中共成都市委党校学报》2006年第6期。
⑧ 参见熊伯坚《以道教文化优势打造特色旅游景区——江西龙虎山旅游资源的深度开发分析》,《上海经济研究》2006年第1期。
⑨ 参见孔令宏《论道家与道教文化旅游》,《浙江大学学报》2005年第6期。
⑩ 参见胡锐《道教与旅游——道教旅游文化初探》,《宗教学研究》1999年第4期。
⑪ 参见江妍、陶莉《中国道教文化与旅游》,《商业文化》2007年第5期。
⑫ 参见秦永红《道家、道教与旅游可持续发展》,《西南民族学院学报》2002年第3期。
⑬ 参见卢世菊《道教生态伦理思想与旅游业的可持续发展》,《中南民族大学学报》2003年第6期。

脉络的"线"性区域性展示,因此,无法真实准确地开展对道教文化的综合性、整体性的保护和开发策略的研究。第二,以文化线路的理论来审视、研究长江流域道教文化遗产更属空白。

二　研究意义

道教是中国土生土长的宗教,它与佛教、儒学三足鼎立,在中国文化发展史上具有重要地位。经过 1800 多年的发展演变,道教不仅创造了高深玄奥的教义,而且开拓了不少道教名山,建造了许多道教宫观,形成了诸如道教建筑、道教音乐、道教绘画雕塑、道教武术等丰富的道教艺术形式,演绎发达出底蕴深厚的道教文化。至今,长江流域各地仍保留着许多珍贵的道教风景名胜和文物古迹,是长江流域旅游资源的一大特色和优势,很值得我们今天科学地开发和利用。

从文化线路视角来审视和探讨长江流域道教文化遗产及其保护与旅游开发不容忽视。理由如下:

第一,长江流域因水系的发达和辐射、收敛功能的强大,而将水流之地赋予特定的区位性和地域性。这条流域波澜壮阔,气势恢弘,具有相当强的整体性与关联性,符合文化线路需以"线路"为纽带的空间特征。

第二,以文化线路为视角,可以拓宽文化遗产的保护和开发利用的范围,以长江流域为脉络的线性区域性展示道教文化,可以最大限度地与长江流域广阔的自然景观融合在一起,形成一个包括道教名山、建筑、遗址等物质文化遗产及道教教义、教仪、武术、音乐等非物质文化遗产在内的遗产综合体系,可以克服单纯从点状研究的缺陷,有效地建立起整体保护、旅游规划开发的体系,建立起共生共荣的理念。在这条"线路"上,中上游的青城山是道教的发祥地,是道教的祖庭和圣地,而武当山的道教武术、道教音乐、道教法事、道教药膳等蜚声海内外,特别是武当拳更是在国际上享有广泛声誉;中下游的江西龙虎山是正一道祖庭,具有"统领天下道教事"的宗教地位和"北孔南张"的天师世家声誉,而茅山是中国道教上清派的发源地,又是道教上清、正一、全真等派共同修存之地。总之,以文化线路为视角,这条路的风采可以让我们从多维角度去领略。

第三,有开展研究的背景基础。尽管"中国的根柢全在道教"(鲁迅),道教根植于中国社会深层中,道教的胜迹遍布大江南北,但毕竟道教的发展与长江流域有着密切的联系,道教的发展演变与长江流域结下了不解之缘,它与长江流域古代文化的关系十分密切,长江流域留下了道教的众多仙真遗迹,道教的洞天福地约有70%分布在长江流域(杜光庭《洞天福地岳渎名山记》)。时至今日,长江流域的道教名山、祖庭、宫观胜迹仍如繁星点缀,灿若银河。而且,长江航运业素称发达,便利的水上交通有助于人们的经济文化往来,为各地香客信众和游客到长江流域各大名山朝圣参访提供了莫大的便利,从古至今,绝大多数信士和游客正是靠着便捷的长江航运到长江流域的各大道教名山去进香朝圣、旅游观光的。

第四,"文化线路"因其独特的资源特征及其与旅游天然的内在联系,给文化遗产旅游的发展带来巨大的机遇。长江流域的道教文化线路可以成为经典的宗教文化旅游线路,但怎样使文化遗产保护与旅游发展取得共赢,是值得我们思考研究的课题。

"大型线性文化遗产保护作为文化遗产保护领域的新课题,在中国乃至世界范围仍处于起步阶段。"(单霁翔[1],2006)因此,基于以文化线路为视野对长江流域的道教文化遗产和可持续旅游发展展开研究就有了重大的理论和实践价值。

---

[1] 单霁翔:《大型线性文化遗产保护初论:突破与压力》,《南方文物》2006年第3期。

三　主要研究内容

（一）对长江流域道教传播线路展开研究

依据 2008 年 11 月在加拿大举办的国际古迹遗址理事会第十六届大会通过的《文化线路宪章》，文化线路可以是陆路、水路或者是两者的混合，在空间形式上有单一线状、网状、放射状和环状四种类型。考虑到长江流域道教传播是一个出发地、多个目的地以及相互往来的特殊性，这条线路应是线状与网状或放射状结合的混合类型。

长江是中华民族的母亲河，道教是中国土生土长的民族宗教，长江与道教两者在漫长的历史长河中辉映发展。道教最早的产生地，一是长江流域的巴蜀，时被称为五斗米道，由张陵在东汉末创立；二是中原大地，时被称为太平道，亦创立于东汉末年。太平道因东汉末黄巾军大起义的失败很快湮灭，而五斗米道则在长江流域不断发展壮大，最终形成规模宏大的道教。道教如何在长江流域传播发展，是本书研究的重要内容之一。

借助有关道教的研究资料，道教在长江流域在不同的时期传播发展影响有所不同，本书通过整理的资料，梳理道教在长江流域的发展脉络。

东汉顺帝年间（126—144 年），创教人张陵翻山越岭来到号称"天府"的蜀地，受道书于四川鹤鸣山，建立五斗米道，在这里开创了具有深远历史意义的事业。后他又传道于四川青城山及巴蜀各地。张陵死后，其子张衡、其孙张鲁先后承其事业，继续在川北、川东、汉中传道，使道教声势大盛。魏晋南北朝时期，由于政治、军事斗争的需要，道教被统治者利用，加之道教徒的活动，道教便从巴蜀沿长江流域传播开来。如在东晋时期，在江南地区出现了以撰作道书、传授经法为主的符箓教派（灵宝派、上清派等）；更有南朝齐梁道士陶弘景在江苏茅山创造了对后世道教发展有深远影响的茅山宗。唐代是道教最兴盛的时期，唐中后期张陵后嗣沿长江入江西龙虎山开坛授箓，创立龙虎宗。此后，龙虎宗天师有多位相继平步青云，位极人臣，使龙虎宗产生广泛的社会影响，不过龙虎宗的势力虽突破江南，但主要还是集中于长江中下游，他们建造的许多宫观遍布于今天的江苏、浙江、江西、湖南等省。宋朝时灵宝派以江西阁皂山为传播中心发展为阁皂宗，与长江流域的龙虎宗、茅山宗鼎足而三，合称三山符箓。元朝为统一中国，加强争取江南诸道派，由于龙虎宗在江南传播的势力，命龙虎宗为"正一教主，主领三山符箓"，南方道教的三大宗坛，交由龙虎山天师统领，龙虎宗合并其他符箓派而为正一道。正一道与北方的全真道一起组成中国后期道教的两大派别。正一道自元中期形成后，以长江流域为基地传承至今。上述内容将在本书中细致地展开阐述。

（二）对长江流域道教文化有形遗产资源展开研究

根据《文化线路宪章》，与线路功能相关的有形遗产资源，包括基本的交通运输功能相关的有形遗产（如驿站、旅店等）和特定的功能用途相关的有形遗产（如集市、会馆等）。据此，长江流域道教文化传播线路所指的有形遗产资源应该是指特定的功能用途相关的各类场所，包括沿线的道教宫观、道教名山等，这些地方是道教情感交换、道教思想交流的所在。本书将对长江流域道教名山、宫观的分布情况和特征展开研究。

道教认为，人经过一定修炼后，可长生不死，成为神仙。还认为洞天福地是人间仙境，认为那里能得到神灵的佑护和仙人的指点，是凡人得道成仙的地方。而洞天福地多在名山之中。因此，道士对山有着特殊的感情，只有进山修行，才有可能得道成仙。道士们寻找风景秀丽的名山，传道修行、采药炼丹，便势所必然了。正是由于道教和道士在长江流域的活动异常活跃，所以长江流域的名山祖庭、宫观胜迹也异常丰富。唐末五代时的杜光庭在《洞天福地岳渎名山记》中，详细记载了道教的118座洞天福地，它们分布在中国的15个省区，而以长江流域的浙江（27个）、江西（18个）、湖南（19个）、江苏（11个）、四川（5个）为多，占了总数

70％左右①。千百年来，众多道士遁迹于洞天福地之中，"得山川之灵气，受日月之精华"，道教瑰丽的神话传说和丰富的仙真遗迹为名山增添了神奇的魅力。这些名山至今绝大多数仍是著名的风景名胜地，如云南魏宝山和云峰山，四川青城山和鹤鸣山，重庆丰都名山，湖北武当山和九宫山，湖南衡山，江西阁皂山、龙虎山、三清山，安徽黄山，江苏茅山，浙江天台山，等等。

道士们醉心于洞天福地的仙境，也为了宗教修行的需要，不断开发着各座仙山，他们在险峻的山岩上开出通幽曲径，在高耸入云的顶峰上建宫筑观。历史上，长江流域的道教宫观比比皆是。在长江流域分布至今仍声名显赫的道教宫观有：昆明太和宫和金殿、青城山古常道观、成都青羊宫、梓潼文昌宫、武当山宫观建筑群、武汉长春观、南岳衡山黄庭观、龙虎山天师府、南昌西山万寿宫、铅山葛仙祠、茅山九霄万福宫、苏州玄妙观、杭州抱朴道院、上海城隍庙，等等。除此之外，各地还有一些小规模的宫观，也成为一方胜迹。

这些道教名山和宫观不仅是信徒们的朝觐胜地，而且本身就具有极高的旅游观赏和美术欣赏价值，具备了宗教文化与旅游资源的双重意义。其中的黄山被列为世界自然和文化双遗产，青城山、武当山已被列为世界文化遗产，三清山、龙虎山被列为世界自然遗产，同时青城山、武当山、三清山、黄山、天台山、龙虎山、九宫山等已被列为国务院公布的国家级风景名胜区；茅山道院、杭州抱朴道院、龙虎山天师府、武当山太和宫及紫霄宫、武昌长春观、青城山古常道观及祖师殿、成都青羊宫早在1982年就被列为道教全国重点宫观，占全国重点宫观总数（21个）的2/3左右；武当山紫霄宫和金殿、龙虎山天师府、苏州玄妙观的三清殿等已被列为全国重点文物保护单位；其他的道教名山和宫观基本上都被列为省级风景名胜区和省级重点文物保护单位。

道教名山风景秀丽，奇绝秀美，气候宜人，是旅游的理想胜地。道教宫观或掩映在人迹罕至的青山绿水之间，或静卧于隔断尘嚣的闹市高墙内，构成旅

---

① 卢世菊：《紫气清风——长江流域的道教》，武汉出版社、中国言实出版社2006年版，第249页。

游胜地、休憩佳处。而且奇绝秀美的道教名山自然风光和道教宫观往往是珠联璧合,深山藏古观,幽径通殿堂。

(三) 对长江流域道教文化无形遗产资源展开研究

根据《文化线路宪章》,"见证了线路沿线相关人群间的交流和对话过程的无形遗产要素"(《文化线路宪章》中"文化线路的定义要素"一节中的"内容"对基本衍生要素的解释)是附着在有形要素之中的,包括五个类别:语言、饮食、穿着等传统习惯与风俗;宗教、礼仪、节庆等仪式性活动;音乐、文学、美术等艺术形式;传统耕作与手工技术与工艺、工业科技;建筑风格与形式、城镇空间结构特征。[①] 据此,对应长江流域道教文化有形遗产,可以将其无形遗产要素归纳为:生活习俗的道教印痕、节庆活动的仙风道迹、奇诡瑰丽的道教文学、仙情雅趣的道教艺术、供神祀灵的道教建筑、强身健体的通神医术,等等。

1. 生活习俗的道教印痕

道教对民间生活习俗的影响,首先表现在试图祛病消灾的法术方面。古人生了病往往请道士用法术驱逐致病的妖孽鬼祟。从古代到近代,长江流域的一些农村由于山高路远水深,普遍缺医少药,就请巫师或道士作法祈祷,今天虽然是高度文明的社会,但在农村仍然有生病请道士作法驱逐妖孽、举办斋醮法事之事。其次表现在丧葬习俗方面,在湘西、鄂西和贵州、浙江等地,有为亡人"开路"、"打绕棺"和"接煞"等习俗,都是请道士来完成。当然俗人自己也可以充当道教仪式的主角,比如为了表达对祖先的怀念,逢年过节和在先人忌辰,在家中或祖先的坟前,供上佳肴,烧些纸钱,说些祝请的话。这些仪式特别是道士们的斋醮仪式对于参与者来说是神圣的,对旁观者而言,也见神仙世界的魅力。

---

① 参见王建波、阮仪三《作为遗产类型的文化线路——〈文化线路宪章解读〉》,《城市规划学刊》2009 年第 4 期。

2. 节庆活动的仙风道迹

在中国民间当然也包括长江流域一带保存有各种各样流传已久、相沿成习的传统节日，这些节日及其相关的风俗习惯与道教有千丝万缕的联系。也是各地发展旅游的重要资源基础。春节是我国传统节日中最隆重、最热闹也是最快乐的节日，期间充满了与道教人物诞辰有关的神仙传说和风俗习惯。正月初五传说是米神娘娘的生日，不能淘米做饭，此说在湖北农村尤为流行，正月初五还是财神玄坛赵公明的生日，这天商家和祈愿财源广进的人们早早起床，以鞭炮、锣鼓和三牲酒席去迎接他的到来。正月初九是玉皇大帝的生日，这一天，各地宫观要举行神仙大会，善男信女纷纷到宫观去叩头进香。正月十五元宵节，道教又称为上元节，是天官大帝的诞辰，这天，道观常常举行斋会，善男信女除进奉香火外，还举行燃灯、玩灯、观灯等活动。除此之外，三月的清明节、五月的端午节、七月十五的中元节（三峡地区称"月半"）、八月十五的中秋节、九月初九的重阳节、十一月的冬至（浙江等地有"冬至大如年"之说）、腊月二十四祭灶节（长江流域多称小年节），这些传统的岁时节日无不渗透了种种道教传说和祭祀仪式，某些习俗和庆典已经演变成一种深层的心理意识沉淀在民间，如今我们仍然能够看到的燃放烟花爆竹、悬挂桃符、贴门神对联、踏青戴柳、悬艾挂蒲等风俗习惯，实际上都是道教的禳灾驱邪等法术的体现，但正因如此，这些节日才变得更加神奇、欢乐、喜庆、丰富多彩。

3. 奇诡瑰丽的道教文学

道教文学领域是一个奇诡瑰丽的浪漫天地，是一个引人无穷遐思的想象世界。历史上活跃在长江流域的道门人士以及教外人士创作了大量的道教文学作品，包括道教散文、道教小说、道教戏曲、道教诗词四大类文学体裁，在中国古典文学史上有不可或缺的地位。当人们游览道教名山宫观时，回味道教文学中仙界地府、腾云驾雾、上天入地、出神入化的道教世界的描绘，一定会感受到道教神异的气氛。《道藏》中收录了大量描写"洞天福地"的游记散文，都是教内人士或教外人士在游览道教名山后，结合自己的感受描述这些名山优美宜人的风景,寄托自己向往自然的理想,读来颇有情趣。如南宋内丹理论家、金丹派南宗五祖之一白玉蟾的《涌翠亭记》,就是一篇将感受融于自然景象之中的佳作,作者以烘托的笔法,勾勒出涌翠亭赏心悦目的景色,字里行间寄托着"效法自然"的思想情趣。一些道士和奉道文人针对道教的洞天福地、神府仙界撰写了大量的诗歌和小说,如有诗仙之称的李白的《梦游天姥吟留别》,诗人以夸张的手法突出了仙界的迷幻,描述自己进入了洞天仙境,"洞天石扉,訇然中开,青冥浩荡不见底,日月照耀金银台。"壮丽的景色,热闹的场面,仙境是多么美好。这是一种将现实山水宫观和旅途游览感受结合在一起的超尘脱俗的艺术幻化。

4. 仙情雅趣的道教艺术

道教为了与佛、儒争胜,除直接宣扬教义外,还广泛调动了诸如雕塑、绘画、音乐等多种艺术手段以弘扬道教。当我们走进道观,经山门入大殿,从大殿到偏殿,从前殿到后殿,一定会见到每个殿里都有神仙塑像、壁画和水陆画等,这就是道教的美术作品。道教神像的塑造都有一定的格式,对于不同地位的神有着不同的要求和规定,并要求形神兼备,显示神像的神性,神的威严,反映道教的宗旨。如各道观供奉的玉皇大帝像,这位天界的君主被塑造成面貌雍容和善,却又端庄严肃,双目下视,头戴平天冠,身着朝服,显示出无上的权威。长江流域各宫观内所存的道教神像难以计数,很多都是道教艺术珍品,如著名的苏州玄妙观三清泥塑像,就是宋代的道教造像;湖北武当山现存的明代御制铜鎏金真武坐像、张三丰像和其他神像,都有较高的艺术价值。道教塑像艺术作品除了宫观造像外,还有摩崖石刻造像。现存的道教石刻造像在长江流域一带主要分布于四川和重庆境内,四川绵阳西山观下的老子石刻像和四川青城山天师洞石刻伏羲、神农、黄帝三皇像,均系唐代作品,为长江流域现存最早的道教宫观石刻造像。重庆大足石刻、安岳石刻道教造像被誉为我国石刻艺术的宝库。

随着道教的发展,涌现了一批专攻道画的画家,他们绘出了飘逸高雅的神仙画像，生动的神话传说和历史故事以及时代风情，如武汉长春观太清殿两壁的《老子讲经说法图》、《老子过函谷关图》等。又如唐五代道士居青城山的张素卿，所画笔迹遒健，神采欲活，被尊为"一代画手"，宋元道观无不将其画作奉为典范，史载画有《老子过流沙图》、《九皇图》等。

道教音乐又称"法事音乐"或"道场音乐"，吸取了中国古代宫廷音乐和民间音乐的因素，有鲜明的民族风格和精湛的艺术造诣。道教相信音乐能"感动群灵"，当然能否"感动群灵"只有天知道，但是当游客眼见耳听道士执乐诵经、一唱一念，殿堂内经韵飘渺、乐声悠扬的时候，一定会被浓郁的道教氛围所震撼。道教音乐在长期的发展中所形成的音乐理论、优秀乐曲和声乐器乐技巧，给历代音乐家的创作以广泛的影响，创作出了深受道教音乐影响的作品，如唐代的《霓裳羽衣曲》等，今天道教音乐在中国民族民间音乐方面仍占重要地位，尤其是云南丽江的纳西古乐，以道教洞经音乐为主干，已闻名遐迩，成为游客到丽江旅游欣赏的一道精神大餐。

5. 供神祀灵的道教建筑

道教徒进行长期修炼、供奉祭祀神灵、举行斋醮祈禳仪式，都需要专门的活动场所，这个场所就是道教的宫观庵堂等建筑。伴随着道教的发展，其宫观建筑逐步形成了一种为其信仰宗旨服务的、反映道教思想特点的建筑风格。当游客进入道教场所，首先映入眼帘的就是道教的宫观建筑。道教的宫观建筑从其建筑结构上看，是以中国传统的木构架建筑为主，并充分吸收中国传统院落的风格，以庭院为单元组成各种形式的建筑群。从其形制和布局来看，仿效天象，按五行八卦方位确定主要建筑位置。如成都青羊宫三清殿，整个大殿共有36 根大柱，其中木柱 8 根，代表着道教的八大护法天王，石柱 28 根，代表着天上的四灵二十八宿，整个建筑体现法天象地思想。道教的宫观建筑还明显体现出道教崇尚自然、顺应自然、返璞归真这一基本思想。它们大多被建于幽静秀丽的名山中，巧妙地利用地形地貌，或依山傍水，或见水筑桥，或就洞修宫，或就地取材，构建出许多超凡脱俗、出神入化的道教建筑，形成一种以自然景观为主的道教园林艺术,刻意突出一种成仙或清修的意境。如武当山、青城山的道教建筑就是非常典型的因山就势而建的建筑,体现出自然山水与道教建筑结合的风格,其高超的建筑技术亦令今人叹为观止。此外,为了反映道教追求吉祥如意、长生不死以及羽化登仙等观念,道教建筑还在殿堂楼阁的门窗、墙壁上,以壁画、浮雕等形式进行装饰。如以松柏、灵芝、龟、竹、鹤等图案,象征友情、长生、君子、祥瑞等,让人感到平易亲切,更接近于现实生活。

6. 强身健体的通神医术

生死问题是古今中外人人都十分关心的问题。道教高扬"仙道贵生"的旗帜,以生命的永恒作为最高理想,他们希望走通由凡夫俗子变成神胎仙骨的道路,这条道路被称为"仙道",可以达到精神与形体的永存。但他们深知,"仙道贵生"只是一种主观愿望,人的精神和肉体都受着不可抗拒的自然规律的支配,都要经过生老病死这一过程,因此,他们提出,人只要注意自身修炼,安神固形,便可以长生不死。为此,道教研究、继承、实践出一系列修炼精神和形体的方法,包括动功健身、气功疗病、内丹长生、医道救人、通神法术等。如今,道教的这些强身健体的方法和医术,对中国的气功、医疗、人体科学等方面,都有广泛的影响和启发作用,特别是有些道教旅游景区在开发度假休闲旅游产品时,已将它们作为一种重要的旅游产品向外推广。

动功源于古代的导引术,道教认为,导引可以调和气血,活动筋骨,祛风散邪,预防病痛。道教动功在长期的发展中形成了众多的门派,创造了丰富的功法。《道藏》中就收有上千条导引功法,而且各宗各派还有秘传的功法。其中华佗五禽戏、钟离权八段锦、张三丰武当内家拳等,成了在大江南北广泛流传的优秀功法。实践证明,道教动功在剔去浓厚的神秘外衣之后,是祖国医学、养生学的宝贵财富,也是重要的旅游吸引物。道教气功注重"气"的呼吸锻炼,是在继承和发展了道家的气功养生理论和锻炼方法,包括胎息、吐纳等练气方式的基础上形成的。当然,作为动静兼容的道教气功流派,并不仅限于胎息与吐纳，道教气功术在发展过程中形成了上百种功法和流派，如行气法、淘气法、咽气法、调气法等。经验证明，适当的气功对人体健康是有好处的。道教内丹术是将人的身体作丹房，以心肾等器官为炉鼎，以体内的精、气、神为药物，以自己的意念为火候，借鉴烧炼外丹的理论、术语等进行自我生命炼养，是道教徒们炼精、气、神的生命炼养之道，在长期的发展过程中，已经形成一套相当玄深的内丹修炼理论和系统完整的修炼方法。虽然它对开发人体潜能、祛病健身确有作用，但因在人体内修炼，看不见摸不着，其中不无迷信、虚妄的成分。

长期以来，一代又一代的道士们特别注意探索生命的奥秘，不仅研究修炼方法，而且研究医道，为人诊病。从道教创立时起，学医、行医在道门中几乎成为传统，出现了许多高明的医家，其中在长江流域颇具影响的如葛洪、陶弘景、孙思邈等，特别是孙思邈，被尊为一代"药王"，对医学贡献最大，所著《备急千金要方》30卷，可供广大平民用，他所介绍的许多治病方法简便易行，如用谷白皮治脚气病、用含碘丰富的柳须治疗甲状腺肿大等，不胜枚举。道教医学因自始至终表现出的医学和神学的双重性，以及浓厚的人文性，令不少道门外人士好奇、探究。

（四）对长江流域道教文化线路遗产资源的保护与旅游开发展开研究

长江流域道教文化线路遗产首尾相连千百里，形成历史千百年，是一条见证我国悠久文明史的文化长河，是一部展示中华宗教文化的百科全书。这条串联起众多道教遗迹的文化线路，不仅是我国珍贵的文化财富和人类共同的文化遗产，而且在今天仍然发挥着重要的作用。因此，加强对这条道教文化线路遗产的保护，有利于对道教文化遗产集群的抢救，展示深厚的文化底蕴，集中再现我国道教传统文化的丰富文化内涵。

1. 长江流域道教文化线路遗产保护面临的压力与挑战

目前，我国文化遗产的保护当然也包括道教文化遗产的保护在理论、方法、政策以及实施方面都取得了前所未有的成绩，是长江流域道教文化线路遗产保护面临的机遇。首先,已经制定一系列关于道教文化遗产保护方面的法律制度,如《世界文化遗产保护管理办法》、《中华人民共和国文物保护法》、《中华人民共和国环境保护法》、《风景名胜区条例》、《关于道教宫观管理办法》,长江流域相关省市及道教名山景区还发布了地方的世界遗产保护、风景名胜区管理办法。其次,采取了许多关于道教文化遗产保护的新的做法。如国务院公布全国重点宫观,核定公布重点文物保护单位,加入《保护世界文化和自然遗产公约》,申报世界遗产项目,使我国包括道教文化遗产在内的文化遗产的保护有了更多的途径和方式。

然而由于文化线路强调遗产项目的综合性、类型上的广泛性,使得遗产保护面临更广泛和复杂的问题,所以文化线路视阈下的长江流域道教文化遗产的保护将会面临前所未有的挑战。首先,文化线路的大尺度及其对线路实施整体性保护的要求为长江流域道教文化遗产保护实践带来了巨大的挑战。其次,长江流域道教文化遗产项目的综合性大、复杂性强,涉及遗产产权等问题,给合作保护及管理、联合申遗等具体操作层面带来很多困难。最后,对长江流域道教文化遗产建立整体性保护规划和旅游规划,在实践中也存在难度。

可以说,文化线路结合长江流域道教文化遗产如何实施保护带来的机遇和挑战问题,是一个需要各方去努力研究和解决的问题。

以文化线路视阈来构建长江流域道教文化遗产保护体系是一个不错的选择。首先,树立起"整体性"保护文化遗产的观念。要将长江流域道教文化遗产看做是一个整体,长江流域道教文化遗产分属不同省份,时空跨度大,但自身是一个有机的整体;并要重视长江流域道教文化遗产的多维价值和整体价值,既要关注其物质文化遗产,还要关注其非物质文化遗产。其次,以线路为纽带,实施长江流域道教文化遗产的整体性保护战略。建立、健全有关道教文化遗产保护的法律法规,既要编制长江流域道教文化遗产整体性保护规划,也要编制长江流域道教文化遗产各专项保护规划。最后,以线路为纽带,建立长江流域道教文化遗产的跨省合作保护机制。由长江流域各省市共同建立一个长江流域道教文化遗产保护专业机构，依托专门的平台，全面承担起长江流域道教文化遗产的保护工作。发挥城乡建设部门、宗教部门、园林部门、文物部门、环境保护部门、旅游部门等机构的作用，在长江流域道教文化遗产保护专业机构的组织下发挥它们多元化辅助的作用。

2. 长江流域道教文化线路遗产在旅游开发上面临的压力与挑战

首先，长江流域各省区缺少国家层面的行之有效的道教文化线路遗产合作开发协调机制。长江流域道教文化线路历史悠久、尺度巨大，绵延万里。但目前，在开发利用这些道教文化线路旅游资源时，往往是按行政区划对单体的遗产"点"的开发利用，缺乏联合开发的思路和行动，在合理利用、综合整治等方面缺乏统筹协调。

其次，长江流域道教文化线路遗产资源还处于公众意识的"印象盲点"之中。公众对长江流域道教文化遗产整体认识并不高，对长江流域道教文化在中国道教文化中的地位并没有完整认识，有"只见树木不见森林"之印象盲点。

最后，长江流域道教文化线路遗产资源的原真性和完整性突出不够。长江流域的道教名山和宫观在开展以观赏性为主的文化旅游活动上取得了成功的经验，但一些道教名山景区的开发明显与道教教义、周围景观、历史机理不相协调，旅游产品的开发未能突出道教文化的完整性，难以满足游客更深、更高层次的旅游需求。

3. 长江流域道教文化线路遗产旅游开发措施

首先，应树立起文化线路理念，采取整体性开发策略。需通过一个国家层面的行之有效的文化线路遗产机制，确认长江流域道教文化线路遗产的"文化身份"，共同制订完成"长江流域道教之旅"旅游开发规划，着重打造"长江流域道教之旅"旅游线路这个大品牌。可按文化线路大视野大尺度地推出"长江流域道教风景名胜文物古迹游"、"长江风光——道教胜迹游"等"长江流域道教之旅"大品牌。加强区域联合，打破省内旅游圈，建立长江流域道教旅游圈，进一步联手协作，提升区域旅游竞争力。利用文化线路方法，促进长江流域联合申报长江流域道教文化线路世界遗产类型。"文化线路"遗产类型将长江流域道教文化遗产作为一个整体申报，文化线路所涉及地区进行联合申报，能集中各省市力量和努力，提升遗产价值，有助于提高申报世界遗产的成功率。

其次，应根据文化线路内容要求，深度开发长江流域道教有形遗产资源和无形遗产资源。长江流域道教旅游资源的深度开发除了对资源的整体进行深入发掘，注重资源的科学配置，在开发中注重产品的点、线、面的结合，既有重点开发，又有区域的联片开发，为旅游者提供跌宕起伏、起承转合、具有时间和环境韵律的高质量的组合产品——"长江流域道教之旅"之外，还需对已有资源个体进行深入发掘。具体包括：挖掘道教的深层文化内涵，深层次开发道教景观游；利用宫观的祖庭地位，积极拓展道教朝觐游；假借宫观庆典节日，开展丰富多彩的道教庙会游；结合道教的教理教义，开展独具特色的生态游。

最后，有针对性地开展宣传促销活动，不断开拓客源市场。在市场调研的基础上，针对不同客源市场的特点，精心设计不同的旅游线路宣传促销。充分利用青城山道教发祥地、龙虎山正一祖庭的地位，以及武当道、武当武术的独特性等在国内外宣传促销，特别是要利用这些道教圣地在港澳台地区及东南亚的重要影响，把这些地区作为主要的客源市场加以开拓，在这些地区加大宣传促销力度。当然在开发海外客源市场的同时，也应认识到国内市场的优势，努力改变道教旅游以香客、散客为主的客源结构，提高组团游客量。

第二章　文化线路:概念演变与现状

　　"文化线路"作为近些年世界遗产领域出现的一种新的遗产类型，它是一种文化遗产资源的集合，有其自身的基础构建、网络肌理、生态环境和影响范围。作为一种新的遗产保护理论，它被认为是拓展文化遗产规模和适应文化遗产复杂性趋势的一种新的发展成果。"文化线路"作为一个开放的、动态的概念，为我们全面理解文化遗产的保护范围提供了全新的理念和视界，当然，对于文化遗产保护策略与方法的制定，亦具有开创性和指导性意义。

一　文化线路概念的形成

（一）背景

　　据考，英文"heritage"（遗产）一词源于拉丁语，是指"父亲留下来的财产"，直至 20 世纪中后期，"遗产"一词的内涵和外延才发生很大的变化。其内涵由"父亲留下来的财产"发展成为"祖先留给全人类的共同的文化财富"，其外延也由一般的物质财富演变为看得见的"有形文化遗产"、看不见的"无形文化遗产"和天造地设的"自然遗产"①。

---

① 　参见顾军、苑利《文化遗产报告——世界文化遗产保护运动的理论与实践》，社会科学文献出版社 2005 年版，第 1 页。

对"遗产"一词新内涵的启用始于美国。1965 年，美国白宫会议第一次提出设立"世界遗产信托基金"建议案，提议共同保护"世界杰出的自然风景区和历史遗址"。1970 年，美国将此提议写入当时的重要法案——《国家环境政策法》中。该法案将这一理念表述为：自然环境的保护固然重要，但人文环境亦应视为生活环境的重要组成部分。每位国民都应树立起保护人类公共遗产的观念，共同保护国家的历史遗产、文化遗产和民族遗产。1972 年，美国颁布《人类环境宣言》和《人类环境行动计划》，更进一步提出了应尽快缔结《保护世界文化及自然遗产公约》的建议。这一大胆而前卫的建议获得了联合国的肯定。1972 年 11 月 16 日，联合国教科文组织（United Nations Educational Scientific and Cultural Organization，UNECO）颁布了旨在保护世界的自然风景区和文化遗产的两份文件——《保护世界文化及自然遗产公约》与《各国保护文化及自然遗产建议案》。这两份文件的颁布使"自然遗产"、"文化遗产"以及"世界遗产"这样一些新的概念和字眼迅速在国际间传播开来。其后世界各国纷纷以极大的热情投入到申报世界文化及自然遗产名录活动之中，更为这一理念的传播与普及推波助澜。

文化遗产是一个国家、民族、区域、城市、社会共同生活人群的"集体记忆"①，促使人们需从广阔的视野、深入的角度去探索和建立新的文化遗产类型和相应的保护方式。随着文化遗产保护内涵的深化和时代的发展，国际社会在对文化遗产保护要素方面，从重视单一文化要素的保护，向同时重视由文化要素与自然要素相互作用而形成的综合要素保护的方向发展，即由重视单一文化遗产的点状延伸和扩展到由多点组成的面状。如由文化要素与自然要素相互作用而形成的"文化景观"（Cultural Landscape）概念，就于 1992 年 12 月在联合国教科文组织世界遗产委员会第 16 次会议上提出，并被纳入《世界遗产名录》。同时，国际上很多学者也纷纷发表一系列关于文化遗产保护的经典文

---

① 参见单霁翔《从"文物保护"走向"文化遗产保护"》，天津大学出版社 2008 年版，第 68 页。

献，强调文化遗产保护的历史环境以及应不断扩大保护范围，这些都构成了"文化线路"——这一"文化遗产"的新类型和新概念形成的背景。

（二）概念的形成

1994 年，经联合国教科文组织世界遗产委员会的批准，文化线路世界遗产专家会议在西班牙政府资助下在马德里召开，会议第一次清晰地提出了"文化线路"的遗产保护概念，一致表示应将"路线作为我们文化遗产的一部分"，指出"文化线路"是一种具体的动态的文化景观。认为"文化线路"是"建立在动态的迁移和交流理念基础上，在时间和空间上都具有连续性"；"强调不同国家和地区间的对话和交流"；"是多维度的，有着除其主要方面之外多种发展与附加的功能和价值，如宗教的、商业的、管理的，等等"。并建议世界遗产委员会要求各国推动这一新型文化遗产的保护[①]。

这次专家会议还讨论了"文化线路"作为世界文化遗产的判别标准：一是空间特征，即长度和空间上的多样性反映了文化线路所代表的交流是否广泛，其连接是否足够丰富多样；二是时间特征，即只要使用达到一定时间，文化线路才可能对它所涉及的社区文化产生影响；三是文化特征，即它是否包含跨文化因素或是否产生了跨文化影响，也即它在连接不同文化人群方面的贡献；四是角色和目的，即它的功能方面的作用，如曾对文化宗教信念或贸易的交流起到作用，并影响到特定社区的发展，等等。[②] 马德里文化线路世界遗产专家会议对"文化线路"等相关问题的讨论，特别是关于文化线路的判别标准的讨论，为其后"文化线路"的进一步研究打下了基础。

1998 年，国际古迹遗址理事会（ICOMOS，该理事会为世界遗产委员会的主要咨询机构之一）在西班牙特内里弗召开会议，成立了"国际古迹理事会文化线路科学委员会"（CIIC，The ICOMOS International Scientific Commit-

---

① 参见单霁翔《从"文物保护"走向"文化遗产保护"》，天津大学出版社 2008 年版，第 262 页。
② 同上书，第 262—263 页。

tee on Cultural Routes），通过了《CIIC 工作计划》、《CIIC 章程》等文件，从而开始系统、深入地探讨"文化线路"的内涵、价值、意义及其保护策略，也标志着以"交流和对话"为特征的跨地区或跨国家的文化线路作为新型文化遗产概念，得到了国际文化遗产保护界的认同。文化线路科学委员会对"文化线路"界定为："文化线路或路线的概念指的是一套整体大于个体之和的价值。正是借助这套价值，文化线路才具有其意义。鉴别文化线路的依据是能够证明线路自身意义的一系列要点和物质元素。通过在某段历史时期对某个社会或团体的文明进程起到决定性作用的线索，来承认某条文化线路或路线中能够联系到某个非物质价值的关键要素和实物。"① 该界定为文化线路的具体实践措施奠定了基础。

2002 年 12 月，国际古迹理事会文化线路科学委员会再次在西班牙马德里召开会议，围绕"与文化景观相关的文化线路在观念上与实质上的独立性"议题，通过了关于"文化线路"的《马德里共识》。《马德里共识》认为"文化线路"具有非物质的精神属性和连通古今的可传承性，指出"文化线路"中有形遗产的脆弱性。《马德里共识》同时还专门强调了"文化线路"不同于文化景观的实质在于：文化线路以动态性表征，包括无形的、空间动力特征，这些是文化景观所不具备的；文化景观尽管也具有穿越时代的许多特征，但在本质上更具静态性和规定性；通常，文化线路包含许多不同的文化景观。不过《马德里共识》中关于"文化线路"达成的三点基本共识最值得关注，即：第一，作为贴切的理解文化遗产的途径，"文化线路"提供了一种新概念，以揭示文化遗产非物质的、富有生机的动态维度，从而在很大程度上超越了文化遗产的物质内容。第二，不能认为"文化线路"产生于或将其界定为诸如纪念物、历史城镇、文化景观等文化要素，相反，"文化线路"是动态生成与富于生机的，它的动态性和历史文脉已经生成或仍在继续生成相关的文化要素。第三，从严

---

① 参见单霁翔《从"文物保护"走向"文化遗产保护"》，天津大学出版社 2008 年版，第 263 页。

格的逻辑的科学观点看来，不宜认为"文化线路"是"线性的"或"非线性的"文化景观，即使当一些文化景观位于某条文化线路上时，它们之间或许完全不同，或许在地理上彼此隔绝、相距遥远①。

至此，"文化线路"的文化遗产价值地位得以明确，为此后"文化线路"理念的扩展奠定了基调。

二 文化线路理念的发展

"文化线路"理念的扩展是基于 2003 年世界遗产委员会委托国际古迹遗址理事会对《保护世界文化与自然遗产公约实施指南》的修订，该实施指南中加入了"文化线路"的内容。这在"文化线路"的发展历程中具有重大意义，因为从此以后"文化线路"就正式成为世界遗产保护领域的一个新类别了。

该实施指南中对"文化线路"定义为："是一种陆地道路、水道或者混合类型的通道，其形态特征的定型和形成基于它自身具体的和历史的动态发展和功能演变；代表人们的迁徙和流动，代表一定时间内国家、地区内部或国家、地区之间人们的交往，代表多维度的商品、思想、知识和价值的互惠和不断的交流，并代表因此产生的文化在时间和空间上的交流与相互滋养，这些滋养长期以来通过物质和非物质遗产不断得到体现。"②

这一定义对"文化线路"的形态特征、本质特征、价值体现给予了清晰的描述：

它是一种线形文化景观，它的尺度是多种多样的，可以是国家、地区内部的，也可以是国家、地区之间的；

它的本质是与一定历史时间相联系的人类交往和迁徙的路线，既包括城

---

① 参见单霁翔《从"文物保护"走向"文化遗产保护"》，天津大学出版社 2008 年版，第 263 页。
② 同上书，第 264 页。

镇、村庄、码头等文化元素,也包括山脉、河流等和路线紧密联系的自然元素;

它的价值构成是多元、多层次的,既有作为该线路整体的文化价值,也有承载该线路的自然的生态系统本身所拥有的生态价值,既有物质文化遗产单体的价值,也包括非物质文化遗产所蕴含的价值。

2005年10月,聚焦于"文化线路"被列为世界遗产保护领域,在我国西安召开了国际古迹遗址理事会第15届大会暨科学研讨会,会上形成了有关《文化线路宪章》(草案)的决议,从此,我国学者开始给予"文化线路"更多的关注。

至此,国际上对"文化线路"的认识,从"概念的提出"到"得到国际遗产界的认同",再到对"文化线路的明确定义",其强调空间、时间和文化因素的理念已得以体现和扩展。[①]

2008年11月,在加拿大渥太华举行的国际古迹遗址理事会第16届大会上,《文化线路宪章》得以通过。《文化线路宪章》分为前言、宪章目标、定义、文化线路的定义要素、专项指标、文化线路的类型、识别、完整性与真实性、方法、国际合作等方面的内容。该宪章对文化线路作为一种遗产类型,从遗产内涵到定义与构成、从类别与指标到识别的真实性和完整性,皆有了基本确定的解释和界定,成为国际上文化线路保护的基础性文件。"文化线路"作为一种新兴的遗产类型,具有强烈的理念特质,以往的会议宣言、文件及相关的研究,往往对其理论内涵和作为遗产类型进行保护的意义与价值强调较多,遗产的具体内容则语焉不详,《文化线路宪章》对此有了较大改善。[②]

特别是"文化线路"的内容,是其作为一种遗产类型的基本组成要素,是遗产识别的主要对象。确定文化线路的组成要素,是文化线路遗产识别的主要

---

① 参见李林《"文化线路"对我国文化遗产保护的启示》,《江西社会科学》2008年第4期。

② 参见王建波、阮仪三《作为遗产类型的文化线路——〈文化线路宪章〉解读》,《城市规划学刊》2009年第4期。

工作。《文化线路宪章》将文化线路的内容分为交通线路本身和基本衍生要素两类，基本衍生要素又分为有形遗产资源与无形遗产要素两部分。

本书将以《文化线路宪章》对"文化线路"内容的界定，阐释长江流域道教文化遗产作为文化线路的保护要素内容，包括：（1）长江流域道教传播与发展脉络；（2）长江流域道教文化遗产的有形遗产要素；（3）长江流域道教文化遗产的无形遗产要素。最后从文化线路视角探讨如何对长江流域道教文化遗产加以保护和旅游开发利用，以期实现长江流域道教文化遗产的可持续发展。

三　世界遗产名录中的文化线路类遗产

如上所述，虽然"文化线路"理念提出较早，然而直到2003年，"文化线路"才开始真正在世界范围内引起广泛关注。在2003年的世界遗产委员会上，一项来自拉美国家的联合申报项目"印加文化线路"吸引了各国代表的注意，该项目沿拉丁美洲西海岸南北延伸，以古老的印加文明为主线，穿越六个国家（阿根廷、玻利维亚、智利、哥伦比亚、厄瓜多尔、秘鲁），连接广阔、多样性区域，涵盖河道、历史建筑、考古遗址、文化景观等多种文化遗产，构成了一种崭新的遗产类型，内涵超过了当时任何单一类型的文化遗产。"印加文化线路"一经出现，立即受到国际遗产保护界的普遍关注，世界遗产委员会认为该文化线路申报具有开创性。[①]

此后几年里，一方面，在国际古迹理事会文化线路科学委员会的主持下，"文化线路"的保护日益步入正轨，同时组织了对文化线路的特征、真实性判定、预登记、线路评价标准、线路申报等相关问题进行更深入的探讨，并形成了相关决议；而另一方面，有越来越多的国家开始重视这一新类型文化遗产，在世界遗产的申报名单上，以"文化线路"为主的新类型开始增多。日本的

---

① 参见吕舟《文化线路：世界遗产的新类型》，《中华遗产》2006年第1期。

"纪伊山圣地和朝圣路线"、以色列的"内盖夫沙漠的香料之路和沙漠城市"等先后申报成功,并引起广泛关注。

文化线路类型的出现,对世界文化遗产保护事业具有重要意义。第一,由于它往往跨越行政界划,甚至跨国界,空间尺度大,有利于将更多的文化遗产纳入世界遗产保护体系中来,有利于缓和与解决世界遗产分布的不平衡;第二,它以"线路"为纽带,改变了文化遗产传统项目的点状特征,使项目的内涵更为丰富、遗产的类型更趋多样,也能更加真实、准确地反映人类文化的发展与传播;第三,它倡导以"线路"为纽带,有利于对遗产的整体性保护,也要求建立一种与之相适应的保护管理体系。

截至 2010 年,被列入世界遗产名录中的文化线路类遗产有①:

名称	国家	类型（公约/操作指南）	列入时间	标准	遗产特色
圣地亚哥朝圣之路（Route of Santiagode Compostela）	西班牙	文化遗产	1993	ii / iv / vi	引发了"文化线路"讨论
米迪运河（Canal du Midi）	法国	建筑群/文化景观	1996	i / ii / iv / vi	与大运河同列国际运河清单首位。罗马时代后世界上最伟大的土木工程项目,文艺复兴与现代建造技术转型点的见证
法国的圣地亚哥朝圣之路（Route of Santiagode Compostela in French）	法国	建筑群/文化景观	1998	ii / iv / vi	该"线性文化景观"反映了文化线路讨论成果在世界遗产项目中的应用
塞默林铁路（Semmering Railway）	奥地利	遗址/线性文化景观	1998	ii / iv	世界上第一条重要的山地铁路;代表了征服自然地形的精神,更是铁路建筑史上的里程碑
大吉岭喜马拉雅铁路（Darjeeling Himalayan Railway）（2005 年与 Nilgiri 山地铁路构成印度山地铁路系列申报,2008 年扩展）	印度	遗址	1999	ii / iv	对多文化地区社会、经济、政治的作用;沟通山地、偏远的文化传统;是多文化地区社会经济发展的典范

---

① 王晶:《文化线路申报世界遗产的探讨》,《中国文物科学研究》2011 年第 1 期。

名称	国家	类型（公约/操作指南）	列入时间	标准	遗产特色
乳香之路（Land of Frank-incense）	阿曼	遗址群/文化景观	2000	iii / iv	呈现有关现存或者已经消失的文化传统、文明的独特或稀有之证据。与丝绸之路具有良好的相关性和可比性
格夫拉达·德·乌马瓦卡（Quebrada de Humahuaca）	阿根廷	遗址/文化景观、文化线路	2003	ii / iv / v	1万多年来一直是人们从安第斯山脉高原到平原交通与交流的至关重要的通道，富有特色的前西班牙和前印加的居住地与相邻的地区形成一体
纪依山朝圣之路（Sacred Site and Pilgrimage Routes in the Kii Mountain Range）	日本	遗址/文化景观	2004	ii / iii / iv / vi	跨越日本1200年历史，朝圣道和建筑对日本其他寺庙建筑、诗歌、绘画等有重要影响
内盖夫沙漠的香料之路和沙漠城市（The Incense and Spice Road and the Desert Cities in the Negev）	以色列	遗址/文化景观	2005	iii / v	是联系阿拉伯半岛南端也门、阿曼等国城市和北非、地中海地区的重要通道，构成了一条平行于红海的人类文化宏伟景观
里多运河（Rideau Canal）	加拿大	遗址	2007	i / iv	第一批为蒸汽船设计的运河之一，商业及战略的重要通道
阿尔布拉—伯尔尼纳文化景观中雷塔恩铁路（Rhae-tian Railway in the Albula/Bernina Landscapes）	瑞士/意大利	文化遗产	2008	ii / iv	20世纪早期利用铁路连接阿尔卑斯山中部偏僻居民点的典范；海拔高、倾斜度大、奇特的结构
旁特斯沃泰水道桥与运河（Pontcysyllte Aqueduct and Canal）	英国/北爱尔兰	文化遗产	2009	i / ii / iv	艰难的地理环境，工程与铁质建筑的领先杰作；内陆水道、工程土地使用方面的国际交流与影响的见证

注：中国的长城、荷兰的阿姆斯特丹防御路线等线性文化遗产，因其在世界遗产项目中强调的价值未显示文化线路的交流性、时空性、动力性、多维性，故不列入表中比较，以明确文化线路（遗产线路）的认定、构成、价值等特点与规律。

"圣地亚哥朝圣之路"的起点始于法国南部，但地点并不固定，零散线路多达八条，这些小路在法国和西班牙边境的比利牛斯山脉地区逐渐融合，分别经由松波尔特峰（Somport）和伊巴涅塔峰（Ibaneta）两处进入西班牙国境内，最终汇合于纳瓦拉地区的蓬特拉雷纳（Puente la Reina），形成一条固定线路，横跨西班牙北部阿拉贡、纳瓦拉、拉里奥哈、卡斯蒂利亚—莱昂等地区，最终迂回到达大西洋岸边被称为欧洲边陲的加利西亚地区。从遥远的中世纪直到今天，不计其数的虔诚信徒长途跋涉、历尽千辛万苦，沿着朝圣之路奔向终点圣地亚哥顶礼膜拜。如今该城仍然是西班牙最有魅力的城市之一。从公元9世纪开始，它就是朝圣者们的朝圣之路。沿路有1800座建筑，无论是宗教的、还是世俗的，都有重大的历史意义。这条路对于中世纪时期促进伊比利亚半岛和欧洲其他地区的文化交流起到了十分重要的作用。同时，它还是基督教信仰征服社会各阶层的人和全欧洲的人的见证。

　　法国"米迪运河"也叫南运河（Midi 在法语里有南方之意）、朗格多克运河（Canal du Languedoc）或双海运河（Canal des Deux‐Mers），是法国南部一条连接加龙河与地中海的运河，是沟通地中海和大西洋比斯开湾间内陆水路系统的主要连接线。运河东起地中海港口城市埃罗省的赛特港，西至上加龙省首府图卢兹附近与加龙河相接。其河道由五部分组成：即240公里的主河道，36.6公里的支线河道，两条引水用的水源河道及两小段连接河道，共计360公里，另外包括运河上的328座各类船闸、渡槽、桥梁、泄洪道和隧道等建筑工程设施，其中船闸就有65座。运河建于1667—1694年之间，是17世纪最宏大的土木工程项目之一。运河设计师是皮埃尔—保罗·德里凯（Pierre‐Paul Riquet），他在设计上匠心独运，使运河与周边环境融为了一体，在技术上大胆创新，第一次在地下建筑中使用炸药，在贝济耶附近的岩石高地上开凿出一条长157米的隧道。米迪运河代表着内陆水运技术在工业社会发展到的新水平，突出了运河本身的水利工程性质和技术特色。

　　"塞默林铁路"位于奥地利东部维也纳至的里雅斯特的崇山峻岭间，建于1848—1854年。铁路全长41.7公里，线路落差439米。当时动用工人两万余名，是世界上第一条完全使用镐头等工具在高山上开凿的铁路。它既解决了工业技术受制于自然环境的问题，又兼顾美观雅致，对早期的铁路建设工程来说，是一项杰出的成就，因此被世人誉为"欧洲最伟大的工程之一"。这条铁路跨越险峻的塞默林山口，穿过 14 条隧道，跨过 16 座单层或双层的高架铁路桥。作为欧洲最伟大的土木工程建设之一，它是第一条穿越高山地区的铁路，完成当时不可能的桥梁和隧道群，所以也代表了征服自然地形的精神，更是铁路建筑史上的里程碑；坚固的隧道、稳固的高架桥以及其他高品质的工程，使它沿用至今。因此也成为世界上第一条被列入世界文化遗产的铁路。

"大吉岭喜马拉雅铁路"（Darjeeling Himalayan Railway），是印度最早的铁路之一。总长为 60—80 公里，行驶一种迷你的爬山火车（昵称玩具火车）。整个铁路连接印度西孟加拉省的大吉岭和西里古里。始建于 1879 年，1881 年全线完工通车。大吉岭喜马拉雅铁路的高低变化相当大，从海拔 100 米的西里古里（印度平原上的古城）一路爬升到以产茶闻名的大吉岭（海拔 2200 米），今日仍保留了 15 吨的蒸汽火车的行驶（大约是四节车厢）。它是最杰出的一条山区旅客运输铁路线的典范，1999 年，以环山铁路系统的经典之作被纳入世界遗产清单中。在联合国教科文组织世界遗产名录网站上，这条铁路被形容为是用大胆创新的施工方式，解决了穿越蜿蜒崎岖的山岭及自然风景区建立高效铁路的问题，同时充分保留了该地区原有自然风貌的完整。大吉岭喜马拉雅高山铁路是交通运输系统的革新，是推动多文化地区社会经济发展的典范，是世界许多类似发展地区值得借鉴的模式。

阿曼"乳香之路"，又称乳香贸易遗址，是古代和中世纪最重要的商业活动之一的乳香贸易在阿曼的一个场所，这个场所主要种植乳香树，并保留有历史上进行乳香贸易的绿洲遗迹。阿曼国境内乳香之路的四个遗址于 2000 年被列入世界文化遗产目录。它们是盛产乳香的杜克河谷，出口乳香的霍尔罗港口，保留古代往来沙漠商队足迹的绿洲叙氏尔，位于佐法尔省的巴利迪城。乳香树和商队绿洲遗迹可以证明此处的乳香贸易在多个世纪内一直繁荣，这一地区在当时也是至关重要的。

阿根廷"格夫拉达·德·乌马瓦卡"，这片遗产地分布在一条沿着壮观的里奥格兰德山谷伸展的最主要的文化通道上，其源头起自安第斯山脉安蒂恩高原上寒冷的荒原，然后向南部延伸，约150公里后与里奥利欧纳汇合。山谷里的遗迹表明，1万多年来，这里一直是人们从安第斯山脉高原到平原交通与交流的至关紧要的通道。有多处明显的遗迹表明，这里是史前的狩猎群体聚集地，这里是印加帝国（Inca Empire）时代（公元5—6世纪）狩猎者和客商进行交易的场所。这里同时也是19—20世纪人们为独立而斗争的战场。如今，它富有特色的前西班牙和前印加的居住地与相邻的地区形成一体，构成一道独特生动的风景。

　　日本的"纪伊山圣地和朝圣路线"，具体是指：横跨奈良县、和歌山县、三重县三个县的宗教圣地——"吉野·大峰"、"熊野三山"、"高野山"以及连接这些圣地的朝圣路线，2004年被列入世界遗产。连接这三处佛教寺院的朝圣路线，与西班牙的圣地亚哥朝圣通道一样，是世界罕见的文化线路遗产。主要的朝圣路线包括：中边路、小边路、大峰奥驱道、伊势路（未被列入世界遗产名录）、高野山町石道五条道路。"纪伊山圣地和朝圣路线"拥有大量建造于古代的宗教神殿遗址，最早的甚至可以追溯到9世纪。它跨越了日本1200年的历史区段，保护对象不仅有三处重要圣迹和朝圣路线，还包括了山野森林等特定的自然环境。除了物质的文化遗产之外，这一项目还包含了许多重要的非物质文化遗产，如神道教和佛教的相互融合，纪仪山圣地建筑作为一种建筑模式对日本其他地区寺庙、神庙建筑所产生的影响，以及这一地区文化景观对日本诗歌和绘画的影响等。

　　"内盖夫沙漠的香料之路和沙漠城市"所涉及的是一条从公元前3世纪开始的香料和草药的贸易通道。它开始于以色列西北部城市哈路扎，结束于靠近约旦边界的毛阿，总长约2000公里。在公元前3世纪到公元2世纪之间，这条商路成为联系阿拉伯半岛南端也门、阿曼等国城市和北非、地中海地区的重要通道，构成了一条平行于红海的人类文化宏伟景观。这一遗产项目涉及了四座城市、大量的要塞和驿站，还有许多其他遗迹，如沿途的记里石系统、道路残迹、农业遗迹等。

"里多运河"，加拿大安大略省东南部的一条运河。运河起自渥太华的西南面，溯里多河而上到达里多湖，再取道卡塔拉奎河进入安大略湖，全长202公里。竣工于1832年的里多运河包括47个石建水闸和53个水坝，是19世纪工程技术的奇迹之一，由英国皇家工程师、海军陆战队中校约翰·拜设计。建造的初衷是为替代圣劳伦斯河，作为商业及战略的重要通道。但是，它的原始使命早已被公路、铁路、轮船等现代交通工具取代。现在，它广为人知的美誉当属"世界最长的滑冰场"，但是联合国教科文组织对它的评语是，"它是美洲大陆北部争夺控制权的见证"。现今，运河已不能容纳大型船只通过，它贯穿整个市区，运河上有十座大桥横跨东西两岸。河西称上城，居民多为英裔；河东称下城，居民多为法裔。当年河上的水闸、水坝等石砌工程，现在成为历史性文物。

"阿尔布拉—伯尔尼纳铁路线"，建于20世纪初，沿途穿越阿尔卑斯山，连接瑞士的图西斯和意大利的蒂拉诺。铁路与其所穿越的丰富文化风景完美地结合为一体，被称为是世界上最壮观的路线之一。雷塔恩铁路至今仍是穿越欧洲阿尔卑斯山区的海拔最高的一条铁路线，倾斜度达到70%，是世界同类铁路中落差最大的线路之一。

"庞特斯沃泰水道桥与运河"，位于英国威尔士的东北部，总长18公里，完成于19世纪初，是工业革命时期土木工程的一项巨大成就。运河横跨各种不同地形，由于所在地区地理条件限制，完全没有使用水闸，建设需要许多大胆创新的施工解决方案。庞特斯沃泰水道桥由著名土木工程师托马斯·特尔福德（Thomas Telford）设计，应用浇铸与锻铁，使高架水道的拱形桥弧形结构重量轻而坚固，是金属使用于工程建设之创举，这种既雄伟又优雅的金属建筑是一座里程碑式的建筑杰作。庞特斯沃泰水道桥与运河被誉为天才创意的经典作品，这一天才建筑显示出当时欧洲所掌握的各项建筑技术的融合，它作为一个充满创新精神的灵感启发了世界各地的其他建筑工程。

截至 2010 年，世界遗产预备清单中与文化线路类型相关的遗产（世界遗产名录的候选者）有①：

名称	国家	类型	提交时间	标准	遗产特色
印加之路 Qhapaq Nan – Camino Inca/阿根廷、玻利维亚、智利、哥伦比亚、厄瓜多尔、秘鲁、拉美西岸古老文明间的交流渠道；作为印加帝国的政治中枢，连接广阔、多样性区域，涵盖丰富的河道、建筑、遗址与景观。2003 年世界遗产大会"全球战略"部分讨论项目，世界遗产委员会认为该文化线路申报具有开创性，多年来深受重视					
Great Inka Trail	秘鲁	文化遗产	2001	ii / iii / iv / v / vi	
Qhapaq Nan – Camino Principle Andino	阿根廷	文化遗产	2001	ii / iii / iv	
前西班牙之路 Prehispanic Roads – Capache Nan	玻利维亚	文化遗产	2003	i / ii / iii / iv	
Qhapaq Nan – Main Andean Road	智利	文化遗产	2004	i/ii/iii/iv/v/vi	
Qhapaq Nan（Main Andean Road）in Columbia	哥伦比亚	文化遗产	2005	i / ii / iii / iv / v	
罗马之路，罗马帝国线路 Roman Ways, Itineraries of the Roman Empire	西班牙	文化遗产	2007	i / ii / iv / v / vi	罗马文明的扩展，对罗马贸易、工业、城市发展，及行政巩固作用
贸易类					
银之路 The Silver Route	西班牙	文化遗产	1988	ii / iii / iv / v	
非洲廷博里约庞戈段奴隶之路 Route de I' esclaveen Afrique segment de Timbo au Rio Pongo	几内亚	文化遗产	2001	iv / vi	奴隶贸易线路相关遗产也是近年来国际讨论较多的新因素
农用工业之路与维多利亚式建筑 Route of the Agro-industry and the Architecture Victoriana	危地马拉	文化遗产	2002	iv	
帕拉蒂黄金之路与其景观 Gold Route in Parati and its landscape	巴西	文化遗产	2004	ii / iv	

① 王晶：《文化线路申报世界遗产的探讨》，《中国文物科学研究》2011 年第 1 期。

续表

名称	国家	类型	提交时间	标准	遗产特色
季节迁移性放牧：牧羊人之路 The Transhumance：The Royal Shepherd's Track	意大利	混合遗产	2006	ii / iii / x	
中央奴隶与象牙贸易之路 The Central Slave and Ivory Trade Route	坦桑尼亚	文化遗产	2006	—	奴隶贸易线路也是近年来讨论较多的线路
跨洲皇家大道汞之路上的爱德雷亚 Idrija on the Mercury Route of the Intercontinental Camino Real	斯洛文尼亚	文化遗产	2007	ii / iv / v	"新世界"；对大西洋两岸经济、社会的决定性影响，对文化类型发展的促进
丝绸之路：陆路，海路西汉至唐代 Chinese Section of the Silk Road：Land routes in Henan Province，ShaanxiProvince Gansu Province，Qinghan Province，Ningxia Hui Autonomous Region，and Xinjiang Uygur Autonomous Region；Sea Routes in Ningbo City，Zhejiang Province and Quanzhou City，Fujian Province – from Wester n – Han Dynasty to Qing Dynasty	中国	文化遗产	2008	i / ii iii / iv / v / vi	亚洲、非洲、欧洲贸易，东西经济、政治与文化交流。具有交流与迁徙的所有必要因素；作为线性文化景观，具有国际/地方、（跨）区域的价值；多维度，文化遗产的生态，自然与非物质文化因素
丝绸之路 Silk Road	伊朗	文化遗产	2008	i	丝路的交叉处
宗教类					
加纳西北的朝圣之路 Trade Pilgrimage Routes of North – Western Ghana	加纳	文化遗产	2000	i / ii	北美与热带草原带贸易的推动
圣佛朗西斯泽维尔文化线路 Cultural Itinerary of Francis Xavier	西班牙	文化遗产	2001	i / ii	不同社会与文化的联系，物质与非物质文化因素
圣方济会福音传道之路 Route of the Franciscan Evangelisation	危地马拉	文化遗产	2002	i / iv / v / vi	传教，仍控制当地人的思想与生活

续表

名称	国家	类型	提交时间	标准	遗产特色
多米尼克福音传道之路 Route of the Dominique Evangelisation	危地马拉	文化遗产	2002	—	土著融合，防御、生产
麦加朝圣之路的一站 An-Nakhl 堡 The An-Nakhl fortress，a stage on the pilgrimage route to Mecca	埃及	文化遗产	2003	ⅲ/ⅳ/ⅴ	东西方旅行者的商业、文化站点。线路随政治、经济、安全环境而变迁
碧迈，其文化线路与相关寺庙 Phimai，its Cultural Route and the Associated Temples of Phanomroong and Muangtam	泰国	文化遗产	2004	ⅰ/ⅱ/ⅲ/ⅳ/ⅵ	最好的高棉古迹，与吴哥窟联系紧密
北部/初期道路 The Northern or Primitive Route	西班牙	文化遗产	2007	ⅱ/ⅳ/ⅵ	圣地亚哥朝圣之路的扩展
运河、铁路					
大西部铁路：帕丁顿—布里斯托尔段 The Great Western Railway：Paddington-Bristol	英国/北爱尔兰	文化遗产	1999	ⅰ/ⅱ/ⅳ/ⅵ	"帝国的杰作"
奥古斯都运河 Augustow Canal	白俄罗斯	文化遗产	2004	ⅰ/ⅱ	19 世纪运河，人工结构连通天然河湖。欧洲内陆水道的最早部分
曼斯仁轻便铁路 The Matheran Light Railway	印度	文化遗产	2005	—	印度山地铁路的扩展
奥古斯都运河 Augustow Canal（Kanal Augustowski）	波兰	文化遗产	2006	—	
灵渠 Lingqu Canal	中国	文化遗产	2008	ⅰ/ⅱ/ⅳ/ⅵ	概念、设计、选址；人、自然的结合，维护政治统一、边疆巩固、经济文化交流
大运河 The Grand Canal	中国	文化遗产	2008	ⅰ/ⅱ/ⅲ/ⅳ/ⅴ/ⅵ	世界上伟大的水工项目，最长最古老的人工运河，中国社会、政治、经济、文化的发展与交流
冈格拉古铁路 The Kangra Valley Railway	印度	文化遗产	2009	—	

续表

名称	国家	类型	提交时间	标准	遗产特色
印度王公铁路 The Maharaja Railway of India	印度	文化遗产	2009	ⅱ / ⅳ	未受英殖民者控制；0.61米轨
线性文化遗产					
罗马帝国边境：安东尼墙 Frontiers of the Rpman Empire：Antonine Wall	英国/北爱尔兰	文化遗产	2006	—	
相同特色遗产的分布构成线路					
和平与国家象征之路 Route of the Peace and National Identity	危地马拉	文化遗产	2002	ⅳ / ⅴ	
河流线路 The Route of The Rivers	危地马拉	文化遗产	2002	—	一致的战略位置与元素，控制贸易与地区经济
南非自由遗产之路 Liberation Heritage route，South Africa	非洲	文化遗产	2009	ⅱ / ⅲ / ⅳ	

第三章　扎根国土的中国道教:基本信仰与教义

"曾经沧海难为水，除却巫山不是云"。每一种成熟的宗教都有它的基本信仰和教义思想，表明这一宗教对于宇宙和社会的基本认识，因此，要想准确了解这种宗教，必先把握它的基本信仰和教义体系。道教是产生于中国大地、融会了多种华夏文化、现实主义色彩十分浓厚的宗教，它与佛教、儒学三足鼎立，在中国文化发展史上具有重要地位。作为具有 1800 多年历史的道教，当然也有它自己的教义思想体系。尽管在道教的历史上出现过许多宗派，各派经文或有差异，科仪方术各有侧重，但是其基本信仰和教义却是相同的。我们认识中国道教文化，认识长江流域的道教文化遗产，必先从认识道教的信仰和教义体系开始。

一　道教教义的核心是道和德

道教何以"道"名教？就是以"道"作为它的基本信仰，道教的一切教理道义、修炼方术，皆发端于此，"道"就是它教义体系的核心。道教的"道"，取自先秦思想家、道家学派创始人老子的著作《道德经》五千言。何为"道"？其实，就连"道"本身也是说不清道不明的玄玄乎乎的高深之论。《道德经》

开篇第一句就说:"道,可道,非常道;名,可名,非常名。"意思是说,"道"如果能够表述出来,那它就不是永恒的"道"。但是,因道教从产生之初,即尊老子为教主,奉《道德经》为主要经典,因此,道教承继过来的"道"就不是老子书中的原意,已经被宗教化、神化了。

道教认为,所谓"道",就是宇宙的本原、宇宙的主宰,是产生和支配天地万物的造物主,是至高无上、具有神秘力量的人格化的神,是最值得崇敬的。这是道教最基本的教义,是道教徒不可动摇的信念。道教的一切经典,皆宣称其根本信仰为"道"。认为"道"无处不在,无时不有,是宇宙一切的开始与万事万物的演化者。有了道才生成了宇宙,宇宙生元气,元气演化而构成天地、阴阳、四时、五行,由此而化成万物。《道德经》第42章中说:"道生一,一生二,二生三,三生万物",这是道论中关于宇宙创生和演化的基本图式。其中"一"是混沌一气,是宇宙创生之始混沌状态中隐藏着的秩序,是产生万物普适的内在戒律的信息源。"二"是阴阳二性,阴阳是排斥和吸引、实体和功能、男女雌雄、相反相成、对立统一的矛盾状态。"三"就是有象、有精、有信、有物的组成宇宙的信息、物质、能量三大基本要素。在宇宙大爆炸前,道化生出先天混沌之气,继而分出阴阳二性,再转化为信息、能量、物质三大要素,在宇宙大爆炸中由信息、能量、物质组成万物纷纭、生机勃勃的世界,这就是"三生万物"的过程。后来的道教徒正是在此基础上提出"道"生宇宙,宇宙生元气,元气生天地、阴阳、四时、五行,天地、阴阳、四时、五行又生万物的认识。正如道教经典《太平经》中说:"夫道何等也?万物之元首,不可得名者。六极之中,无道不能变化;元气行道,以生万物。天、地、大、小,无不由道而生者也。"[①] 五斗米道所信奉典籍道教经典《老子想尔注》还将"道"和神联系起来,说:"一者道也",既"在天地外",又"入在天地间",而且"往来人生中","散形为气,聚形为

---

① 王明:《太平经合校》,中华书局1960年版,第16页。

太上老君"①。可见，道教在初创之时，就认为"道"是宇宙的创生者。在以后的道教经书中，也基本上沿袭此说法。于是，"道"就确立了它在道教教义思想中的核心地位。②

在道教哲学体系中，与"道"并提的是"德"。道作为形而上的宇宙之道和人身体验之道，必然具体化为形而下的社会人生之道和国家政治之道，才有实际意义。这种万物本原混一的形而上之道落实到社会人生的经验层面，在创生活动中内化为形而下的万事万物的自然属性，就是"德"。"德"也是先秦道家的重要概念。"德"的含义也很复杂，与上文所指的"道"的情况差不多。《道德经》第51章称："道生之，德畜之，物形之，势成之。"因此，一般认为，"德"是道之功，道之用，道之现。《太平经》中也认为"道者，天也，阳也，主生；德者，地也，阴也，主养"，"夫道兴者主生，万物悉生；德兴者主养，万物人民悉养，无冤结。"而且，将"德"与"刑"相对立，曰"德者与生气同力"，而"刑与杀气同力"；"德常与兴同处"，而"刑与衰死气同处"。③同时，《老子想尔注》主张道德一体，认为"常德"就是"道德常在"，"玄德"就是天德，一直按道行事。④唐吴筠在《玄纲论》中提到："德者何也？天地所禀，阴阳所资。经以五行，纬以四时。牧之以君，训之以师。幽明动植。威畅其宜。泽流无穷，群生不知谢其功；惠加无极，百姓不知赖其力，此之谓德也。"⑤可见他将天地阴阳幽明的一切生成物都视为"德"成之物，包括"灵仙、鬼神"，由此，"道"生成天地万物，宇宙因"道"而存在，万物遵"道"而运行，就是体现了"道"之"德"。因此，后世的道教徒也就以"明道立德"作为自己信仰的最基本的内容。总之，道教的最基本教义是尊"道"贵"德"，其修持之首务就是修道积德，功德圆满，达到"与道同体"

---

① 饶宗颐：《老子想尔注校证》，上海古籍出版社1991年版，第33页。
② 卿希泰：《中国道教》第2卷，东方出版中心1994年版，第228页。
③ 王明：《太平经合校》，中华书局1960年版，第218页。
④ 饶宗颐：《老子想尔注校证》，上海古籍出版社1991年版，第36页。
⑤ 《道藏》第23册，文物出版社、上海书店、天津文物出版社1988年版，第674页。

而得道成仙。

道教以道家之"道"、"德"立世，亮出"道"的旗号，使得道教文化在世界林林总总的宗教历史文化群落中独具魅力。在西方基督教徒们看来，宇宙万物是神创造的，就连宗教本身也是神缔造并同意的，而道教则以"道"为宇宙的本原与主宰。作为一种宇宙观和自然观，道教的"道"至今仍不失科学与辉煌！

二　隐喻深远的神仙信仰

凡是宗教，都有对神灵的信仰，只是信仰的对象各不相同。道教信仰的神灵，称之为神仙。道教所崇奉的神仙，大多出自殷周时代形成的天神地祇人鬼系统，也有不少是在道教的产生和发展过程中被想象虚构出来的。

（一）憧憬长生和成仙

道教教义中一个重要的内容就是宣扬得道成仙的理论，弘扬长生神仙之道。

什么是神仙？在上古时期，"神"与"仙"是两个相互区分的概念，后来才连通起来。什么是"神"呢？《说文解字》说："神，天神引出万物者也，从示，申声。"可见，最初的"神"是存在于天上的一种超越人类的力量，它的功能是"引出万物"，既然能生化万物，那么就意味着"神"的力量远远超出人的能力。因此，在古人的心目中，"神"的功能要比人大得多。至于"仙"，在最初只不过是一种特殊的人。"仙"字，在上古时期写作"仚"，《说文解字》说："人在山上皃"。"皃"是"貌"的古字，表示是人在山上的样子。引申而言，"仚"，有高举上升的意蕴。"仙"在古代又作"僊"，《说文解字》谓"长生仙去"者为"僊"。可见，仙的本义一是指轻举上升，二是指长寿。在汉代，"仙"字已行世，它指的是迁入山之老而"不死"之人。这说明，在很早的时候，就有进山隐修的人，他们站在山巅，周围云彩缥缈，仿佛轻举上升于云天，这或许就是"仙"的观念产生的视觉基础。① 在先秦古籍中，"神"与"仙"有比较严格的区分，但到了秦汉时期，"神"与"仙"开始连称，彼此的界限渐趋模糊。就结构而言，"神仙"是一个词组，"神"作为"仙"的修饰语，"仙"的属性便通过"神"的功能显示出来，这时的"仙"是指那些具有超越凡人功能的特异者。

　　道教在思想文化建设过程中，继承了传统的神仙观念，并且把这种观念发展成为一种具有系统意义的信仰，建构起了自己的长生不死和得道成仙的理论体系。长生—神仙之道，也就成了道教信仰的基础，或者说是最基本的信仰。为此，道教引经据典，罗列出一大串长生不死的人——真人、神人、仙人，这些真人、神人、仙人，上自黄帝、老子，下至彭祖、八仙，原来都是凡人，后来都得道成仙。这些神仙在道教徒们看来是最为自由、最为快活的一族，他们既可在天国飘来飘去，又可在人世间自由往来。在道书中有许多像这样的记载："藐姑射之山，有神人居焉，肌肤若冰雪，淖约若处子；不食五谷，吸风饮露；乘云气，御飞龙，而游乎四海之外。"（《庄子·逍遥游》）仙人完全超出了自然力的束缚，也不受社会力量的限制，他们"或竦身入云，无翅而飞；或驾龙乘云，上造天阶；或华为鸟兽，游浮青云；或潜行江海，翱翔名山；或食元气；或茹灵芝；或出入人间而不识；或隐其身而莫之见。"（《神仙传·彭列祖》）他们不仅可以在自然界任意遨游，而且还不受世俗社会束缚，使拥有最高权力的君王也奈何不了。《神仙传》里这样描述汉文帝去见仙人河上公，想用"普天之下，莫非王土，率土之滨，莫非王臣"的礼教伦理观念迫使河上公低头称臣。河上公听后马上升至半空，自称"上不至天，中不累人，下不居地"，公然向专制君权挑战，不肯做俯首帖耳的臣民，竟使汉文帝"下车稽首"向他道歉。如此逍遥自得、仙人美景、神人生涯，怎不令处于纷纷扰扰、尔虞我诈的尘世的人们钦羡！总之，憧憬长生和成仙，是道教神仙信仰的重要

---

① 参见詹石窗《道教文化十五讲》，北京大学出版社 2003 年版，第 81—83 页。

特点。

那么，如何实现长生和成仙呢？晋道学家葛洪在《抱朴子·论仙》里说："若夫仙人，以药物养身，以术数延命，使内疾不生、外患不入，虽久视不死而旧身不改。苟有其道，无以为难也……"总之，"天下悠悠，皆可长生"。成仙是可能的，但并不是轻而易举的，需要付出一定代价，为此，葛洪又说："仙道迟成，多所禁忌，自无超世之志、强力之才，不能守之。"而且，成仙的品级也不一定相同，"上士举形升虚，谓之天仙；中士游于名山，谓之地仙；下士先死后蜕，谓之尸解仙"。也即成仙的方式有三种：飞升、长生和尸解。所谓飞升，是指得道或服药之后，就能蹈虚乘云，冉冉升天，成为天仙，据说道教创始人张陵就是这样成仙的；长生是指修炼服药之后，青春永驻而远离尘世，在名山洞府中永为仙真，此为地仙，像"八仙"他们一会儿在眼前，一会儿又在千里之外飘来飘去的，就是逍遥自在的地仙；尸解就是像夏天的蝉一样先死后蜕，明明看见他死了，却在别处又看见他，成为死后复生的尸解仙。至于成仙的方法途径，葛洪在他所著的《神仙传》里，在对仙人超凡本领进行描绘时，对每个仙人的成仙路径和方法都有或多或少的说明或暗示。有的是导引行气，有的是行房中之术，有的是清静守一，有的是精思交神，有的是辟谷食气，有的是胎息归真……条条道路可通仙。而葛洪自己更偏爱炼丹服食之法，其在《抱朴子》中曰："余考览养性之书，鸠集久视之方，曾所披涉，篇卷以千计矣，莫不皆以还丹金液为大要者焉……服此而不仙，则古来无仙矣"，"夫金丹之为物，烧之愈久，变化愈妙，黄金入火，百炼不消，埋之毕天不朽。服此二物，炼人身体，故能令人不老不死。"[①]

为达到长生久视的目的，道教还总结出一套实践力行的方法，即创造了一套独特修炼的方术。主要的修养方术有内养、外养和房中术。内养，是指按一定的方法，利用人体内固有的精、气、神的力量，来达到长生和成仙的目的。

---

① 参见邱进之《中国历代名道》，吉林教育出版社 1997 年版，第 12 页。

具体又分为"守一"、"行气"和"内丹"三项。外养的方法主要有服食和外丹等。"服食"是指服用药物以使身体健康达到长寿；外丹（又称炼丹术、仙丹术和金丹术）指用炉鼎烧炼铅、汞等矿物来制造长生不老的丹药，通过服食丹药而长生。房中术讲求男女阴阳合和及房中节欲，认为这种方术可以使人延年益寿、乃至长生不死。为此，道教徒们倾全身心忙个不停，从汉代一直忙碌到明代，在中国社会发展史上写下了神秘诡谲的一章。

（二）张扬神仙法术无边

道教神仙理论还有一个重要特点，就是张扬神仙法术的威力无比，无所不能。

葛洪在他的《神仙传》里描述仙人的神通广大说，能飞行终日，又能坐于虚空中与人谈话，能钻进地中，又能以手指刺地成井，汲水饮之；能吹屋上瓦片飞入人家；又能口含墨水喷纸，皆成文字……如在《王远传》中，葛洪描写仙人王远和麻姑同降蔡经家里，蔡经见麻姑手爪形似鸟爪，心想要是自己背痒时有此爪抓背真是妙极了。仙人王远即刻明了蔡经心中所想，便在暗中用意念对蔡经鞭打，训斥他何以要麻姑替他抓背。而蔡经知其意而不见其鞭。仙人的这些"神奇功效"，在常人看来，实在难以理解，而葛洪则大肆进行这种描绘，以显示仙人异于凡人。在民间故事中，道教法术往往以"救人危，使之免祸，护人疾病，令不枉死"的面目出现，人们对道教神仙法术的追逐与向往正吻合了民众渴望消灾避祸的心理，无论神话、传说或故事以及民众行为方式等，都表明民众对道教消灾避难法术信仰的虔诚，对消灾避祸法术的渴望。

应该承认，这些幻想，浪漫而瑰丽，奇绝而动人。它们其实是上古中国人世代追求的企图最大限度地控制自然、主宰世界的理想愿望的体现，其中有一些，比如在空间自由飞行，以人工兴云致雨，今天的现代科学技术已将它们变成现实。而有些幻想虽属离奇荒诞，但道家、道教徒们认为"有生最灵，莫过乎人"，相信人的能力最终可以达到"无所不作"的地步，这无疑是有积极意义的。

（三）庞大的神仙体系

道教所崇奉的神仙林林总总，五花八门，什么社会身份的人都有，上有神仙世界的老祖宗元始天尊，他是大道的化身，下有贫民弱女，遍及社会上不同民族多种行业的各色人物。不过尽管神灵队伍庞大而驳杂，神仙们的地位有高有低，但整个队伍有一定的次序和等级。

南朝梁时著名的道教理论家陶弘景撰《真灵位业图》，将道教徒所信仰的众多神仙排定座次，形成了一个秩序井然的图谱，这是道教最早，也是最有系统的神谱。表面上看，是依据仙人的功业来排定仙界秩序，实际上是模仿人间的封建等级秩序构想出来的。共分为七阶（七个等级），每阶设一中位，由一位神仙主持，再于左边和右边分设若干席位，安插诸神。

第一层次，以元始天尊为首。

他是万神之主，是虚无的"道"的象征。其左边排列有五灵七明混生高上道君、东明高上虚皇道君、西华高上虚皇道君、北元高上虚皇道君、南朱高上虚皇道君等共29位神祇，其右边，则排列有紫虚高上虚皇道君、洞虚三元太明上道君等共19位神祇。

第二层次，以玉晨玄黄大道君为主。

据说他是"万道之主"。左右排列的神祇既有从俗人演化的仙人，又有充满人间气息的女性神仙。在他的左边，有"左圣紫晨太微天帝道君"率领着赤松子、王方平等一班仙人；在他的右边，则有"右圣金阙帝晨后圣玄元道君"率领着王子晋、王褒、许翙等一班仙人，还有由"紫薇元灵白玉龟台九灵元真元君"率领的魏华存等一班女真。因此，与上一层虚无缥缈的诸神比起来，他们离现实世界要近一些。

第三层次，以太极金阙帝君为首。

在这一层次里，排列在太极金阙帝君左右的有许多是我们熟悉的传说人物或历史人物，如尹喜、安期生、葛玄、孔子、颜回、黄帝、尧、舜、禹、老子、庄子、司马季主、弄玉，等等。他们分别由"太极左真人中央黄老君"和"太极右真人西梁子文"率领。诸神降临人间，象征着自然、社会、人的系统已经构造完毕。

第四层次，以太清太上老君为首。

太上老君即老子，是道教教主。因此排列左右的各类神祇大多是我们熟悉的神仙方士、道教人士和其他历史人物，如赤松子、张陵、鬼谷先生、葛洪、张子房、茅君、徐福、东方朔、栾巴等。这样，神仙的谱系便渐渐集中到道教这面大旗之下了。

第五层次，以九宫尚书张奉为首。张奉本是河内人，后来成仙，当上了太极仙侯。左右分别排列的是拥有各种官职的神祇，如左相、左仙公、右相、右保召公，等等。

第六层次，以中茅君为首。中茅君号称"定箓真君"，传说他兄弟三人乘白鹄到茅山修道，后来成仙，是道教茅山派的祖师。既然是传说中的道教茅山派的创始人，围绕其周围的神仙多是魏晋时代或与茅山一派有关的道士，如许迈、郑思远、鲍靓等。

第七层次，以丰都北阴大帝为首。按照陶弘景的说法，这个大帝是"鬼官之太帝"。他的周围聚集的是一批严厉冷酷的地狱之神，他们以前都是一些武功赫赫的历史人物，如周文王、周武王、齐桓公、晋文公、秦始皇、汉高祖、魏武帝、刘备、孙策、李广，等等。这个层次主要展示的是阴间世界，是"死"的象征，与前面象征"生存"的六个层次是相对的[①]。

在陶弘景的《真灵位业图》里，有的神仙居于何种位置不易说清楚，就说他"秩比二千石"（官位相当于凡间拿两千石米年薪的官员），可见，天上的神灵秩序是地上的等级秩序的虚幻的反映。

在陶弘景之后，随着道教的发展演进，有大量的人神和民俗神进入道教的

———————————

① 参见葛兆光《道教与中国文化》，上海人民出版社 1987 年版，第 57—59 页。

神仙谱系，不过，到唐至于北宋时，它便基本定型了。宋以后的神仙谱系大致是这样的：以"三清"、"四御"为中心，以诸多天尊、仙人、神人、神将为队伍的庞大体系。在这个谱系里，包括了上自天上的三清尊神，下至阴间地府统率众鬼的丰都大帝，还有屋门上的门神、灶头上的灶神、人体内的"三万六千神"，几乎是全方位地网住了天地间所有的神鬼精灵以及信奉这些神鬼精灵的芸芸众生。

这里特别说一说"三清"和"四御"。处于最高层次的三清尊神，他们住在道教构想的最高三层天宇里：玉清天、上清天、太清天。玉清天住元始天尊，上清天住灵宝天尊，太清天住道德天尊（即太上老君）。他们是仙界领袖，因此，他们在道教中的地位最高，一般在大的道教宫观中，他们的大殿建在最中心，神像最宏大或者居于全部建筑的最高处，称做"三清阁"。三清神仙的系统是：玉清圣境有九圣，上清真境有九真，太清仙境有九仙。从道教历史发展来看，是先出现"三清境"，后有三位至上神仙居住其中。三清供奉的位置一般是元始天尊塑像居中，左为灵宝天尊，右为道德天尊。比"三清"低一级的大神是"四御"，他们是玉皇大帝、紫薇大帝、勾陈天皇大帝和后土皇地祇四位天帝。玉皇大帝居于中心，是天界、地界、人界乃至阴曹地府的最高统治者，一般他被设想成人间帝皇的形象：带着十二冕旒的皇冠，穿着等级最高、只有皇帝才能穿的黄袍。道教认为，每年的正月初九是玉皇大帝的生日，称"天诞"。每年的腊月二十五是玉皇大帝出巡日，说此日玉皇大帝要下界巡视众生，考察人间善恶祸福。紫微大帝又称中天北极大帝，这一神名来源于古代对北极星的崇拜，其职责是协助玉皇大帝执掌天地经纬、日月星辰和四时气候。勾陈天皇大帝的职责是协助玉皇大帝执掌南北极与天地人三才，统御诸星，并主持人间兵戈之事。后土皇地祇在民间称为后土娘娘，她的主要职责是掌握阴阳生育、万物之美和大地山河之秀。

总之，道教的神仙谱系虽然显示出道教所信仰的神祇庞杂纷乱，但其意图无非是证明道教的声势浩大、财大气粗、伟大灵验……

三　重道贵生的伦理思想

伦理是一个内涵十分宽泛的概念。它既包含人类最一般的道德准则，也包括了各行各业的部门性道德规范。宗教意识形态作为人类的一种特殊精神现象，既融摄了一般的社会伦理，又涉及人与神明、人与自然等多层关系，即在宗教体系中还包含了神学伦理和生态伦理。作为中国的本土宗教，道教也是如此。

我们知道，和世界上其他宗教相比，道教是迄今为止对生命最为关注的中国传统宗教，比如基督教认为，解脱自己的途径在于精神亦即灵魂的得救；佛教追求的也是精神的解脱，把肉体称做"臭皮囊"，人死了才能解脱，才能脱离苦海。而道教的宗教理想是修道成仙，长生不死，因此非常重视"生"的问题，追求的是形体和精神的共同永存，看重"生"之乐趣，不是以"生"为苦海，它的一切活动都以人类生命的存在与生存时间的延续为宗旨。从《老子》所强调的"摄生"、"贵生"、"自爱"和"长生久视"，《庄子》所说的"保生"、"全生"、"尊生"，《吕氏春秋》所说的"贵生重己"，到《太平经》主张的"乐生"、"重生"，以及其他的道书如《抱朴子内篇》、《度人经》等，始终贯穿着重道贵生的思想传统，形成了一个系统的有生态伦理学意义的生命观。具体内容包括：

（一）人与人之间的生命伦理

就道教立场看来，虽然追求的最终目标是延年益寿，羽化登仙，但是仙是由人修炼而成的，那么要成为神仙，首先应该学会做人，即所谓的"欲修仙道，先修人道"，如果人都做不好，那就谈不上生命升华成仙了。怎么做人？

首先，道教认为，要保持自身形体的完整与健康，这不仅是孝敬父母的基本要求，也是天道流转人间的必然体现。按照儒家的看法，"身体发肤，受之父母，不敢毁伤，孝之始也"。（《孝经·开宗明义章》）道教不仅认可这种观念，而且进一步加以强化，成为其生命伦理的基本出发点。并且道教还主张孝敬父母应该有实际的行动，如净明忠孝道的典籍记载，吴猛为了母亲夜间睡得踏实安稳，每日先让蚊子吸自己的血，然后再请母亲入房间睡觉。道教宣扬的这种生命伦理所体现出的淳朴真诚的精神在今天尤须传扬。

其次，道教认为，做人养生，还必须遵守那些合乎生命大道的社会公德，例如不偷盗、不苟合邪淫、不妄语伤人、不心怀阴谋、不两舌恶骂，等等。①在道教经典中涉及生命社会公德的戒律有几十种之多，如《要修科仪戒律钞》、《太上老君戒经》、《虚皇天尊初真十戒》，等等，这些经典可以说是中国几千年来有关社会公德行为规范在道教中的集中体现。在《太平经》卷一百四十有《不孝不可久生诫》，就强调孝亲与长生的联系。至宋元净明道，则以忠孝主旨立派，倡"忠孝神仙"。其他如助人和睦、扶危济困，也都是中国社会固有的道德观念。同时"戒律"在道教也是被十分重视的，而且都有明确规定。如《云笈七签》卷三十六《说戒》便说："身死神逝，喻之如屋，屋坏则人不立，身败则身不居，当制念以定志，静身以安神，宝气以存精，思虑兼忘，冥想内视，则身神并一，身神并一近为真身也。此实由宿世本行，积念累感，功济一切，德荫万物，因缘轮转。罪福相对，生死相灭。贵贱相使，贤愚相倾，贫富相欺，善恶相显，其苦无量，皆人行愿所得也，非道非天非地非人万物所为，正由心耳……故有道之士，取诸我身，勿求乎人，道言修身其德，乃真斯之谓也。夫学道不受大智慧道行本愿上品大戒，无缘上仙也。"道教戒律种类也很多，律条有简有繁，约制有松有紧。总的来说，道教主张随缘受戒，《玉清经·本起品》即说："上品之人，身先无

---

① 参见《道藏》第3册，文物出版社、上海书店、天津文物出版社1988年版，第409—414页。

犯"，故用不着持戒；"下品之人，恶心万般难可禁制"，戒也戒不住。因此戒律主要是对那些"心有上下"的中品之人，使他们"以戒自制，不令放逸"，用宗教道德导之向善，勿使为恶。这些公德行为规范以及戒律无论是对于道教本身还是普通大众来说都有其现实指导意义，其中所蕴涵的生命伦理观念也是值得肯定的。

最后，道教认为，做人还必须遵守"天道承负"的报应观念，积善成仁。道教体系中流传着"天道承负"的观念，这种"天道承负"的报应观念正是对那些梦想羽化成仙道徒们的指导，欲成仙先树人。何谓"承负"？《太平经》卷三十九说："然，承者为前，负者为后；承者，乃谓先人本承天心而行，小小失之，不自知，用日积久，相聚为多，今后生人反无辜蒙其过谪，连传被其灾，故前为承，后为负也，负者，乃先人负于后生者也。"意思是说，前人过失由后人承受其过责，前人惹祸，后人遭殃，祸福的根源，便循环不已。《太平经》也称"力行善反得恶者"是由于"城府先人之过"；其"行恶反得善者"是由于"先人深有积蓄大功"。意即前人行善，今人得福；今人行恶，后人遭殃。前人有过失，后人则无事受过，这就叫承负。断止承负而免除厄运的方法，只有靠修行真道，积善成仁，才能为子孙造福，不受因果报应之苦。道教的这种"承负说"作为道教的伦理观，把宗教道德和儒家"三纲五常"结合起来，显示了我们重血缘、重家庭、重德行的伦理道德观。道教在宣扬天道承负的同时，还十分信奉因果报应。道教经典普遍强调所谓的凶吉祸福是个人行为善恶的必然报应。道教将主宰善恶报应的超自然异己力量改换为道教的司功过神（意即专门将道教徒所行之事分别"善恶"逐一登记，借以考察功过的神灵），认为他们在天上仔细观察着人们的一举一动。到了一定的时候，上天便会根据个人的善恶，予以赏罚，对行善者赐福、增寿；对作恶者降福、减寿，还要把他的灵魂打入黄泉、地狱。这些都是道教对人们在行为品行上的要求，用以告诫道教徒"欲修仙道，先修人道"。

（二）人与众物之间的生命伦理

在道门人士看来，修道养生不仅要处理好人与人之间的生命关系，还必须处理好人与物之间的生命关系。认为生命既然来源于自然，并与自然构成有机整体，人对待生命的正确态度就应是"贵生"，"好生恶杀"，人应该使各种生物各尽天年。并且，在道教看来，人类财富的多寡，并不是以拥有多少金银珠宝为标准，而是以自然界的生命兴旺与物种多少为评判。《太平经》中的《分别贫富法》里明确指出，所谓"富"，是指万物备足，生命各尽其年，物种延续发展而不绝。《太平经》中还说："夫天道恶杀而好生，蠕动之属皆有知，无轻杀伤用之也。"[①] 道教戒律大都包含了戒杀动物、植物的条文，甚至有些戒律把不杀生，包括不伤害动物、植物，看做是第一戒。[②] 道教劝善书也强调要保护动物、植物。《太上感应篇》明确提到"昆虫草木犹不可伤"，并且把"射飞逐走，发蛰惊栖，填穴覆巢，伤胎破卵"等看做是恶行。[③]《太微仙君功过格》把保护、救助野兽、牲畜甚至"虫蚁飞蛾湿生之类"，看做是"功"，把伤害一切众生，包括禽畜以及飞禽走兽之类、虫蚁飞蛾湿生之属，看做是"过"。需要指出的是，道教讲"好生恶杀"并不分有益动物或有害动物，即使是有害动物，也属"好生恶杀"之列。除了戒杀"虫蚁飞蛾湿生之类"外，《十戒功过格》也要求戒杀"蚊蝇蚤虱之类"[④]。还有道教在修建自己的宫观时秉承"道法自然"的思想，崇尚"天人合一"的观念。为了体现"以自然为美"的"自然之道"，道教宫观建筑注重与大自然的联系，大体修建在依山傍水的山峦之中，与自然环境相协调。如武当山道观宫殿建筑，"相其广狭"，"随其地势"，"定其规制"，人工与自然相协调，以辅万物之自然，组成一幅天然图画。

---

① 王明：《太平经合校》，中华书局 1960 年版，第 174 页。
② 参见乐爱国《道教生态学》，社会科学文献出版社 2005 年版，第 210—211 页。
③ 《道藏》第 27 册，文物出版社、上海书店、天津文物出版社 1988 年版，第 19—62 页。
④ 《藏外道书》第 12 册，巴蜀书社 1994 年版，第 43 页。

这种尊重生命、尊重自然、强调保护物种的思想，早在 1800 余年前就被提出，不能不说是道教对于维护生态平衡、保护环境的一大思想贡献。正是基于这种认识，道教要求人们爱及昆虫草木鸟兽，爱及山川河流，爱及日月天地，不要无辜伤害任何生命。《文昌帝君阴骘文》教人"或买物而放生，或持斋而戒杀，举步常看虫蚁，禁火莫烧山林……勿登山而网禽鸟，勿临水而毒鱼虾"[1]，规劝人们改变自己的不良行为，多一些爱心，使万物得以生存，使生命得以保护，使人类生存的环境更加美好。[2]

道教所至爱、所营造的物种繁茂、和谐共荣的大自然虽然是基于个体修道的需要，但也体现出道教伦理行为的宏观性，自然界中无论昆虫草木、飞禽走兽都被纳入道教的生命伦理辐射圈内。

（三）人与诸神的神学伦理

前述道教的神仙系统相当庞杂，说明道教的神仙信仰氛围是相当浓烈的。那么，人与诸神之间的关系在道教中便不可避免地反映出来。道教中有很多的神仙都是来源于历史上那些功德圆满的人士，像一些帝王、名贤、功臣及传说中的道德高尚之士都被道教奉为神仙供奉着。在《真灵位业图》中就有：玄圃真人轩辕黄帝、北帝上相秦始皇、北帝太傅魏武帝、西明公领北帝师周文王、帝舜、夏禹、帝尧太极上真公孔丘、明晨侍郎三天司真颜回等 60 余人。在古代人们看来，生前积功累德、造惠于民众，死后被人民祭祀是天经地义的事，所以他们因功德而受到供奉，也就是人们常说的功德成神。一旦有了现实生活作为蓝本，人们也就感觉离修道成仙的道路就越发靠近了。同时从道教产生开始，就确立了"敬神"的规矩。《太平经》曰："其失天神意者，皆不能平其治也。是故谨顺四时，慎五行，无使九神战也。故当敬其行而事其神事。"[3] 在道教的各种戒律中，敬神是基本的要求。在道教科仪活动过程中，为了表示对

---

① 《藏外道书》第 12 册，巴蜀书社 1994 年版，第 402 页。
② 参见张继禹《道法自然与环境保护》，华夏出版社 1998 年版，第 25 页。
③ 王明：《太平经合校》，中华书局 1960 年版，第 400 页。

神明的敬畏，在言行举止穿着上都有严格的戒规规定。如张万福所撰《三洞法服科戒文》中写道：不穿法服不得登坛入静礼愿启请，也不得逼近经戒，在抄写经书时必须烧香跪拜，等等。因为神明是宇宙自然存在的象征，是力量的代表，敬重神明从某种意义上说，就是顺自然之气，保证天下太平，生命平安。所以，归根结底，道教的神学伦理的本质还是贯穿着生命的理念，它是生命伦理在神学信仰上的一种变形的表现。①

---

① 参见詹石窗《道教文化十五讲》，北京大学出版社 2003 年版，第 171 页。

第四章　文化线路视阈下长江流域道教文化遗产(一):传播与发展路径

依据王建波、阮仪三（2009）对《文化线路宪章》的解读①，文化线路可以看做是一种通过承担的特定用途的交通线路而发展起来的人类迁徙和交流的特定历史现象，那么文化线路中的交通线路，就是迁徙与交流发生的通道，可以是陆路、水路或者是两者的混合，是为一个具体的、特定用途服务的，如运输特定的商品货物，进行特定的政治、宗教、文化活动等。它可以是一项有预定计划的、由强有力的政府或个人来推动实施的项目，如大运河的漕运，还可以是一项长期的自发的演进过程，其动力来自同一个目标，如宗教、丝绸、茶叶等。具体说长江流域道教文化线路，对道教这种本土宗教的崇奉是使得道教得以在中国古代各阶层人们之间沿长江流域产生交流的一个主要原动力，从而在长江及其流域形成了一个道教传播发展的网络格局。

文化线路中的交通线路在空间形式上看总体上是线形的，但依据其完成所承担功能的往来路径的空间分布形式，其空间结构可以是单一线状，也可以是网状、放射状或环状类型。考虑到长江流域道教传播是一个出发地、多个目的

---

① 参见王建波、阮仪三《作为遗产类型的文化线路——〈文化线路宪章〉解读》，《城市规划学刊》2009 年第 4 期。

地以及相互往来的特殊性，这条线路应是线状与网状或放射状结合的混合类型。

而且，道教在长江流域产生发展的脉络，不仅展现出长江流域道教文化遗产作为文化线路本身——交通线路的形成发展过程，而且体现出作为文化线路的空间与时间、功能方面的特征。

一 道教在长江流域产生发展脉络——文化线路时间与空间特征

国际古迹理事会文化线路科学委员会（CIIC）强调文化线路作为世界文化遗产的判别标准，需具有时间与空间特征，即，只有使用达到一定时间，文化线路才可能对它所涉及的社区文化产生影响；只有长度和空间上的多样性，文化线路才能反映出其所代表的交流是否广泛，其连接是否足够丰富多样。[①]

道教初创于东汉中后期的顺帝、桓帝年间（126—167年），至今已有1800多年的历史了，它源远流长，起伏跌宕，和长江紧紧地联系在一起。

（一）长江流域是道教的主要发源地

道教在长江流域发端，是在中国古代特定的历史条件和宗教信仰的基础上，沿袭方仙道和黄老道而于东汉时渐立的。

1. 深厚的历史背景

（1）矛盾尖锐的东汉社会

东汉初期，由于经历了长期战乱和随之而来的饥荒疫疾，生产萎缩，人口锐减，社会凋敝。光武帝、明帝、章帝将恢复生产、稳定秩序放在首位，社会渐见安定。然而豪强依恃其政治特权，兼并土地，肆无忌惮。据荀悦《除田租论》载，东汉"豪民占地，或至数百千顷，富过王侯"。疯狂的土地兼并，不断地促使大批农民流离失所，史称"黎民流离，困于道路"。连光武帝也承认

---

① 参见赵逵《川盐古道——文化线路视野中的聚落与建筑》，东南大学出版社2008年版，第20页。

百姓怨气满腹，明帝也言及民间怨结。当时社会矛盾在激化，人民群众的怨愤在增长。

从和帝开始，在豪强地主势力几乎不受限制地迅速发展的同时，在政治上逐渐形成了寄生在皇权肌体上的一对毒瘤——外戚和宦官两种势力。他们时而相互勾结，立帝废帝，为非作歹；时而互相争斗，交替专政。总之，政治极度腐败。外戚、宦官在争权夺利的同时，都穷奢极侈，大肆搜刮财富，掠夺农民土地。桓帝的外戚、大将军梁冀竟然霸占洛阳周围上千里的地区，充作自己的园苑。他还掠夺人民做奴隶，多到数千人。梁冀一家的残恶贪暴，引起了公愤。梁冀的两个妹妹——皇太后和皇后死后，他失去了靠山。在一群宦官的策划下，桓帝消灭了梁氏势力，没收梁冀的家财，拍卖后所得等于当时全国半年的租税收入。

在这种政治、经济背景下，东汉中后期社会矛盾日益加深。广大农民在赋税、徭役的层层重压下，一部分沦为依附于豪强地主的佃农或雇工，受着更为残酷的剥削，一部分沦为农奴或流离失所，处境极为悲惨。加上水旱蝗灾连年不断，人民更是无法生活。如桓帝永兴元年（153），全国有三分之一的郡县遭受水灾、蝗灾，有几十万户倾家荡产，流浪在外，饿殍遍地，连京师洛阳也是死者相枕于路，甚至出现人吃人的惨剧，广大人民陷于水深火热之中。

马克思说过："有苦难的地方就有宗教"，"宗教是被压迫生灵的叹息，是无情世界的感情，正像它是没有精神的制度的精神一样，宗教是人民的鸦片。"① 正是造成人民深重苦难的那个社会，给宗教提供了生存的气候和土壤。一方面，备受压榨剥削的广大劳动人民，受自给自足的自然经济的局限，生产力水平低，科学知识十分缺乏，他们无法理解苦难的根源，他们渴望摆脱苦难，但又看不到自己的力量，就常常幻想有一种超人间的力量来伸张正义，于是就将全部的希望寄托在神秘而邈远的神灵身上，企图借助一种宗教超越自身

---

① 《马克思恩格斯选集》第 1 卷，人民出版社 1972 年版，第 2 页。

的苦难。另一方面，在深重的社会危机面前，统治阶级对自身政权的前途感到忧虑，极力希望麻痹人民反抗的意志，宣扬君权神授，消弭随时都可能发生的人民反抗，维系摇摇欲坠的统治。同时，统治阶级也希望求得延年益寿之方，以期长生不死，永远骑在人民头上作威作福。在这几方面的条件下，宗教的产生，就成了客观的社会需要，也就是说，汉代社会产生了强烈的宗教需求。

（2）"天命神权"的宗教统治思想

秦朝的灭亡，说明单靠严刑峻法并不能把封建政权引上巩固的道路，并不能解决封建社会固有的矛盾而治国安民。所以西汉成立后，改弦更张，营造新的上层建筑——以黄老道家思想作为自己政权的指导思想，以静制动，无为而治，与民休息。举国上下，皆崇尚"黄老之术"，社会矛盾得以缓和。经过西汉前期约70年的发展，道家的黄老之治已不能适应统治阶级的新需要，如诸侯王的骄纵不法，豪强大地主的奢侈兼并，边疆危机，都在破坏着统一局面的巩固，削弱汉朝的力量。在这样的条件下，继续讲"无为而治"，显然无济于事了。于是他们为了巩固自己的统治地位，不得不借助"圣人以神道设教"的经验，董仲舒的宗天神学便应运而生。

董仲舒把儒家的"德治"同法家的"法治"结合起来，外儒内法，把严格的等级名分同维护君主专制结合起来，同时吸收道家、阴阳五行学说中有利于地主阶级统治的成分，重新解释儒家经典，建立了一套以"天人感应"为核心的神学体系。在神学外衣的掩盖下，倡言"大一统"，以维护至高无上的君权。董仲舒从"天人感应"的神秘理论出发，极力把天美化为最高人格神，把天说成是"百神之大君"，主宰一切，不仅支配自然界，也支配着人类的命运，具有无上的权威。在董仲舒看来，春夏秋冬四季的更替，日月星辰的运行，人的形体构造、思想感情、道德品质等，都是天按照自己的意志造出来的。因此，人类社会乃是由天来操纵的，而君王则是"受命于天"的天子。"天"安排了"君"，"君"因而有权支配人间的一切。当天子的行为体现了天意，天就降符瑞吉祥，以示嘉奖；当帝王违反了天意，天就降灾祸，如山崩、日食、星变等，以示"谴告"。如果屡告而"不知变"，就要受到天的惩罚。他的这种"君权神授"、"天人感应"的神学思想，为封建专制主义集权的统治提供了理论依据。于是汉武帝接受董仲舒的建议，"罢黜百家，独尊儒术"，此后这种宗天神学，几乎统治了中国传统社会近两千年，成为封建统治阶级的正统思想。

董仲舒不仅是一个宣扬"天人感应"、阴阳灾异的宗天神学家，而且是一个神仙方术的鼓吹者。在所著《春秋繁露》中，不仅以神秘的阴阳五行学说附会儒家经义，而且还创造了求雨止雨、登坛作法的仪式，集儒生、巫师、方士于一身。在他的引导下，儒学逐步走上宗教化的道路，儒生与方士合流。

还应特别一提的是，到西汉末期，董仲舒的"天人感应"神学理论，与谶纬迷信相结合，形成了谶纬神权政治学说。何谓"谶"？许慎《说文解字》说："谶者，验也。"谶是一种"诡为隐语、预决吉凶"的政治预言，又名"符谶"、"符命"，源出燕齐巫师和方士，常常成为某些政治派别的工具。何谓"纬"？许慎《说文解字》说："纬，织横丝也。""纬"与"经"相对应，是儒生们用天人感应、阴阳灾异的迷信方术，对儒家经典进行穿凿附会的解释，使儒经几乎成了神书，孔子几乎成了神人，把儒家大经更加宗教化了。"谶"与"纬"二者虽形式不同，但其宗教神秘主义的实质是一样的。西汉时期，在董仲舒"天人感应"神学理论的推动下，谶纬之学开始广泛流传。后来刘秀为篡夺农民起义的果实，就用"刘秀发兵捕不道，卯金修德为天子"的符瑞图谶来证明他当皇帝是"天命"所归，是神的意志。及至建立东汉政权后，对谶纬崇信更甚，就连施政都要找谶纬做根据，各种重大问题也以谶纬来"决定嫌疑"。其而对于儒家经典的解释，也以谶纬为指归。刘秀临死前所做的最后一件事，是"宣布图谶于天下"，正式把谶纬神学定为官方之学，给予保护。公元79年，汉章帝主持白虎观会议，把谶纬神学列入钦定法典，成为占统治地位的官方之学。

终汉之世，浓厚的宗教神秘主义气氛弥漫着整个社会，这种氛围是道教孕育成长的良田沃土。

（3）佛教的传入

佛教何时传入中国？对此颇多争议。较流行的一种说法是在东汉明帝（公元 58—75 年）时传入。[①] 据说，明帝有一夜梦见一高大金人，送来《大乘宝卷》。梦醒之后，明帝百思不得其解，乃告之众大臣。有大臣对明帝说："今天陛下所见之金人，也许就是西方佛的幻影呢！"明帝听后，愈觉奇怪，决意派人去"西天"探个究竟，便遣使前往天竺求取佛经。使者历经艰辛，取得佛经与佛像，用白马驮着回到洛阳，随行的还有天竺高僧。明帝又下令在洛阳城中建起了中国第一座佛教寺院用以储藏佛经，讲授佛法，此寺就是白马寺。

也有一些学者认为佛教明帝时传入说太晚，应该上溯至西汉末。说是在西汉哀帝元寿元年（前 2 年），西域信奉佛教的大月氏遣使到达长安，一博士弟子名叫秦景宪的从之学浮屠经。从此以后，佛教就逐渐流传开来。

不管是在东汉明帝时还是在西汉末传入，总之，在传入以后的这段时间里，一些外国僧人以斋戒祭祀等方式进行宗教活动，这给当时的方士以创立宗教的启示和刺激。可以说，佛教的传入为道教的产生起了助产的作用。

2. 道教的雏形——方仙道和黄老道

道教的产生经历了一个较长时间的酝酿孕育的过程，上到战国时的"方仙道"，下至两汉时的"黄老道"，前后酝酿准备时间约有 600 年。方仙道和黄老道，二者实为道教的雏形。

（1）方仙道

早在战国时期（前 475—前 221 年），就已出现了求不死仙方，炼仙丹的神仙方士。《四川道教史话》中记载了当时在西蜀和关中地区出现了王乔、彭祖两大仙派，他们吐纳导引，追求延年益寿。[②] 在山东沿海一带，也有一些知仙方、炼丹药的方士，他们在诸侯和贵族中兜售自己的仙方，扬言只要服食仙

---

① 参见任继愈《中国佛教史》，中国社会科学出版社 1981 年版，第 94 页。

② 李远国：《四川道教史话》，四川人民出版社 1985 年版，第 6 页。

药、仙丹，就可以随心所欲地飞行虚空，跑到太阳和月亮上去，又可以将自身变化成他物，或者将一个自身变成多个自身，总之，仙人是绝对自由自在的。方士们说，仙人住在缥缥缈缈的海上神山中。甚而有方士跑去告诉齐威王，说渤海中有蓬莱、方丈、瀛洲三座神山，这三座神山上有仙人及长生不死之药，只是可望而不可即。今日看来，或许是海市蜃楼造成的神奇的海上景象使然吧。

这些神仙方术，仅是"术"，并无系统的理论，因此闹腾得并不厉害。到战国中期，齐国人邹衍创立阴阳五行学说，用以解释自然界和社会界的种种现象。方士们感到此学说很有用，便吸收过来，以解释其仙方神术，充实其信仰，于是形成了《史记·封禅书》所称的"方仙道"："自齐威、宣之时，邹子之徒，论著终始五德之运，及秦帝而齐人奏之，故始皇采用之。而宋毋忌、正伯侨、充尚、羡门高最后，皆燕人，为方仙道，形解销化，依于鬼神之事……"这段话中正式出现了"方仙道"的名称，又指出了它的代表人物。

方仙道产生后，对社会的影响愈来愈大，信徒日众。特别是受到一些君王的推崇，而秦皇、汉武求之唯恐弗及。他们恐人生短促，欲永享尊荣，对方士们宣扬的海上有三神山、山上有不死药等特感兴趣，于是掀起了三次有名的方士入海求仙采药的浪潮。《史记》记载了这三次求仙盛况，第一次是战国初期齐威王时，第二次是秦始皇时，第三次是汉武帝时，这些都是帝王推动的。结果奇药没找到，连三神山也没看到。然而方士们的活动却得到了空前的发展，出现了一大批有名的方士。

方仙道的代表人物，除了战国末期的宋毋忌、正伯侨等人以外，秦始皇时最著名的有徐福、韩终（众）、侯公、石生、卢生等人。至汉武帝时，又出现了像李少君、奕大、公孙卿等大批有名方士。这些自称能上神山、能帮助皇帝羽化成仙的方士，大多干着巫师的老本行——祭神、降神、捉鬼等把戏。他们中有的会炼丹，有的会治病，有的相信自己已有修炼成仙的法门。以后，随着方仙道为道教所承袭，方仙道所信奉的神仙说便衍化为道教的基本信仰，神仙术便衍化为道教的基本方术，神仙方士则逐渐衍化为道士。总之，方仙道是道教的前身。

（2）黄老道

西汉早期，封建统治者崇奉黄老之术。黄老就是指传说中的黄帝和先秦思想家老子，其核心思想就是"无为而治"。黄老道，就是讲帝王统治国家的方法，是黄老学和方仙道相结合的产物。黄老学和方仙道是怎样拉上关系，并发展成黄老道的呢？这期间有一个长期演变的过程。

战国至西汉早期，神仙方术在社会上广为流传。与此同时，黄老之学也悄然兴起。两者均受到从下至上的普遍认可，得以并行发展，虽互为影响，但并无结合的趋势。自从汉武帝接受董仲舒的建议，"罢黜百家，独尊儒术"之后，情况大异，儒家思想受宠，黄老之学在政治上失势了，许多黄老学者就不再用心去研究它的经世治国之道，而是着重去研究它的修身养性之术，有的干脆就过起隐居生活来。许多崇奉方仙道的方士则不再满足于邹衍的阴阳五行说，他们受儒家神化孔子的启示，将黄老学拉扯过来，始则推崇黄帝，继则尊奉老子。由此，以"独尊儒术"为契机，黄老学和方仙道相结合的过程开始了。佛教传入中国，给神仙家们以创立宗教的启发，他们进一步把黄帝、老子神化，尊奉老子为教祖，与儒家、佛教三足鼎立，于是形成了以神仙术为核心内容的黄老道。黄老道作为一种宗教信仰形成于东汉顺帝、桓帝之时，黄老道所尊崇的黄帝、老子，成为后来道教所信仰的至尊之神。

从先秦的神仙方术，再经过秦汉的方仙道和汉代的黄老道两个阶段的酝酿后，到东汉中后期，道教的大幕终于拉开，我国早期道教——太平道和五斗米道，正式登台亮相。

3. 道教在长江流域正式产生

太平道、五斗米道两个教派的出现，标志着道教的正式产生。

（1）太平道

太平道的创始人是冀州巨鹿（今河北平乡）人张角，因奉《太平经》（即

《太平清领书》）为主要经典而得名。根据《后汉书》、《三国志》所载的一些内容推测，太平道大约创立于东汉灵帝建宁、熹平年间（168—177年）。十余年间，信徒遍及青、徐、幽、冀、荆、扬、兖、豫八州，众达数十万人。他们将信教农民组织起来，设立太平道的宗教组织——方，大方万余人，小方六七千人，共设三十六方，并设立神职教徒——渠帅，来管理"方"。灵帝中平元年（184年），张角兄弟发动规模浩大的黄巾大起义，提出"苍天已死，黄天当立，岁在甲子，天下大吉"的口号。他们的政治要求和激情极大地震动了封建统治者，东汉朝廷调集重兵围剿，起义军经过十个月的战斗，终于失败。黄巾大起义被镇压，太平道的组织遭到严重破坏，轰动一时的早期道教派别太平道也逐渐衰微直至销声匿迹了。

（2）五斗米道

五斗米道，又称天师道或正一盟威之道，约创立于东汉顺帝年间（126—144年）的蜀地，创教人是张陵。张陵，后世道教信奉者为表示尊尚称张道陵，沛国丰人（今江苏丰县），他经过江淮，渡过黄河、洛水，翻山越岭，来到号称"天府"的蜀地，在这里开创了具有深远历史意义的事业。

《后汉书·刘焉传》等史书说：顺帝时，张陵入蜀，学道鹤鸣山（今四川大邑县境内）中，造作符书，建立五斗米道。《云笈七签》卷二八记："顺帝汉安元年（142年），张道陵精思西山，太上亲降。汉安元年正月一日，授以三天正法，命为天师；又授正一科术要道法文。"意思是说，张陵在山中精修道法，以至诚之心志感动了天上的太上老君，太上老君亲自降临鹤鸣山，授给他三洞众经，正式任命他为天师，替天行道。他制定宗教仪式，确立宗教组织，因入道者均应交五斗米，故称"五斗米道"。

始创的五斗米道的宗教特征有许多与太平道相似，都源于黄老道，皆崇尚黄帝、老子，并以神仙崇拜和方术为要义。不过由于五斗米道创始于巫觋盛行的巴蜀地域，与巫道有所融合，所以更重醮事章符，也更多巫觋杂术。可以说，五斗米道就是黄老道和四川少数民族巫鬼道的结合体，以召神劾鬼、符箓咒语为主要法术，设有神职"祭酒"，统领教民。与太平道不同的是，其所奉经典主要是老子的《五千文》，即《道德经》。基层组织称为"治"，是处理道教事务和祭神的地方，张陵在巴蜀地区设"治"二十四所。传说在每年三会日（正月七日为上会，七月七日为中会，十月五日为下会），天神地祗就能在"治"相会。因此，道教徒在这三天要到达治所听候教令。

张陵死后，其子张衡、其孙张鲁先后承其事业。道教中人称张陵为"天师"，张衡为"系师"，张鲁为"嗣师"，因此五斗米道又称做"天师道"。经祖孙三代的努力，五斗米道在川北、川东、汉中声势大盛，特别是张鲁，对五斗米道的扩展兴旺贡献最大。

张鲁很有政治手腕和组织能力，他先应聘于益州牧刘焉，任督义司马。同时利用母亲与刘焉往来密切的关系，暗中发展自己的势力，杀死巴郡五斗米道的另一支势力首领张修，兼并其部属，成为汉中地区唯一的道教首领。然后又用武力在汉中一带建立了政教合一的割据政权。在这个政权内，不置长吏，以"祭酒"为治。"祭酒"各领部众，其中的"都讲祭酒"地位仅次于张鲁，专门讲授指导学习老子《道德经》。初来学道者称"鬼卒"，能为道民或病人进行请祷仪式的是"鬼吏"，或称奸令。在这里，宗教领导人就是政治领导人，用五斗米道的教义来施行教化、指导刑政。民众犯有小过者，须修补道路，将功补过，略示惩戒；有犯罪的，可以宽宥三次，以后再犯才处以刑罚。祭酒在各自的管区内设立"义舍"，相当于公共免费旅舍。义舍中有米、肉，行人路过，可以量腹而食。据说如果撑饱了还吃，神仙就会降罪，鬼便使其生病。这些比较简便的施政措施，受到当地民众的普遍欢迎。《晋书·李特载记》云："汉末，张鲁居汉中，以鬼道教百姓，賨人敬信巫觋，多往奉之。"（按：賨人是当地的土著民族）《后汉书·刘焉传》记，韩遂、马超之乱时，"关西民奔鲁者数万家"。这些记载充分说明，张鲁及其五斗米道深受民众的欢迎。

张鲁的势力日益强大，割据汉中、巴郡达 30 年之久，在汉末那个动乱的时世中，是难能可贵的。诸葛亮在《隆中对》中，向刘备分析全国的战略形势时，就是把张鲁作为割据的军阀看待的，同时以"民殷国富"来评价张鲁。可见，张鲁的实力足以与刘备、孙权相抗衡，就连东汉朝廷也拿他没办法，只好任命他为"镇民中郎将，领汉宁太守"，以示安抚之意。

建安二十年（215 年），张鲁被曹操击败，降于曹操，大量道众随之北迁，五斗米道的势力遂又发展到中原了。

（二）魏晋南北朝时期长江流域道教的初创

1. 道教在江北江南传播分化

张鲁在迁居北方的第二年死去，北方的五斗米道由于群龙无首，政治气候不利，又是新到一个地方，于是诸祭酒人人称教，各作一治，自立传教。这样，道教一方面在北方迅速传播开来，另一方面又陷入了组织涣散、规诫松弛、思想紊乱的状态，有些道教徒开始腐化堕落，道教内部产生了分化现象。可是，正当山重水复疑无路之际，却见柳暗花明又一村。

到西晋时，统治集团极端腐朽，争权夺利，骨肉相残，生死无常，心理上逐渐呈现出紧张与颓废的矛盾状态，对前途悲观失望。一部分道教徒乘机奔走于权贵之门，攀龙附凤，各为其主出谋划策，直接参与封建统治阶级的内部斗争。最突出的莫过于五斗米道信徒孙秀为八王之乱的中心人物赵王伦出谋划策，篡夺帝位。因此，道教为统治阶级所利用和扶持，有向上层发展的趋势。

至东晋，由于道教徒的活动，使五斗米道（天师道）传播于江南江北豪门大户。当时不少的王公贵族加入道教，出现了许多有影响的天师道世家。如钱塘人杜子恭领导着一个五斗米支派在那个地区活动，他的后人又把天师道信仰代代传续下去。史载：其子运，运子道鞠，道鞠子京产，京产子栖，世传五斗米道不替。再如著名的书法家王羲之，系出东晋首屈一指的豪族，世代信仰五斗米道，他的儿子王凝之尤其虔诚。其他的江南豪族大姓中还有陈郡谢氏、殷氏，高平郗氏，会稽孔氏，义兴周氏，丹阳许氏、葛氏、陶氏，东海鲍氏，琅琊孙氏，吴兴沈氏等，俱奉天师道①。东晋豪族中出现如此众多的天师道世家，竟使重门第的晋人把天师道也看成权贵的象征，社会名流纷纷入道，或巴结天师道徒。这一切都表明，高级士族成了道教信徒，天师道在上层士族社会中已迅速传播开来。

由于豪族大量涌入道教，势必将其思想带入道教中来，引起道教内部在思想和组织上的变化，新的道派和道书如雨后春笋般涌出。在这纷纷扰扰的关键时刻，江南豪族出身的丹阳人葛洪从理论上对道教予以总结，使道教的神仙信仰理论化。其著作《抱朴子·内篇》，全面系统地总结了晋以前的神仙方术思想，提出以神仙养生为内、儒术应世为外的主张，将道教的神仙信仰与儒家的纲常名教相结合。还建立了一套长生成仙的理论体系，使道教的神仙信仰系统化、理论化。由此，为豪门士族信仰上层化的道教奠定了理论基础，对后世道教的发展作出了贡献。同时他适应封建统治秩序神圣不可侵犯的需要，主张坚决禁止民间道派的存在，把它们诬之为"妖道"，主张加以镇压。葛洪的这些思想，是士族贵族思想在道教内部的反映，反映了封建统治阶级的利益和愿望，为封建统治阶级镇压民间道派提供了理论依据。

2. 道教在江南出现了灵宝、上清两个主要派别

东晋时期，由于高级士族的大量入道，并把他们的思想带到道教中来，因而在江南地区出现了以撰作道书、传授经法为主的新的道教符箓派别——灵宝、上清等派别相继产生，并得以发展壮大。

灵宝派，以传授《灵宝经》而得名。葛洪的重孙葛巢甫依托祖辈留传下来的《灵宝五符》古经，增饰而成《灵宝经》，以元始天尊、太上大道君和太上老君为最高神，规定信徒必须奉公守法，不许妄言朝政得失，不准犯上作乱。灵宝派的修行方术，除讲存神、诵经、修功德外，特别重视符箓斋醮科仪，认

---

① 参见陈寅恪《天师道与滨海地域之关系》，转引自彭卫、张彤、张金龙主编《20世纪中华学术经典文库 历史学 中国古代史卷》，兰州大学出版社2000年版，第10—22页。

为"斋直是求道之本"。它还加强了劝世度人的宗教功能，要"普度一切人"，这与魏晋以来的道派只强调个人修炼得道成仙而不重度人有很大区别，反映了晋末道教无论从神学理论还是宗教形式上都迅速向成熟的教会道教转化。灵宝派的修持方法吸收了天师道的长处，使它的宗教活动能吸引群众。因此，晋末以后，灵宝之教大行于世。

上清派，以奉《上清经》而得名。此派自称其经书传自比太上老君所居太清天更高的仙境，其开创人物魏华存、杨羲、许谧、许翙诸人，均系士族知识分子，他们有较高的文化修养，与上层社会有密切的联系。他们加入道教后，按自己的意志对原来的旧天师道进行改造，对早期道教中反映农民群众愿望和要求的内容予以排除，使之适应士族贵族的需要。在修炼方术上，把重点从符箓斋醮转移到存神服气上，这更适合江南士族知识分子个人修炼的习惯。因此，上清派为江南有隐士性格的知识分子乐于接受和赞赏，得以广泛传播。

3. 民间道教仍在长江流域发展

魏晋时期，五斗米道（天师道）在上层社会大力发展的同时，在民间下层也仍在继续传播，发展成百余种道教，其中影响较大的有李家道、于君道、帛家道等，并不断发动反抗统治阶级的起义。

西晋初期，在天师道的发源地四川，犍为人陈瑞在今四川中部一带，传播五斗米道。陈瑞改革旧规，另立新法。据《华阳国志》卷八所记，其道不奉他神，以清静作为教义中心。陈瑞自称"天师"，为师者称"祭酒"，"作朱衣、素带、朱帻、进贤冠"，宗教仪式日趋隆重，一时"徒众以千百数"，连巴郡太守唐定也成为其信徒。晋武帝咸宁三年（277年），时益州刺史王濬为取宠于上，防乱于内，以"不孝"的罪名诛杀了陈瑞及祭酒袁旌等人，并焚其传舍，信道的大小官员均被免官或除名。

陈瑞被杀后不久，在晋惠帝永宁、太安（301—303年）年间，四川发生了一次李特、李雄领导的流民起义。起义队伍中有不少是虔诚的奉道者，他们在青城山大地主、天师道教主范长生的大力支持下，于惠帝永兴元年（304

年）十月，占领成都，建立了成汉政权。成汉封范长生为丞相，号为"四时八节天地太师"，免除他的部曲的徭役赋税。在范长生的辅佐下，李雄在成国执行"清静无为、与民生息"的政策，于是政宽人和，事役稀少，比起战乱的中原地区算得上是一方乐土。之所以出现这种局面，与以范长生为首的天师道的支持是分不开的。直至东晋永和三年（347 年），前后经历了 43 年，才被桓温所灭。

同一时期，杜子恭一派的天师道，起初在江南的上层社会影响较大，至其弟子孙泰时，又在下层群众中广收徒众。东晋末，孙恩、卢循利用这个组织发动了一次规模巨大的农民起义。据《晋书·孙恩传》记载，起义后，"旬日之中，众数十万"，威震朝野。他们提出了"诛杀异己"的口号，连高级士族中"世奉张氏五斗米道"的道徒王凝之也在诛杀之列。可见，在道教内部，出现了因阶级利益不同而发生的激烈斗争。

4. 陆修静、陶弘景对南方民间道教的改造

上述多次利用道教之组织或名声发动的大起义，是受到重大打击的统治阶级十分痛恨的。在这种情况下，对民间道教的改造已成为当务之急。出身世家大族的北魏天师道道士寇谦之，自称得到太上老君的指示，要除去三张（张陵、张衡、张鲁）的伪法，租米钱税和男女合气之术，专以礼度为首，而加之以服食闭练，重建新的天师道。寇谦之整顿天师道的举措所造成的影响超出了北朝的疆界，为南朝的天师道带来了冲击和启示。

在寇谦之改革天师道之后不久，刘宋道士陆修静对南方天师道也进行了总结和改革。陆修静与寇谦之不同，他祖述三张，而弘衍二葛（葛玄、葛洪），旨在整顿天师道中普遍存在的组织涣散，科律废弛的境况，严格执行道官论功升迁制。他还把源于封建等级的一套服饰制度应用到道教中来，以服装样式的不同，来巩固道教内部的等级制度。同时吸收佛教修持仪式，健全"三会日"和"宅箓"制度，依据儒家的宗法思想和制度，广制斋醮仪范，为道教斋醮仪范的统一奠定了基础。经陆修静改革后的天师道，历史上称之为"南天师道"。

天师道经过寇谦之和陆修静的整顿和改革以后，其教规戒律，斋醮仪范基本得以定型，成为较成熟的宗教。在此基础上，齐梁道士陶弘景继续吸收儒、佛思想，充实道教的神仙学说和修炼理论，并对道教崇信的神仙做了系统化的工作。陶弘景著《真灵位业图》一书，仿照儒家的封建等级制度构造出一套道教的神仙谱系。陶弘景这种三教调和、佛道兼容的态度，意在创造一种以道教为主体而兼容佛、儒的新教派。这一新教派，就是对后世道教发展有深远影响的茅山宗。

总之，自寇谦之改革道教始，至陶弘景止，代表统治阶级利益和愿望的道教理论家们对民间道教的改造业已完成，使民间道教完成了向士族贵族道教的转化，从此，道教以新的面貌展示在社会上。

(三) 隋唐北宋长江流域道教的兴盛

1. 隋时南方道教稳定发展

隋朝是个短命的皇朝，对儒、释、道三教均无突出的业绩可言。不过统治者采取的是道、佛并重而独轻儒生的政策，这为唐代道教的兴盛奠定了基础，从中受益最多的是南方的道教。

隋文帝杨坚的"开皇"年号，就是采自道教经典中开劫的年号之一。隋文帝还重用道士焦子顺、张宾等人，因他们曾经向他密告"符命"。

隋炀帝杨广继续推行其父崇佛重道的政策，重用道士，曾宣召道士徐则、宋玉泉、孙道茂等入宫留侍自己。隋大业七年 (611 年)，炀帝以帝王之尊，迎请南方道教茅山派宗师王远知，见于涿郡临朔宫，亲执弟子之礼，请教神仙之事，后于京师洛阳置玉清玄坛以处之。为加强对佛、道二教的管理，专设崇玄署。炀帝迷信金丹，幻想长生不死，不惜重金、人力，使道士为他合炼金丹。

隋朝统一了全国，促使道教南北交融。特别是炀帝恭迎王远知北上，使茅山宗在北方得以迅速传播和发展。茅山宗传往北方的上清经法，已与北方的楼观道相结合，形成了以茅山宗为主流的南北交融的景象。总之，经隋一朝，道教在江南江北经过一小段稳定发展的时期。

2. 唐室极端崇道，道教在大江南北鼎盛发展

魏晋南北朝以后，道教最兴盛的时期就是唐代了，这是因为唐朝皇室极端尊崇道教。

隋末，茅山宗领袖王远知等道士见隋朝行将覆灭，天下兵起，便物色新的政治靠山。他们认为李渊父子能取得天下，便投其麾下，自称奉老君之旨，向李渊预告受命之符。李渊登位后，即拜受王远知为朝散大夫，并赐缕金冠和紫衣。在李世民与其长兄李建成争夺皇位的刀光剑影中，以王远知为首的道教徒拥护李世民，以法琳为首的佛教徒拥护李建成。结果李世民当了皇帝，是为唐太宗，王远知更享隆遇之恩。唐太宗为王远知在江苏茅山修太受观，在安徽亳州为太上老君修老君庙。王远知等还顺应李唐统治者欲提高门第并神化统治的愿望，大肆渲染道教所奉教主老子姓李与李唐皇室也姓李的关系，宣称是"奉天承运"，太上老君是唐室先祖，唐室是"神仙苗裔"。唐高祖李渊在武德八年（625年）正式颁布《先老后释诏》："令老先，孔次，末后释。"（《续高僧传·释慧乘传》）此诏明确规定了有唐一代奉道教为祖宗家教的崇道政策。

唐时佛教势力强大，李世民继位之后，再次下诏，规定道士、女冠在僧尼之上，给佛教以沉重打击，使道教在道佛争宠中取得了优势。由于王远知受宠于齐、隋、唐三朝不衰，为南方茅山宗在唐代成为道教主流奠定了基础。唐高宗李治虽昏庸无能但在崇道抑佛上也还能踵武先帝。如他亲至亳州参拜老君庙，追尊老子为"太上玄元皇帝"，建祠堂，立祠官。又下诏全国各州修建道观，上州三座，中州二座，下州一座，一时道教宫观遍及名山都邑。上元元年（674年），传令王公百官都要读《老子》，并将《老子》列为科举取士的考试内容。这些措施表明李治遵守了贞观遗规，对道士也恩宠有加。武则天临朝参政后，虽崇佛抑道，但也向胡洞真天师乞九转金丹。武则天相信"老子化胡"一说，以为佛教本因道教而生。

唐代皇帝崇道最著者，当推唐玄宗。唐玄宗鉴于武则天依靠佛教势力篡夺

皇位的教训，自登基之日起，便着力推行开国以来的崇道遗规，将唐代道教推到鼎盛时代。那么，他是如何尊崇道教的呢？

第一，打击佛教势力，提高道士的社会地位。武周时期，由于崇尚佛教，修建了大量佛寺，僧民不服役纳税，因此民众多削发以避徭役，当时全国僧尼人数达十万之众。这不仅给封建政府带来了经济危机，更是一股不可忽视的政治势力。玄宗为保住李家天下，下令淘汰天下僧尼，被强迫还俗的僧尼达一万多人。玄宗还下令严禁再造佛寺和铸造佛像、抄写佛经。这样，使佛教势力受到了更大的打击。他经常召见道士，信用道士，拜官赐物，礼遇甚隆。如开元九年（721年），玄宗迎请茅山道士司马承祯入京，亲受法箓，自称道门弟子，成了道士皇帝，后来为司马承祯在浙江天台山修桐柏观，在王屋山建阳台观。他还几番请求茅山道士李含光传符箓，并遥拜李含光为度师。还有尹喜、张果老、叶法善、罗公远、吴筠等高道，出入宫禁，成为玄宗的上宾。玄宗规定道士隶属于宗正寺，几乎要把道士视同皇族了。

第二，掀起崇道狂热，尽量神化"玄元皇帝"。首先，他一而再、再而三地提高老子封号。天宝二载（743年），追尊玄元皇帝为"大圣祖玄元皇帝"，后加升为"圣祖大道玄元皇帝"。天宝十三载（754年）又加升为"大圣祖高上大道金阙玄元天皇大帝"。其次，他一再诏令诸州普遍建立玄元皇帝庙。开元十年（722年），下诏在东西两京及全国各州建立玄元皇帝庙。于是，全国各地的名山都邑都建立了富丽堂皇的玄元庙。再次，他还大量铸造玄元皇帝的神像，置于全国各大观中供奉。由此，树立起老君无与伦比的崇高地位。

第三，亲为《老子》作注，并设置道举制。开元二十一年（733年），命令全国每户必备一册《老子》，置于诸经之首。同年，玄宗亲自为《老子》作注，大力倡导学《老子》。开元二十九年（741年），制令在东西两京和各州建专修道教的国立高等学府崇玄学，令习《老子》、《庄子》、《文子》、《列子》等，考试合格者按贡举及第对待，称为道举，授予官职。

第四，搜访道经，倡导斋醮和道教乐曲。唐玄宗在即位之初，即先天元年和开元元年（712—713 年），敕令太清观主史崇玄及东明观等学士撰修《一切道经音义》。至开元中，又发使搜访道经，纂修成藏目曰《三洞琼纲》，总3744 卷。在道教历史上，这是第一次编纂《道藏》。为了使道经广为流布，天宝七载（748 年）下诏传写《一切道经音义》，令崇玄馆缮写后分送诸道采访使，这也是前所未有的。由于道教与唐室关系异常亲密，极崇道教，所以为国家平安，皇帝祖先忌日以及为皇帝、皇后生日所作的斋醮法会非常频繁，场面非常浩大，有关的仪礼由此更加完善。玄宗还特别爱好各种道教乐曲，敕令组织创作，先后有司马承祯制《玄真通曲》，李含光制《大罗天曲》，贺知章制《紫清上圣道曲》。玄宗还自制道教乐曲，驰名遐迩的《霓裳羽衣曲》就是玄宗创作的。这中间还有一个美妙的故事：相传在一中秋佳节之夜，备受玄宗信任的蜀中道士罗公远，化拄杖为银桥，引玄宗飘然而入广寒宫，宫内仙乐清雅悠扬，仙女翩翩起舞。玄宗暗中记其舞姿韵调，归宫后，即召伶官依令表演，这就成了人间的《霓裳羽衣曲》。

正是由于皇室的极力倡导，使得求道成仙成为当时的一种社会风尚。就连当时的一些公主、妃嫔、官吏、士人，也多有入道者。杨贵妃入了道籍，号曰"太真"。朝官中有名士贺知章等弃官从道，大诗人李白也请度为道士。在唐朝文臣武将中，学道教术业居然成了一时风尚。宰相陈希烈，专用神仙符瑞取媚于玄宗。力排佛道的韩愈，也有与道士往来的应景文章传世，甚至对道士谢自然"冠履同蜕蝉"赞羡不已。名道司马承祯被玄宗召至京师，及还天台山时，朝士竞相属和，累至三百余篇。其声望影响，可见一斑。又有玄宗"内宰相"王琚，以道士得宠，自称善飞丹炼药，玄宗恨相知甚晚，与之为友。

"渔阳鼙鼓动地来，惊破霓裳羽衣曲。"安史之乱，打破了风流天子的雅趣仙情。玄宗避乱入蜀，一些"仙山琼阁"、"洞天福地"被侵占。经安史之乱，唐朝由盛转衰。玄宗以后的唐朝仍然奉行崇道政策，使道教在中唐以后继续得到发展。如武宗李炎也是一个道士皇帝，亲受法箓。武宗、宪宗、穆宗、敬宗服食金丹药物，至死不悟。由于他们的扶植，道教上层人士多有封官晋爵者。

宫观遍及全国各地，道徒数量愈见增多。据杜光庭记载，唐代自开国至中和四年（884年），"所造宫观约一千九百余，所度道士计一万五千余人，其亲王贵主及公卿王庶或舍宅舍庄为观并不在其数"①。

唐朝对道教的崇奉，造成了崇道的氛围，促使道教在教理教义和科仪等方面均有较大发展。这个时期，涌现出许多著名的道教学者，如成玄英、王玄览、李荣、司马承祯、吴筠、张志和、杜光庭等，他们都以老庄的哲学思想改造道教义理，调和老庄哲学思想与神仙信仰的矛盾，追求精神超脱的"重玄之道"，注重炼养自身之精、气、神。同时，吸收魏晋玄学和佛教思想，进一步提高了思辨性，使道教向义理化方向前进了一步，它不仅为宋元道教理论的拓展奠定了基础，而且在中国哲学史上占有相应的地位。唐代道教科仪更加完备，出现了两位与陆修静齐名的道教古仪范的集大成者，一位是盛唐的张万福，一位是唐末五代的杜光庭，他们对科仪进行了收集和整理，编撰科仪经文，使唐代科仪更加系统化。特别是杜光庭所著《道门科范大全集》，凡87卷，集道教斋醮科仪之大全。他制定的道门科范，沿用至今。

鲁迅说唐代"大畅巫风"，确实很能概括其时风尚。长生不死，超越现世，悠哉游哉，自由无羁，琼楼玉宇，这些都给唐代文学特别是唐诗提供了神奇诡谲、色彩绚丽的意象。在唐代的文人骚客中，很难找到一个作品完全不涉及道教神话的。有的则干脆是道士型诗人，如李白、孔巢文；有的是诗人型道士，如吴筠、施肩吾。至于唐代的志怪小说，则更有相当大的部分取材于道教的神仙鬼怪传说。总之，唐代文学中以宫观、道士为题材，咏叹神仙世界的作品层出不穷，形成了我国文学史上的奇观。

3. 五代袭唐崇道，长江流域道教仍发展旺盛

唐朝末年，藩镇割据势力进一步加强，唐灭亡后，出现了五代十国的分立和割据局面。五代凡53年（907—959年），共更换了8姓14君。其中，不少

---

① 《道藏》第11册，文物出版社、上海书店、天津文物出版社1988年版，第7页。

帝王仍在兵荒马乱之中，因袭唐代遗风，崇奉道教。如前蜀王建、王衍父子尊礼杜光庭，封之为蔡国公，进号"广成先生"，效李唐尊老子为圣祖。后蜀孟昶召道士程晓询问长生之法，他身为蜀主，而通晓金丹口诀，并亲撰《阴符经》注和《参同契》注，喜好房中术。吴王杨行密宠信道士聂师道，为之建玄元宫，令其祈灵降福，祈雨祈晴，授予"逍遥大师"尊号，在聂师道卒后又追赠银青光禄大夫、鸿胪卿。吴越王钱镠，亲到余杭大涤洞拜访道士闾丘方远，并为其筑室宇居住。都于金陵的南唐烈祖李昪，令道士为自己炼金丹。又为茅山派第十九代宗师王栖霞修建玄真观，赐予金印、紫绶，赐号"玄博大师"。终于，李昪因服食丹药中毒去世。后主李煜曾迫请道士谭紫霄接受赐以道号，阶以金紫，不过谭紫霄坚辞不受。

这期间，还产生了两位著名的道教学者——谭峭和陈抟。谭峭，著有《化书》6卷，书中对剥削、压迫表示深恶痛绝，同情人民，一再阐发官逼民反的道理，进而依据老庄思想，反复强调无剥削、无压迫、共同劳动、共同享受的大同世界。《化书》中把客观世界归结为虚，又突出地体现出一种一切事物都在变化的观点，这种思想是唐末五代社会急剧变化的反映。陈抟好《易》，是易学大家，著有《无极图》、《先天图》等，用《周易》思想论述宇宙生成及炼丹方术，不仅对后世道教，而且对宋明理学都产生过广泛而深远的影响。

4. 北宋崇道，南方道教继续兴盛

经过五代十国的分裂、割据，公元 960 年春，北宋皇朝建立，复归于统一。但因国力羸弱，外有辽朝威胁，内有豪强兼并和朋党倾轧，矛盾重重。为解除内忧外患，神化皇权，安定民心，北宋皇室将道教看成是与佛教享有同等地位和权力的第二大宗教，儒、佛、道兼容。而真宗和徽宗尤以崇道著称，到了"不问苍生问鬼神"的地步，在北宋历史上掀起了两个崇道高潮。

太祖赵匡胤对道教的发展很重视，经常巡幸北岳庙、太清观，祭祀老子，敕建华山西岳庙、京师建隆观。开宝二年（969 年），还亲召龙兴观道士苏澄隐，赐紫衣及钱帛，请教治世养生之术。他也对道教加以整顿，开宝五年

（972 年），下令禁止私度道士，命天下道士至京师进行考核，斥退品学不良及不合格者，这对道教的发展起了积极作用。继位的太宗，对道教较太祖更为重视，在京师和苏州敕建太一宫以奉祀太一神，又亲赴道观祭太一神，先后召见丁少徽、陈抟、王怀隐、柴通玄等道士，给他们授号、赐钱，同时多次下令修建道观，搜集道书。由于太祖和太宗两位开国皇帝的努力，北宋时的道教得以继续兴旺。至真宗赵桓时，掀起了北宋历史上的第一次崇道高潮。

真宗即位之初，景德元年（1004 年），宋与辽订立了于宋人有屈辱之感的"澶渊之盟"，此事在一定程度上使人们对宋室江山稳固产生了动摇心理。宋真宗企图借助道教的神力以壮声威，安定人心，粉饰太平，导演了一出天书事件和编造赵氏始祖神话的闹剧。事在大中祥符元年，不必细述。真宗还亲自撰写《圣母降临记》，命大臣收集和整理道书，续修《道藏》，广修道观。每天役使工匠数万人，修筑穷极壮丽的玉清昭应宫、会灵观，历七年才落成。真宗经常召见道教名流，封官、封号、赠物，或为之修宫建观，如封龙虎山道士张正随为真静先生。

真宗之后，仁、英、神、哲四朝，崇道稍有节制。但至徽宗时（1101—1119 年），又掀起了北宋的第二个崇道高潮。徽宗是个放荡天子，又是个非常虔诚的"道君皇帝"，其崇道之热情比真宗有过之而无不及。徽宗不顾国家财力匮乏，增建、改建道观，如在茅山敕建元符万宁宫，龙虎山迁建上清观，增建靖通庵，灵宝观，都在这时完成。继唐代之后，宫观又盛极一时，而南方尤甚。徽宗给予每处宫观的斋施，动辄耗钱数十万，拨给宫观的官田几十顷或成百上千顷。徽宗还为大批神仙新加封号，如加封玉皇大帝为"太上开天执符御历舍仁体道昊天玉皇上帝"。对历史上的人物，如三茅兄弟（茅盈、茅固、茅衷）、张道陵、陆修静、陶弘景、真武、翊圣、关羽等，赐以"真人"、"真君"尊号。重和元年（1118 年），采用蔡京的建议，编修我国官修的第一部全面叙述道教历史和典籍的史书，赐名《道史》。崇宁年间（1102—1106 年），令访求天下道教遗书，编修《万寿道藏》，刊板刷印，总 5481 卷。

徽宗要努力将道教变成一国之教，为此，他又采取了几项措施：

第一，托称天神下降，制造神话，神化皇权。道士王老志、林灵素，揣摸旨意，投徽宗之所好，说徽宗是上帝长子"长生大帝君"，还说徽宗宠信的大臣和贵妃都是神仙转世。徽宗听了，欣然接受。蔡京等人见林灵素把他们说成是神仙下凡，个个惊喜不已，便与林灵素结成一伙，掀起崇奉道教狂潮。徽宗以道教教主自居，政和七年（1117年）四月，授意道录院（道教最高管理机构）正式册封他为"教主道君皇帝"。由于有林灵素、蔡京等人为徽宗的崇侫道教推波助澜，使徽宗集政教权力于一身的梦想实现，道教成为大宋国教了。

第二，提倡学习道经，企图并儒排佛。宋徽宗首先将道教列于儒教之前，令太学博士听道士讲道，强令儒生学习道经，包括《老子》、《庄子》、《列子》、《文子》、《元桑子》等，并亲自为《老子》和《庄子》作注。重和元年（1118年），下诏建立道学制度，学道之士可以通过每年的考试成绩，授予元士、高士、上士、良士、方士、居士、隐士、逸士、志士等不同的名号，还可以通过殿试，授予不同的道官、道职。同年下诏，设置道学博士，颁布天下官私学校，将道经列为科举考试的内容。值得注意的是，道学中的学生除学道经外，还要兼通儒书。通过以上措施，促使道、儒合一。对于佛教，宋徽宗的态度是千方百计加以限制，贬低，进而发展到正式废佛。重和二年（1119年），徽宗正式下诏，改佛为"大觉金仙"，余为"仙人"、"大士"之类。僧为"德士"，令着道服，称姓氏。寺称宫，院称观，等等，不必枚举。可是徽宗的并儒排佛遭到朝野上下的广泛抵制，"儒"既没有"并"成，"佛"也没有"排"掉。

第三，重用道士，设道官道职。徽宗多次下诏在全国搜访有道术、道法的道长、方士和仙姑，到宫中为皇帝讲道。当时的刘混康、魏汉津、徐神翁、王仔昔、王老志、林灵素、张虚白、王文卿、张继先、王允诚等，都曾受到召见和封赐。其中，尤以温州人林灵素最受青睐。由于在托称"天神下降"中有功，林灵素被封为"通真达灵先生"，赏赐无数，还主管全国道教事。林灵素骄横跋扈，权势显赫，甚至与诸王争道，他的门徒仅京城内就有两万余人，时与王允诚被称为"道家两府"，其地位已在一般大臣之上。连蔡京父子那样的权贵，也不得不千方百计地巴结林灵素之流。为了提高道士的社会地位，还给许多道士授以道官道职，让他们同文武官员一样享受俸禄。据《宋史•徽宗本记》载，重和元年（1118 年）十月，置道官二十六等，道职八等，其中职位最高者为"金门羽客"，可身带金牌，出入禁闼。

徽宗的佞道，原为神化自己的统治，然而正当他舞神弄鬼之时，北方金人的铁蹄却惊破了他的神仙梦境。他与子钦宗，终于身着道装，做了金人的阶下囚，这对"教主道君皇帝"无疑是一个辛辣的讽刺。也许正是徽宗的佞道，劳民伤财，用奸退贤，才敲响了北宋皇朝的丧钟吧！

北宋时期，是道教的继续发展兴盛时期。由于朝廷的扶持，南方的茅山派和龙虎山天师派比较活跃。如徽宗重用的道士刘混康，是茅山派 25 代宗师，在宋哲宗时被召进来，据说用茅山符治好了皇后误吞的银针，哲宗大悦，遂赐茅山八件珍宝，作为镇山之宝。徽宗时又被赐号"葆真观妙先生"，并为之敕建茅山元符观。后来，又为茅山派第 27 代宗师刘希和赐号。而龙虎山第 25 代、第 26 代天师则被赐以"先生"号。第 30 代天师张继先，深通道理，颇富文才，以道术见重于徽宗，常受到召见，并被赐以"先生"号。最受徽宗宠信的道士林灵素兼修茅山派和天师道，这也说明了两派的主流地位。

随着北宋皇朝越来越腐败，符箓派道教发生了严重的政治危机和信仰危机。虽然出现了几位在道教史上有影响的人物，如陈抟、张伯端等，他们的先天易学、内丹学说和"三教合一"等思想，对于促进道教的发展和提高道教的威信起了重要作用。然而由于道士队伍的杂乱，特别是像林灵素这样的符箓派上层道士锦衣玉食，蓄姬置媵，使道教的声誉和道士的形象遭到严重损害。由是，符箓派上层道士所面临的政治危机和符箓派道教所面临的信仰危机，使道教的发展呈现出新的态势。

（四）南宋元朝长江流域道教的宗派繁衍

1. 南宋时长江流域的道派繁衍

由于南宋偏安江南，形成与北方金、元对峙的局面，在此形势下，道教内部宗派纷起，南派、北派各自为体，十分活跃。

北宋亡国，皇室悉被金人掳去，"漏网之鱼"赵构在一帮臣僚的拥戴下登上帝位，是为宋高宗。由于国力不济，奸臣当道，始终未能摆脱北方强大的武力威胁，偏安江南。高宗和以后几位皇帝，除沉湎酒色外，就是将延国保祚、消灾灭难的希望寄托于神灵的护佑上。

高宗赵构入扬州，惊魂未定之际，即积极营建宫观，延纳羽流，及定都临安（今杭州）后，敕令都城及全国各地修建宫观，并经常去参拜。他还频频召见道流，赐田赐物或赠号授官。后继的几位皇帝面临"疆土日蹙"、"国势阽危"的局面，在崇佛的同时，仍然崇道，具体办法也不外乎是兴建、扩建宫观，给道士赐赠封号或授官，等等。如孝宗召见了第 32 代龙虎山天师张守员，令其主醮事；光宗召见了茅山上清派第 32 代宗师秦汝达，命主金箓斋；理宗倡三教合一，崇道颇笃，命第 35 代龙虎山天师张可大总领三山符箓，主持龙翔宫。正是由于这些崇道措施，加以当时民族矛盾和阶级矛盾空前尖锐，以及儒、佛、道三教融合思潮的长期影响，道教内部滋生出众多的道派来，令人眼花缭乱。

南方的道教宗派，除原有的龙虎山天师道、茅山上清派、阁皂山灵宝派等三山符箓外，还分衍出名目繁多的符箓道支派，主要有：从天师道衍化而来的神霄派；由上清派衍化而来盛行于南方民间的清微派；由灵宝派分化出来的东华派；由天师道分化而来在民间影响较大的天心派；由灵宝衍化、在许逊信仰基础上产生出来的净明道。此外，在南方还产生了一个与北方全真道相类似的不讲符箓、外丹，专讲内丹修炼的道派金丹南宗。不过，到元代时，这些道派分别合并于正一派和全真道中了。

在北方金朝统治的地区，由汉族人士创立的新的道教派别也先后崛起，主要有:由萧抱珍创立、产生于金初战火纷飞的天眷年间的太一道;由刘德仁创立、也产生于金初的真大道;由王重阳创立、产生于金中叶的全真道。在这三个主要道派中,全真道独领风骚。

在南北对峙时期,上述纷起的道派都力图革新教理,大多主张道、儒、佛三教合一;在修炼方面,都着重内丹,强调精、气、神的修炼。综观这时的道教,犹如一棵参天大树,正茁壮成长,枝繁叶茂,郁郁葱葱,呈现出前所未有的兴旺景象。

2. 元时南方道教的归并

元朝虽以藏传佛教为国教,但也敏捷地看准了汉族人士信奉的道教。公元1219年,元太祖成吉思汗还在西征的戎马倥偬之际,就从西域雪山飞檄召请当时全真道首领邱处机前去讲授治国之道。富有政治眼光的邱处机正在山东观望形势,先后拒绝了宋、金的邀请,预见到蒙古贵族日后举足轻重的地位,为了全真教的昌盛,决心牢牢抓住这送上门来的良机,遂不顾72岁的高龄,率领18名弟子,万里跋涉用了将近四年的时间到达了成吉思汗的行宫。从此,邱处机和全真道备受元室青睐。全真道不仅在北方独占鳌头,而且渡江南传,吸收南方的金丹南宗徒裔,遍及江、浙、闽、赣等地,成为与正一道相颉颃的大道派。

树大招风,全真道的迅猛发展,招致佛教势力的嫉恨,在元宪宗八年(1258年)和元世祖至元十八年(1281年)的两次佛道大辩论中,全真道败北,遭焚经之祸。加以自元世祖至元十三年(1276年)后,元室大力扶持南方的龙虎宗支派玄教,因此全真道的鼎盛局面渐告式微。

南宋时,南方有茅山、阁皂、龙虎三大符箓派,并称"三山符箓",三宗首领皆受皇帝礼遇,彼此发展不相上下,而茅山宗的发展更胜一筹。可是,元室独青睐于龙虎山天师道,这是因为忽必烈在灭南宋以前,曾派间谍王一清密赴江南龙虎山,垂询于第35代天师张可大,张可大预言忽必烈20年后必将统一天下,事见《元史·释老传》。同类的记载还可见于《遂昌杂录》,说蒙古人曾派一个姓龙的间谍，以龙虎山张天师符箓取验于忽必烈。符箓也罢，预言也罢，都说明龙虎宗为忽必烈灭南宋有谋助之功。这样，在至元十三年（1276年），元世祖召见了36代天师张宗演，一是报答当年张可大的谋助之功，二是希望借助天师道的影响来稳定江南。张宗演被赐以玉芙蓉冠、组金无缝服及二品银印，免除宫观赋役，并赐号为"演道灵应冲和真人"，受命掌管江南道教。此后直到元末的张正言，代代被元室封为天师，受到元室的优礼。

在宋代比上不足，比下有余的龙虎宗，一到元代就既拥有崇高的政治地位，又获得了管理江南道教的实权。龙虎山天师道除在江南伸张势力外，还扩散到华中和华北的广大地区。特别是张宗演的弟子张留孙留侍阙下，为皇后祈祷治病，圆梦有验，促成世祖任用完泽为相之后，宠遇日隆。以张留孙为中心的道教支派——玄教，终元之世一枝独秀。

元成宗大德八年（1304年），朝廷授第38代天师张与材为"正一教主，主领三山符箓"。至此，江南阁皂山、龙虎山、茅山三大道派合流为正一道，其他符箓小派也逐渐融入正一道。

元代江南道教的一个显著特点是为许多文人所信奉，显示出高雅的情调。许多道教领袖人物，如吴全节、张伯雨、吴澄、张宇初等，都有很高的文化素养，与名士唱和优游。这对南方道教的发展和道流素质的改善是有利的。

（五）明清时期长江流域道教的盛极而衰

明清两代，中国封建社会从其发展的顶峰跌落下来，岌岌可危。朝廷除继续奉行三教并重的方针外，又实行利用与限制并行的政策，以求维持至高无上的皇权。由此，佛、道势力便由盛转衰了，令诸色人等趋之若鹜的时代一去不复返了。

1. 明代对长江流域道教的利用与限制

也许是朱元璋发迹之前曾做过和尚的缘故，他在佛、道二教之间偏向佛教，但为巩固皇权，对佛、道二教都采取了既利用又限制的政策。在明代诸帝中，除世宗外，基本上都是遵循了这一政策，因此，有明一代，道教仍得承欢膝下。

朱元璋在亲征江南之时，积极争取正一道首领的支持，下令部下访求第42代天师张正常。张正常派人送去"天运有归"之符，以示效忠。洪武元年（1368年），朱元璋称帝，是为明太祖。张正常入朝称贺，承欢赐宴于便殿。朱元璋认为元人不知义理，天何师之有，皇帝也只是天子，称"天师"岂不高于皇帝？这与他加强中央集权的意图相抵触，于是下令取消了张正常的"天师"称号，降之为二品头衔真人，改授"正一嗣教真人"，但仍为龙虎山教主，掌领天下道教事。此后直至明末第51代天师张显庸，世代皆袭封"大真人"，掌天下道教事，可谓皇恩浩荡了。

朱元璋怀念曾助他作战的庐山道士周颠，遣使寻找，并亲自撰写了《周颠仙传》，以纪其事。他还寻找过著名道士张三丰，召见道士宋宗真、刘渊然等。在恩宠道士的同时，他还亲自为《老子》作注，撰写《释道论》、《三教论》等。

有鉴于元末道教发展过滥，朱元璋于洪武十五年（1382年）建立起管理道教的机构和制度：京师置道录司，掌管天下道士；府置道纪司，州置道正司，县置道会司，分掌道教事。在龙虎山、阁皂山、茅山、武当山等道教名山，设立不同的道官，分掌各山道教事。此外，还建立了对道士的考核制度。凡此种种，对道教的发展起了一定作用。

明成祖朱棣是靠政变上台的，曾经利用道士散布谶语，出谋划策，制造舆论。因此，在夺得皇位后，对正一教主优礼有加，并在永乐元年（1403年）和十四年（1416年）两度赐缗钱修葺龙虎山上清宫。据说，朱棣在举兵夺权时，有玄武在空中率甲兵相助。他亲撰《真武庙碑》，歌颂真武功德，并在京城和武当山营建宫观供奉。其中武当山的宫观规模最为庞大，从永乐十年（1412年）开始，动用民工30余万人，费用百万银两，先后修建了玄天玉虚宫、太玄紫霄宫、兴圣五龙宫、大圣南岩宫，历时16年建成，赐名曰大岳太和山。在其天柱峰顶铸铜为殿，号为"金殿"，内供玄武像。尽管这是出于政治需要，但对武当道派的发展起了很大的促进作用。

明初的几位皇帝还重视修纂道书，敕令正一天师张宇初等人编修道教书典，这就是唯一流传至今的道藏——《明道藏》。

金丹和方术一直没有得到太祖、成祖的赏识，因为他们的崇道是出于政治考虑，而对于道教本身却未必深喜。据说，朱棣蔑视金丹和方术，见有进丹药和方术的，便龙颜震怒。但到世宗时，情况大变，道士们用长生不死、驱鬼斩妖、房中御女等术逐渐赢得了世宗的信任，使道教又一次达到炙手可热的境地。

世宗在明代诸帝中是最为崇道的，他所追求的是长生。终其一生，他对道教笃信不移。中年以后，竟至正事不干，每天打醮设斋，专事玄修，痴迷到无以复加的地步。

在世宗入宫的第二年，就在皇宫内多设醮坛（道士祈祷祭天的场所），开始了漫长的玄修生涯。凡有所求，必建醮拜祈，并命文武大臣轮流进香。那时，据说天降的祥瑞也特多，今天这里说天上飞过了几只白鹤，明天那里上奏地上涌了一股醴泉，告祥献瑞皆有褒奖。至于边军打了胜仗，不去慰劳，反而认为是鬼神保佑，乃祷祀之功，而给祷祀道士加官封赏。于是，宫廷内外，香烟缭绕；朝廷上下，竞谈法事。这种耗费巨大的焚修、斋醮，大臣只能奉承，不得持任何异议。据统计，当时因大建宫观，广设斋醮和求药炼丹，动辄耗帑银以百万计，以至嘉靖末年府藏告匮。

世宗宠道徒、方士，除正一道的首领张彦頨、张永绪仍受尊宠外，最受世宗宠信的道士就要算是邵元节和陶仲文了。邵元节本是江西龙虎山上清宫道士，能玩弄一些幻术，被召入京后，因几次建醮祷求碰巧灵验，世宗对他宠信不疑，加恩封赏，拜为礼部尚书，赐一品朝服，还为他在家乡贵溪（今江西贵溪县）建了一座道院，赐名仙源宫。其父母儿孙也都被封官赐爵。邵元节染疾而死，世宗闻讯后竟至痛哭流涕。其后，又宠信邵元节生前推荐的湖北黄冈道士陶仲文。陶以除妖降魔之法术投世宗所好，不到两年，就被封以高士、真人，还兼勋三孤（少保、少傅、少师），带礼部尚书，封伯爵，其儿子、女婿也被授官，可谓位极人臣了。时人感慨万分地说："一人兼领三孤，有明一代，惟仲文而已"。[①]

嘉靖三十五年（1556年），世宗还为父母和自己加封道号，自号为"妙一飞玄真君"、"伏魔忠孝帝君"、"玄都境万寿帝君"，集天仙、教主、皇帝于一身，比宋徽宗有过之而无不及。

世宗是一个妄想长生的皇帝，迷信丹药，醉心于不死之术，达到了走火入魔的地步。他命人四处寻觅金丹妙药，日日服用道士们用女子经血、童男童女尿以及其他莫名其妙的"灵药"制成的"先天丹铅"。他相信服用灵芝可以延年益寿，于是派官员到龙虎、鹤鸣等道教名山广为采集。道士及左右就变着法儿巴结他，愚弄他。有一个叫王金的地方小官，和太监勾结起来，将购得的一万枚灵芝，号为"万岁芝山"，和涂上五彩颜色、称"天降灵瑞"的乌龟，一起献上，大得世宗欢心。不通医道的王金，竟被授为太医院御医。世宗经常服用这些东西，不仅未能延年益寿，反而加速了自己死期的临近，后来他正是服用了王金进献的丹药发病身亡的。

嘉靖一朝45年，崇道活动搞得乌烟瘴气，鸡犬不宁。然而，正是由于世宗的佞道，道士们把纯迷信的巫术方仪推向极端，因而道教在士大夫们的心目中就成了"下三滥"的角色。葛兆光认为："士大夫作为中国传统文化心理的稳定载体，恰恰是左右时代心理的最重要力量。失去了士大夫的青睐，甚至引起士大夫的反感，道教在上层的贵盛就必然是暂时的。特别是当它既危及了这个社会的安定，危及了儒学的地位，危及了士大夫的正常生活与仕进，而又蜕变得不那么高雅脱俗了的时候。"[②] 果然，在世宗驾崩八天后，道教也由贵盛走向衰亡。继位的诸帝虽也崇道，但势头大减，道教开始走下坡路了。

---

① 《明史》第26册，中华书局1974年版，第7897页。
② 葛兆光：《道教与中国文化》，上海人民出版社1987年版，第295页。

2. 清代以来长江流域道教的衰微

清室重佛抑道，对道教采取严厉限制的方针，从而加速了道教衰落的过程。清初顺治、康熙、雍正三朝，多次明令禁止巫师、道士跳神驱鬼逐邪以惑民心。不过作为长生之术，宫中循规蹈矩的道教活动仍受到保护，一些道士还受到封赐。如雍正时，由于龙虎山道士娄近垣用符水治好了他的病，龙颜大悦，当即封了他一个"四品龙虎山提点、司钦安殿住持"的官职，并授以"妙正真人"道号。

美好的时光昙花一现，雍正一死，乾隆即位不几天，就对在宫廷中行走的道士下了逐客令，并令对张天师只许称"正一真人"，把他由二品降为五品。据《清朝续文献通考》卷89记载，乾隆四年（1739年）敕令，禁止正一真人传度；五年，规定正一真人嗣后不许入朝臣班行；五十四年（1789年），限制正一真人朝觐次数，敕令嗣后五年来京一次。道光皇帝做得更绝，取消了张天师朝觐的资格，敕令第59代天师正一真人张钰"停其朝觐，着不准来京"。

道教在上层的地位江河日下，转而到民间寻找市场。由于明代的扬正一、抑全真的政策，正一道在明代受到殊宠。清代，正一道逐渐失势，沉寂良久的全真道则有复苏之势，出现了以龙门派为主体的一批高道如王常月等，不过他们多是南下湖北、江浙一带登坛说戒，与清廷无多瓜葛。

民国以后，道教的发展大致是停滞不前。社会政治的动荡，连绵的战火，使众多的名山胜地、宫观殿宇毁于兵燹，道士离散。加以新文化运动兴起，对道教也形成一定的冲击。不过道教在民间各地崇祠斋醮的活动一如既往。1912年，在北京和上海先后成立了两个全国性的道教协会：一个是北京的中央道教总会，是全真道的全国性组织；一个是以江西龙虎山天师府为本部，以上海为机关总部的中华民国道教总会，实为正一道的全国性组织。两个组织都曾努力复兴道教，无奈缺乏权威领导和经济实力，俱无大效。中华人民共和国成立后，政府尊重公民的信仰，实行宗教信仰自由政策，道教仍传承不绝。

二 长江流域道教与长江流域古文化的互动交感——文化线路功能特征

国际古迹理事会文化线路科学委员会(CIIC)强调文化线路在功能方面的事实,例如曾对文化、宗教、信念或贸易的交流起到作用,并影响到特定社区的发展等[①]。本部分将对此展开分析。

长江是中华民族的母亲河,道教是中国土生土长的民族宗教,长江与道教两者在漫长的历史长河中辉映发展。道教最早的产生地,一是长江流域的巴蜀,时被称为五斗米道,由张陵在东汉末创立;二是中原大地,时被称为太平道,亦创立于东汉末年。太平道因东汉末黄巾军大起义的失败很快湮灭,而五斗米道则在长江流域不断发展壮大,最终形成规模宏大的道教。浩瀚的长江流域,历史上盛开着古区域文化之花,自西向东为巴蜀文化、楚文化、吴越文化。道教与长江流域古文化有着怎样的影响和不解之缘呢?

(一)道教的理论基础源于长江流域楚文化圈内两位哲人——老子和庄子的思想

道教的思想渊源杂而多端,其理论基础之一乃是道家哲学,道家哲学是以老子、庄子为代表的哲学派别。道教创立的时候,奉老子为教主,老子的《道德经》(又称《道德真经》《老子》《五千言》《老子五千文》)为主要经典。

老子即老聃,其生平富有神秘性。司马迁《史记·老子韩非列传》记载,老子即李耳,字聃,是春秋时期楚国苦县厉乡曲仁里(今河南鹿邑)人,此地本属陈国。公元前479年,楚灭陈,后楚灵王、平王大力经营陈、蔡一带,事见《左传》昭公十一、十二年,陈被灭,其政治、经济、文化各层面都已属楚,而老子正是生活在这一时期。据《史记·老子韩非列传》,儒家学派的创

---

① 参见赵逵《川盐古道——文化线路视野中的聚落与建筑》,东南大学出版社2008年版,第20页。

始人孔子曾拜访过老子，向老子请教礼的问题，答曰："子之所言者，其人与骨皆已朽矣，独其言在耳。且君子得其时则驾，不得其时则蓬累而行。吾闻之，良贾深藏若虚，君子盛德，容貌若愚。去子之骄气而多欲、态色与淫志，是皆无益于子之身。吾所以告子，若是也。"孔子回家以后，对弟子赞叹道："吾今日见老子，其犹龙邪！"后人据此称老子为"犹龙"。

他曾为周朝守藏室之吏（管理藏书的史官），见周朝走向衰败，遂隐居楚地，足不出户，仰观宇宙，俯察人生。他思索出了一种超越感觉、超越经验、超越具体的东西，可以用来解释宇宙和社会的起源和本质，这个东西就是"道"。他说："有物混成，先天地生，寂兮寥兮，独立而不改，周行而不殆，可以为天下母。吾不知其名，字之曰'道'，强为之名曰'大'。"① 老子提出了这样一种宇宙起源图式："道生一，一生二，二生三，三生万物，万物负阴而抱阳，冲气以为和。"② 因此，在老子看来，"道"是超越时空宇宙的最高法则，是天地万物之母。而"道"又是通过"阴""阳"这一中介，由阴、阳二气化合而生出万物的。不过老子是道家学派的创始人，不是宗教家。其著作《老子》基本代表了他的思想，也只是学术性的而非宗教性的。

老子后百年而有庄子，庄子，楚人。虽生于宋而钓于濮水，濮水亦楚地。战国时楚威王欲聘庄子为国相，但遭拒绝。典故"曳尾涂中"，说的就是楚威王欲聘庄子为国相，庄子以不愿做庙堂之上空留甲壳受香火之尊的神龟，而愿做在泥潭中拖着尾巴四处走的乌龟相拒绝，表示无意仕宦，不愿受爵禄的管束，只愿过贫寒而自由自在的隐逸生活。

庄子学问渊博，有《庄子》十余万言传世，他继承和发展了老子关于"道"的哲学思想和"阴阳"理论，其《庄子》一书代表着楚哲学的最高阶段。其文思宏意深，汪洋恣肆，恢诡谲怪，对后世哲学、文学有深刻影响。庄子的

---

① 《老子》二十五章。
② 《老子》四十二章。

哲学思想主要反映在该书中。他说，"先天地生者"不是具体的物，而是抽象的"道"，"夫道，有情有形，无为无形，可传而不可受，可得而不可见；自本自根。未有天地，自古以固存；神鬼神帝，生天生地；在太极之先而不为高，在六极之下而不为深，先天地生而不为久，长于上古而不为老。"① 同时，庄子还进一步融合阴阳思想和"道生万物"的宇宙起源图式，说，阴阳普遍存在于宇宙天地之间，而"阴阳相照相盖相治"便有了万物，"受气于阴阳"，便繁衍出了人类②。

《庄子》其书和《老子》其书一样，也不是宗教典籍，而是学术著作。世人多以老子其人、庄子其人为道家人物，《老子》其书和《庄子》其书是道家哲学的渊源。那么，道教又是怎么和老了、庄子拉上关系，老子、庄子又是怎样被道教奉为神仙而荣登教主地位的呢？这不是各道派首领心血来潮，而是西汉以来演变的结果。

1. 尊老子为教主

老子被当做神仙，成为一教之主，是因为道教吸收了《老子》的"道"。而这种"道"，不是物质性的，而是《老子》中"先天地生"的虚无之"道"，道教为创造其神学理论，正是利用了这"道"。

东汉那些好道修仙的方士们，对各种事物都用《老子》的话来解释、发挥，还声称老子是从天地还没产生的混沌之气中出来的，和三光（日、月、星）一样长生不死，从北斗星中跑下来，修道成仙后身影随意变化。对北斗星的信仰是楚文化圈内的一种普遍信仰，认为北斗星是最尊贵的天神东皇太一。这样，老子自然就成了一个先天地生的神灵了。甚至有人宣称，老子就是道的化身。当时有个益州太守王阜立了块《老子圣母碑》，其中就说："老子，道也。乃生于无形之先，起于太初之前，行于太素之元，浮游六虚，出入幽明，

---

① 《庄子·大宗师》。
② 《庄子·则阳》，参《在宥》、《秋水》诸篇。

观混合之未别，窥清浊之未分"，① 这是直接将"道"人格化，而等同于老子了。

而且东汉方士们将各种各样的修仙方术也挂到了老子的名下，什么祠祀（祭神仙）、辟谷（不吃五谷，除去体内浊气，变成神仙）、炼丹、服气（练气功），等等，都说是老子传下来的长生之道。

东汉末期，政治腐败，社稷有倾覆之虞，朝廷回天乏术，便乞灵于被当做神仙的老子，把老子和黄帝一起当成神仙来祭祀。《后汉书·西域传》记载，"汉桓帝延熹八年（65 年）正月，遣中常侍赴苦县祀老子；十一月，又使中常侍赴苦县祀老子。其明年，亲自在濯龙宫祀老子。上有所好，下必甚焉。"百姓也学样祀老子，而且越来越盛。

由此可知，老子被当成神仙，先是由方士们鼓吹和附会出来的，慢慢在社会上得到承认。而老子被拉进道教并奉为教主，那是在老子信仰已有深厚的群众基础之后，道教领袖张陵、张鲁等所为。

由于皇帝的祭祀，蜀人对被尊称为太上老君的老子几乎是尽人皆知。张陵在创立一个新的教派后，对怎样普之于众，绞尽了脑汁，终于想到人们普遍熟悉的"太上老君"，便假托太上老君降临，授他"正一盟威之道"，以及神衣、法器等物，请他代言立教，要他用太上老君的思想来指导教区的一切活动，令教民要崇奉太上老君等神。张衡、张鲁进一步将《老子》作为教民们习诵的经典，张鲁又在张陵的基础上，假托仙人想尔的名义，写了一部《老子想尔注》，继承了王阜等的思想，把老子当做"道"的化身来看待，称"一者，道也"，"一散形为气，聚形为太上老君。"将《老子》书中的每句话都解释成太上老君的教诫。其后《混元皇帝圣纪》又称："老子者，老君也，此即道之化身也，元气之祖宗，天地之根也。"于是老子与道便被神化为万民信奉的神灵。哲学

---

① 参见卿希泰《中国道教》第 1 卷，东方出版中心 1994 年版，第 8 页。

家老子和哲学范畴"道",在道教中已被神化了[①]。因此,信道也就变成了信神、崇奉老子亦即崇奉天神。这在中国宗教史上是颇有创造性也颇有影响力的,老子实际上已被当做道教的教主了。

这种局面一直维持到魏晋时期道派合并,道教的最高神改为元始天尊时为止。陶弘景的《真灵位业图》,让老子坐了第四把交椅。在这里,老子虽不是先天地而生的万神之神了,但还是以向人间传道的道教教主的身份出现的,身份、职责未变,仅多了几个"顶头上司"而已。

2. 庄子被接进道教

庄子对道教产生影响较老子为晚,约在初唐时。

魏晋南北朝时,僧徒与玄学家都归附庄老,《老子》、《庄子》、《周易》被奉为三玄。直到这时,庄子的学术思想才开始在社会上产生影响。老子导庄学之源,庄子扬老学之波,二者联系极为密切。自韩非子以下,为《老子》作注者代不乏人,而对《庄子》几乎无人问津。道教创立后,直至南北朝时,与《庄子》也没有什么联系。

但到了唐初,这种现象就改变了。唐初道士成玄英依郭象《庄子注》作疏,其序称:"夫《庄子》者,所以申道德之深根,述重玄之妙旨,畅无为之恬淡,明独化之窅冥……"从重玄、恬淡、独化等方面发挥了庄子思想,使之与宗教超脱结合起来。这一疏,对这一阶段道教教理的发展起了很大的作用,如唐初著名高道司马承祯,作《天隐子》,自称:"归根契于伯阳,遗照齐于庄叟。"这时庄子被道教奉为真人、仙人了。

玄宗开元二十年(732年),置崇玄学,令生徒诵习《老子》、《庄子》,策试亦有《庄子》条。十年以后,诏封庄子为"南华真人",其书为《南华真经》。这样,通过术业与宗教双重手段,将庄子与道教紧密地结合起来,庄子也堂而皇之地被接进了道教,为道教在士大夫中扩大影响铺设了道路。

---

① 参见卿希泰《中国道教》第1卷,东方出版中心1994年版,第9页。

3. 老庄思想成了创道者的理论指导

老子被方士、巫师打扮成神仙，是由于《老子》书中有些可被利用的思想。而道教紧抓住老子以及后来的庄子不放，是由于老庄哲学中有"仙意"。

作为中国文化产物的道教，自然要接受这种仙意。它不仅把老子所说的超越时空的"道"吸收过来，作为自己理论的核心，而且把庄子所说的得"道"可长生成仙的思想汲取过来，作为自己的基本信仰。

不过，道教进一步从宗教角度将"道"给予理论上的延伸，把"道"说成是神异之物，灵而有信，并与神秘化了的元气说结合起来，认为道是神明之本，"为一切之祖首，万物之父母"，认为道是"虚无之系，造化之根，神明之本，天地之源"，① 它无形无名，有清有浊，有动有静，"万象以之生，五音以之成"，② 宇宙、阴阳、万物都是由它化生的。以后道教理论家们还把"道"衍化为"洪元、混元、太初"三个不同的世纪，进一步把道人格化，使它变成了三清尊神，即玉清、上清、太清。三清大殿中，元始天尊手持灵珠，象征"洪元"世纪；灵宝天尊怀抱太极，象征"混元世纪"；道德天尊（即太上老君）手持羽扇，象征"太初"世纪。这样一来，道教所谓的信道，就具体表现为信仰三清尊神了。

道教除吸收"道"的理论外，还将《老子》、《庄子》中宣传的以尘世为秕糠、以富贵为物累、追求清静无为、抱一守朴、少思寡欲、玄览含德等修炼思想，导引、辟谷、守一等修炼方法，以及坐忘理论，也吸收过来，作为道教修炼的指导思想。

至于《老子》中的"谷神不死，是谓玄牝，玄牝之门，是谓天地根"（第六章，意思是：道这个生养天地万物的"神"长存永在，就称作玄妙的母体；玄妙母体的生育之门，就称作天地的本根。）③ 《庄子》中关于神人不食五谷，

---

① 《道藏》第 23 册，文物出版社、上海书店、天津文物出版社 1988 年版，第 674 页。
② 《道藏》第 24 册，文物出版社、上海书店、天津文物出版社 1988 年版，第 271 页。
③ 孙雍长（注）：《老子》广州花城出版社 1998 年版，第 11 页。

吸风饮露，乘云气，御飞龙，而游乎四海之外，这样的神仙家言，更被道教直接吸收过来，改造成为道教修道成仙的重要依据。

总之，“道”成了道教的基本信仰和核心，道教的教理教义和各种修炼方术，都是围绕着这个信仰和核心而展开的，甚至道教的命名，也与它的基本信仰有着密切的关系。因此，我们有充分的理由说，长江流域楚文化圈内两位哲人——老子、庄子的关于“道”的哲学思想是道教最为重要的思想渊源之一，是道教的理论基础之一①。

（二）道教的创教方式、斋醮仪式承继了巴蜀、楚越盛行的巫鬼文化

道教的理论来源主要是老庄思想，但其创教方式、修炼方法、斋醮仪式等深受长江流域土著文化——特别是流行于巴、蜀、楚、越等地的巫鬼文化的影响。

还在原始时代，人们仰望苍茫的天空，俯视广袤的大地，对生活中发生的一切事，百思不得其解：为什么自然界中一会儿风和日丽，一会儿雷电交加，这里有雄浑的高山，那里有涛涛的江海，为什么人有生老病死？……在富于幻想的蒙昧时代，人们认为这一切都是神灵或精怪在支配。遇上天灾人祸，就要请神驱鬼。请神驱鬼并不是每个人都能做到的，随着社会分工的形成，专门与神鬼打交道的巫师便应运而生。更准确一点说，女的叫“巫”，男的称“觋”，统称为“巫觋”，简称为“巫”。《国语·楚语》指出，巫、觋是那些品格纯正、智慧超卓，而又有“明神降之”的人。巫师用各种神秘的方法如占卜、祭祀、祝咒等一些法术通神见鬼，这就是巫术。巫和巫术的流行，是古代巴、蜀，楚、越等地的一种文化现象，这正是长江流域道教的主要源头之一。

1. 道教的创教、传教方式，源于巴蜀祭神祀鬼的巫术仪式

先秦至秦汉时代，巴蜀盛行巫鬼之风，鬼魂信仰的丰富多彩和巫占法术的驳杂多样是其他地方无法比拟的，其特点就是有发达的巫师占卜和面具卜。

---

① 　参见卢世菊《道教与长江流域古代文化的关系初探》，《武汉交通科技大学学报》2000 年第 4 期。

在四川成都平原上，有一处目前发现最早、最大的古蜀都城遗址——广汉三星堆遗址（位于今广汉县县城西约 10 公里的南兴镇三星村，其年代相当于商代晚期或西周早期），考古学家和有关研究者通过对它的发掘和研究，给我们展示出了上古巴蜀信鬼重巫的风俗。

先秦的人们将死去的祖先称为鬼，认为鬼是不死的，这构成了祖先崇拜的基础。通过对三星堆遗址古蜀人墓葬的发掘，发现了一个奇特的现象：墓坑一律朝向西北。位于三星堆西北方向的，正是古蜀文明的一个主要发祥地岷江河谷，三星堆的居民正是从岷江河谷迁徙而来。因此墓坑的西北向反映了古蜀人希望死去的祖先的灵魂返归故里。据《华阳国志·蜀志》记载，秦昭襄王时代的蜀守李冰，在去岷山湔氏县视察时，在一个"两山对如阙"叫做天彭阙的地方，恍惚看见有许多鬼魂、精灵成群结队地从成都平原方向经过这里，去到岷山深处。在《蜀王本纪》里，也记载有天彭阙鬼魂过往的情况。这一切都说明，在古蜀国信鬼之风盛行。[①]

殷周时期，巫的社会地位很高，不仅受普通老百姓敬仰，而且大巫还是朝廷的重要官职。国王无论决定做什么事。大至祭典、征战，小至鸡毛蒜皮，都要通过巫进行卜筮，以求征得神的启示，再决定如何处置。通过巫祭天、祭祖，沟通人与神两个世界，向天和鬼神传达人们的请求。国王通过巫师或亲作巫师，举行祭天祭祖仪式。证明巴蜀大地巫鬼信仰的又一个证据，就是有发达的巫师祭祀。在三星堆遗址里，出土了金器、银器、玉器、石器、骨器、陶器近 1000 多件。其中最引人注目的是，眼球极度夸张，突出眼眶达 16.5—17 厘米，重 100 多千克的纵目人青铜面具共 15 件；造型怪异，作兽面状，长眉圆眼、窄鼻阔嘴的假面共 9 件；还有两棵高约 3 米，上有禽兽、树叶、果实的青铜树；身高 1.72 米的青铜立人像；以及堆积如山的带有烟熏火燎痕迹的玉石器、象牙、象骨以及动物的骨渣。有关研究表明，纵目人青铜面具是古蜀国先

---

① 张晓敏、屈小强：《道教十日谈》，安徽文艺出版社 1994 年版，第 26 页。

王的形象，是已故祖先灵魂的象征，用于隆重盛大的祭祀活动；假面当为祭祀时巫师所戴面具，巫师戴着面具不仅可以使自己进入鬼魂世界，而且可以使人感到他们已进入鬼魂世界；青铜树是用于祭祀的"建木"，是蜀王与巫师的通天神树；而那尊大型青铜立人像则是主持祭礼活动的巫师，或是蜀王与巫师的合二而一；大量的动物骨渣和象牙，则是祭祀用牲的骨骸；至于众多的玉石器，更是祭祀中常用的礼器。① 因此，从三星堆遗址出土的文物来看，它们都是蜀王和巫师们进行燔燎瘗埋祭祀以与鬼神相通的明证。

毫无疑问，殷商时期地处西蜀广汉三星堆的古蜀社会的精神支柱是鬼魂信仰，是鬼神意识。历史的传承不会让当地蜀民们的这种鬼神信仰消匿，相反，王者为了把自己的统治涂抹上天意、神意的色彩，还大力推崇这种信仰，甚至亲作巫师，装神弄鬼。正是在这样源远流长的宗教意识氛围里，在成都平原鹤鸣山上创立五斗米道的张陵、张衡、张鲁祖孙仁也就因俗立教。

首先，张陵等人利用西南各族群众的信仰和支持，采取容易被他们接受的创教方式。如，张陵等人编造鬼神符箓招徕信徒，以符水为人治病，用祷祝、跳神和刻鬼为其法术；他们将教徒按入教时间和亲疏关系分别称为鬼卒、鬼吏、祭酒、鬼主，而教主自号"师君"。这一切都是借用了鬼巫的外壳，最易为巴蜀各族群众所亲近和接受。王家祐在所著《道教论稿》中说："张陵的天师道（五斗米道）是吸取了巴（蜀）族的原始巫术（鬼道）与地区传统民俗而创成的。"② 五斗米道又被时人称为鬼道和米巫，也是这个缘故。

其次，张陵创立的五斗米道，是在对巴蜀巫道的融合和改造基础上创立的。张陵在创立五斗米道之前，便加入了巴蜀原始巫教集团势力氐羌人的"丘"社。当他对当地巫教有了全面系统的认识后，就开始了这种改造、融合的过程。这种具体的融合和斗争，可以通过几则神话折射出来。

---

① 顾朴光：《中国面具史》，贵州民族出版社1996年版，第138—144页。
② 王家祐：《道教论稿》，巴蜀书社1987年版，第156页。

一是见于《汉天师世家》中关于"白虎神"的记载。在蜀地西域一带，传有"白虎神"（巴族廪君之神）好饮人血，每年百姓轮流将自己的亲人送去祭祀，否则"白虎神"要到处吃人。张陵经过调查，发现纯系当地巫师捣鬼，于是揭露并惩治了巫师，人们十分感谢他。张陵从实践中认识到，深受巫术之害的蜀人，强烈要求破除巫教中请神祭鬼的残酷方式，迫切希望有一种适合自己观念的宗教来寄托理想。这种愿望正合乎张陵的意图。于是他既利用巫觋的群众基础，又革除其鄙俗，用太上老君"降言"的方式，创立了五斗米道。

二是张陵在青城山改造"鬼城"的神话。传说张陵与盘踞此地残害百姓的"六天魔王"、"五部鬼帅"进行过殊死的斗争。这"六天魔王"、"五部鬼帅"实际就是利用巫术残害百姓的巫师。神话传说虽然离奇，但从中也反映出张陵在吸收、改造蜀地原始巫教过程中所经历的艰苦、复杂和曲折的斗争。张陵为民除害，同时又革新巴蜀妖巫鬼道的行为，深得蜀民拥护，数万蜀民纷纷前来归附，为张陵创立五斗米道准备了群众基础。

总之，正如王家祐所说："巴人的鬼道，蜀人的仙道，经张陵改造成为道教的主干'天师道'（即五斗米道，引者注）。"[①]

2. 道教的斋、醮仪式是从楚地巫舞仪式发展起来的

春秋战国以至秦汉时代，崇巫现象以楚人为甚。楚人对巫术的极端推崇，使楚地巫风极为盛行。《吕氏春秋·异宝》说"荆人畏鬼"，《汉书·地理志》说"楚人信巫鬼，重淫祀"[②]。因此有些学者干脆把楚文化呼之为"巫风文化"。楚地巫师们通过巫术活动，用一定的方式达到支配鬼神、支配大自然的目的。道教的斋醮、法术等许多仪式是从楚地巫师们的这种巫术演变而来的。

随着社会的发展，在楚地巫有了明显的分工。一些直接为王事服务，常出现在国家大型祭祀场所、在政治军事和王室事务诸方面发挥重大作用的巫是大

---

① 王家祐：《道教论稿》，巴蜀书社1987年版，第166页。
② 《汉书》，中华书局1962年版，第1666页。

巫，在民间从事算命、卜卦、招魂、驱邪、敬神等活动的巫是小巫。大巫作法往往有王族带头，楚灵王就曾亲自参加跳神活动。桓潭《新论》说："昔楚灵王骄逸轻下，信巫祝之道，躬执羽绂，起舞坛前。吴人来攻，其国人告急，而国王鼓舞自若。"（引自《太平御览》卷七三五）楚灵王当春秋末期，由此可知春秋楚地流行巫术，巫官们要执羽绂、用歌舞请神。

到了战国时期，屈原在《九歌》中生动地描写了楚国灵巫"以舞降神"的场面。如《东皇太一》云："扬枹兮拊鼓，疏缓节兮安歌，陈竽瑟兮浩唱。灵（按王逸注，灵是楚国对巫的称呼）偃蹇兮姣服，芳菲菲兮满堂。五音纷兮繁会，君欣欣兮乐康。"[①]《云中君》云："浴兰汤兮沐芳，华彩衣兮若英。灵连蜷兮既留，烂昭昭兮未央。"[②] 从这些内容看，可知巫皆秀美，他们在歌舞前要穿好看的衣服，手中要持香草，光彩照人，他们在"钟""鼓"齐鸣、"竽""瑟"交奏声中，踩着鼓点，"安歌"以和，"缓节"而舞。在"芳菲菲兮满堂"的祭堂之上，以悦耳的乐曲，动听的歌声，优美的舞姿和妩媚的神态，酣歌醉舞，使神享受到了更大的快乐。正如朱熹《楚辞集注》中所说："举枹击鼓，使巫缓节而舞，徐歌相和，以乐神也。"

楚国的上层社会既然巫风昌炽，楚国的下层社会就不言而喻了，至今在民间仍可见其余绪。在鄂西北的南漳、谷城楚人肇兴之地，民间尚有巫师歌舞以请神、娱神的"端公舞"。这些巫师的服饰、舞姿和表演过程，都极似楚人的祭祀乐歌《九歌》的描述。在鄂西南的巴东、长阳、建始、秭归一带，民间残存"跳丧"习俗：一旦有人亡故，其邻居和亲朋纷纷前来，于夜间在死者灵堂前的场地上踏着鼓点高歌狂舞，以吊亡灵而慰生者。所唱之词除了即兴编唱的以现实生活为内容的歌词外，另有世代传唱的歌颂先祖和族史为主的歌词，甚至还直接以《九歌·国殇》作为歌词。这种习俗再现了当年楚国民间人神杂糅

---

　① 张愚山：《楚辞译注》，山东教育出版社 1986 年版，第 46 页。
　② 同上书，第 52 页。

之俗和巫觋淫祀之风。"跳丧"的歌师舞师都充当了通神之巫,其中声望最高、技艺最绝,既擂鼓击节,又领唱带舞的掌鼓者俨然就是主持仪典的大巫。由此不难想见,两千多年前的楚国社会巫舞仪式之炽烈。

再来看看道教的斋醮仪式:道士设坛打醮时,要戴束发冠,穿皂罗袍,凤衣缚带,朱履方裙,手持宝剑、香炉等物,装扮得威严庄重,就是楚巫"灵(巫)偃蹇兮姣服,芳菲菲兮满堂"的翻版。道士们斋醮时吹吹打打,钟磬齐奏,弦歌鼓舞,与楚巫极其相似。道士用符咒治病要走"步罡踏斗"的"缭绕"之法,就是从楚巫给人治病所走的"禹步"直接继承过来的。禹步是模仿大禹走路的步伐,传说大禹治水时得了关节炎,走路有点瘸,巫师认为这样的步伐能够禁止鬼神,所以采用了它。所谓禹步,其实就是巫仪的舞蹈步伐。在云梦秦简《日书》中,记载有关于远行的巫术——出了邦门,要"先行禹步",然后三勉,念"某行无咎",这样才平安无事。巫师们的禹步,成为后来道士打醮的基本法式。道士们斋醮"历祀天皇太一,祀五星列宿",与《九歌》中说楚巫从"东皇太一"起祭,对天、神、地、祇一一祭祀赞颂的方式十分相似。

由此不难看出,在道教的斋醮和法术中,道士通过章表、赞颂、祭拜、歌舞、表演、符咒等,充当神与人的中介,借来非凡的神通。这些无论在神学理论上,还是在实际操作上,都与楚地巫舞仪式有相通之处。甚至可以说,这种祈祷、降神、巫舞仪式,是直接继承了楚地祀神、祈福的巫术仪式,道教的斋醮是从楚地祀神的巫术仪式中演化发展起来的。正如葛兆光在《道教与中国文化》中所言:"道教的'斋'、'醮',是从古代祀神、祈福等巫觋仪式中发展起来的,其祀神仪式是道教'醮'仪的先声。"①

3. 道教承继了吴越巫之祝咒

咒与祝、诅,在道书中通用,是一种感召神灵,以达到所祈求之目的的

---

① 葛兆光:《道教与中国文化》,上海人民出版社 1987 年版,第 87 页。

法术。

古代的巫师用各种神秘的方法去探测神意，咒语就是一个供巫师与神联络的密码，是一种具有特殊音频和节奏的口诀，是建立在对语言具有神秘魔力又深信不疑的信仰基础上。咒语是巫术行为的核心，正如马林诺夫斯基所指出："咒是巫术的神秘部分，相传于巫士团体，只有施术的才知道；在土人看来，所谓知道巫术，便是知道咒，我们分析一切巫术行为的时候，也永远见得到意识是集中在咒语的念诵的，咒语永远是巫术行为的核心。"① 这种咒语可以是祈请的祝词，也可以是恶毒的诅咒；可以祈神保佑实现具体的愿望，也可以请神来驱鬼驱邪，祓除不祥。上古有"蜡祭"，在举行这种仪式时，巫师总要念上几句咒语："土反其宅，水归其壑，昆虫毋作，草木归其泽。"这就是一种原始的祝咒之辞，认为这么一念，水土、昆虫、草木都听从他的指挥，不会给农业生产带来不利了。

这种念咒的巫术，在吴越最为盛行。葛洪在《抱朴子·至理》中说："吴越有禁、咒之法，甚为明验。"② 吴、越一带还盛行念咒语治病，所以这种巫医之术又叫"越方"，后又有《祝由科》一书，专言符咒治病事，所以有"学会祝由科，治病不用药"的说法。

例如，一则吴越之巫治病时所念咒语："天神下干疾，神女倚序听神语：某狐叉（疝病）非其处所，已！不已，斧斩若。"说的是一个人患了疝病，巫师念咒祷告天神：这个疝气长得不是地方，赶快让其痊愈，不然，大斧头砍死你。又如对付老鼠夜里作怪的咒语："老鼠不祥，过者受其殃。"夜闹老鼠，只要向北念这条咒语，就会灵验。③

总之，从实施场合来看，吴越祝咒之巫术不仅用于驱邪治病，还广泛用于

---

① 马林诺夫斯基：《巫术、科学、宗教与神话》，李安宅译本，中国民间文艺出版社1986年版，第56页。

② 王明：《抱朴子内篇校释》，中华书局1980年版，第103页。

③ 葛兆光：《道教与中国文化》，上海人民出版社1987年版，第93页。

生产活动，生活起居，甚至仪式、典礼等各方面。

咒语用的是人间的语言，怎么会一念就有那么大的神奇的功效呢？但当时的人们认识不到这一点，他们真心诚意地相信咒语法力无边。汉代吴越百姓相信巫师、方士，能祝咒驱鬼治病，直弄到财尽于鬼神，产匮于祭祀，也无怨无悔。正是这种狂热的迷信，普遍信仰的心理氛围，为道教祝咒法术的发展提供了心理土壤。

道教的法术中有祝咒之法。道教经典《太平经》卷五十《神祝文第七十五》中说："天上有常神圣要语，时下授人以言，用使神吏应气而往来也。人民得之，谓为'神祝'。祝也祝百中百，祝十中十，祝十天上神本文传经辞也。其祝有可使神为除疾，皆聚十十中者，用之所向无不愈也。"① 意思是说，神咒是神灵传授下来的专门语言，掌握了它们就可以和神明沟通，就可以役使鬼神为其效力，完成人力无法完成的任务。这种念咒役使鬼神之术，即源于古时的吴越巫祝。

在道教仪式中，咒语的使用极为频繁，"急急如律令"和"如律令"都是道教劾鬼的常用咒语。在长期传习过程中，道教对咒语作了很大发展，创制了各式各样用于各种场合的咒语，在《云笈七签》内收有各种各样的咒语，其覆盖面之广，名目之多，令人眼花缭乱。大及山川日月，小及人身五脏六腑，都配有咒语，甚至进山、走路、吃饭、穿衣都有咒。进山念"入山咒"，饮水之前念"饮水咒"，吃饭之前念"供养咒"，诸如此类，不胜枚举。

（三）道教的神仙谱系和神话传说融汇了楚文化圈内的各种神仙学说和种种神话

在古代社会人们的心目中，山川溪石、林莽湖泊、日月星辰、祖先鬼怪，都是超越人间现实的奇异力量而被视为神灵，必须祭祀和祈祷，由此逐渐形成了一个天神（包括上帝、日、月、星、斗、宿、风、云、雷、雨诸神）、地祇

---

① 王明：《太平经合校》，中华书局1960年版，第181页。

（包括社稷、山川、五岳、四渎之神）、人鬼（包括各族的祖先和圣贤）的神灵系统。道教承袭了这种鬼神思想，并将这个神灵系统中的许多神灵作为道教神灵的组成部分，这便是后来道教所以成为多神教的原因。同时，道教对战国的神仙方术也予以继承，并有所发展。它将鼓吹长生不老的神仙方术，衍化为道教的修炼方术，而神仙方士也摇身变为道士。

"信巫鬼，重淫祀"的楚俗巫风，使得楚文化圈内的人们一直保持着对超越人间现实奇异力量的想象力和好奇心，因此神话传说十分丰富。道教正是从这种文化氛围中吸收并发展了其神仙信仰，最终形成独具特色的庞杂的道教神仙谱系和坚定的得道成仙信仰观念。

1. 道教的神仙谱系比附的是《楚辞·九歌》中的神仙谱系模式

在我国历史上有一本很有名的书，叫做《山海经》。它记载了原始社会时期楚人们想象的各种神话，记有各种神灵鬼怪，有"六足四翼，见则天下大旱"的蛇——肥遗，有"目在腋下，虎齿人爪，其音如婴儿"的狍鸮，有"人面长唇，黑身有毛，见人则笑"的戆巨人，如此等。同时其《海内西经》说："海内昆仑之虚，在西北，帝之下都⋯⋯百神之所在。"黄帝、西王母、禹、羿、帝汇诸神都住在昆仑山系。山上有壮丽的宫阙，精美的园圃和各种奇花异木、珍禽怪兽，更有用疏圃的池水和四大川的神泉制作的不死之药，有"食玉膏、饮神泉"的不死之人，构成一个极富魅力的神仙世界。

《山海经》中所反映的神是漫无统绪的，还看不出道教据此整合神谱的踪迹。只有到了战国时期伟大爱国诗人屈原所作的《楚辞·九歌》，才将漫无统绪的神廓清成一个简单的谱系。《楚辞·九歌》包括《东皇太一》、《云中君》、《湘君》、《湘夫人》、《大司命》、《少司命》、《东君》、《河伯》、《山鬼》、《国殇》、《礼魂》凡11篇，记录的对象是众多的神灵，是屈原根据巫师们在祀典上吟唱的迎神、送神曲修改润色而成，已显现出以天神、地祇为系统安排诸神的谱系。

最尊贵的万神之神是抚长剑、佩玉珥的东皇太一。在东皇太一之下，共有

八位神祇，刚好可分成天、地两组。其中天神包括：

云中君：云神，大概它与降雨等气候有关。它龙驾帝服，在空中周巡大地。

大司命、少司命：大司命乘清气，御阴阳，主人之生死；少司命抚彗星，按长剑，司人嗣之有无。

东君：日神。它青云衣，白霓裳，举长矢，射天狼。在楚人盛大的祀典中，除了东皇太一之外、就属东君最受人们敬重了。

地祇包括：

河伯：乃北方黄河水神，乘水车，驾两龙，自昆仑山而来。

湘君、湘夫人：是沉湎于爱情的南方湖水之神。

山鬼：山神。

以上九个神，除最尊贵的天神东皇太一之外，天上四神，地下四神，这样一个整齐的谱系，刚好是道教"天神、地祇、人鬼"崇拜系统的雏形。当然，它的面还太窄，没有把楚人们所信奉的神鬼精灵网罗无遗，不能解释宇宙是怎么形成的，人是从哪里来的，没有形成一个完整的自然、社会、人鬼的结构图式。它还属于一种天真幻想的原始神话，而非有意识地编造神谱，但它为道教编造神仙谱系提供了一个可资借鉴的谱系模式。于是，聪明的道士便把它承袭过来，在模式框架中按照自己的需要，塞上自己崇奉的各式神灵仙鬼，形成了自己独树一帜的神仙谱系。

较早比附这个谱系模式创制道教神鬼谱系的，是东晋人葛洪。在葛洪的《枕中书》中，最先出现了"元始天王"的名号，这个元始天王和"东皇太一"一样是万神之神，住在玄都玉京七宝山上，他的夫人是太元圣母，一对儿女是扶桑大帝东王公和九天玄女太真西王母。东王公象征始阳之气，西王母象征始阴之气，阴阳化育，于是就有了天皇、地皇、人皇。三皇之下，是分治五岳的五帝。五帝之下，又有尧、舜、禹、汤、青鸟为"五帝佐相"。五帝五相之下，又有九天侍中（许由、巢父），都录司命（郭璞），太极左仙公（葛玄），地下主者(鲍靓),中央鬼帝(嵇康),四方鬼帝(杨雄、蔡郁垒、杜子仁、王真人),太极上真公(孔子),三天司真(颜回),三天法师(张陵),保命定箓司非监(三茅君)等,初步形成了一个以"元始天王"为首,包罗天神、地祇、历史人物、道教领袖在内的神祇谱系。

此后,道教理论学者又不断地对神仙谱系加以改造,但无论道教的神仙谱系如何编造,都是按照屈原《楚辞·九歌》中显现出来的以天神、地祇为中心安排诸神的谱系雏形来比附的。安知万里水,始发滥觞时。道教根植于中国文化土壤之中,道教最终形成的秩序井然、神灵数量庞大的神仙谱系,无疑是从这块土壤中,具体说是从长江流域的楚神话中吸取了"营养",不断完善和发展起来的。

2. 道教的长生不死、得道成仙的基本信仰源自于楚文化圈内盛行的神话传说

在楚文化圈内的楚神话系统中有一个昆仑神话系统,说昆仑山上有西王母、黄帝等长生不死的神仙,有"不死树"、"不死之药"、"不死之国"等,因此昆仑山与西王母便成了"长生不死"的象征。同时,北方还有一个蓬莱仙岛神话系统,说燕齐地区海上有蓬莱、方丈、瀛洲三神山,与昆仑山一样也有"不死之药"。这两个神话从战国时代起,就在楚文化圈内发生碰撞与融合。[①]

据葛兆光《道教与中国文化》说:这种碰撞发生在楚地有它的必然性,一是楚文化发生于多山多水、繁衍生息着各种奇禽异兽的南方,比起一坦平原、开发较早的北方来,它的自然环境更能刺激人的丰富想象。二是由于江南潮湿炎热的气候、多发的疾病和蛇虫虎豹的威胁,人的寿命很短,渴望解除瘟鬼疬怪的侵袭,从而形成了"信巫鬼,重淫祀"的巫风,然而这种巫风又助长了人们的好奇心理,使各种神话易于在这里生长。三是楚文化较多地保存了北方被

---

① 葛兆光:《道教与中国文化》,上海人民出版社 1987 年版,第 377 页。

理性主义摧毁了的殷商文化孑遗，殷商对日月星辰、山川鬼神也极祭祀之能事，巫风极盛，这种文化因子残存了不少在楚文化圈内。正因为有了这种自然环境、心理基础、文化遗存，在楚地才会发生两个神话系统的碰撞和融合。①

这种碰撞和融合的结果是形成了楚文化圈内多彩多姿、奇绝诡秘的楚神话系统，西王母、昆仑山、蓬莱、玉膏、神泉、仙草及餐气、饮露等是楚人心目中想往的长生不死、逍遥自在的理想天地和追求目标。早期的典籍对此也载有十分动人的描写，楚文化圈内产生的哲人庄子在所著《庄子·逍遥游》中就有"肌肤若冰雪，淖约若处子，不食五谷，吸风饮露，乘云气、御飞龙，而游乎四海之外"②的神人描写。屈原《楚辞》还对神仙游历太空作过十分动人的文学描述。《战国策·楚策》中有献不死之药于荆王的记载。

凡此种种神话描述及美妙的仙境、仙药、仙方、仙人，首先成了汉代方士们编造神仙不死故事的素材。这些方士是战国时从巫师中分离出来的一部分人，专以寻找"不死之方"为事，活动在帝王、诸侯和贵族中，兜售自己的不死之仙方。他们毫不费力地把流传于楚文化圈内的神话传说拿来，讲给那些欲求永生不死、永享人生荣乐的帝王们听，令帝王们倾心以求不死之奇药。如齐威王、秦始皇都醉心方术，曾屡次派遣方士入海觅求仙药。后来汉武帝"尤敬鬼神之祀"，方士们为他大讲特讲神山仙岛，长生不死的昆仑、蓬莱神话。这样，流传在楚文化圈内的昆仑神话系统和蓬莱神话系统便与汉武帝挂上了钩。汉武帝重用方士，整日梦想着如黄帝一样飞升成仙，倾财力、物力，上昆仑、下大海求不死之药，诸如栾大、李少君、公孙卿等一大批方士与汉武帝打得火热，大大助长了西汉社会的求仙风气。大概因为汉武帝有求仙嗜好，以至后来出现了专讲汉武帝与西王母谈神论仙的作品。如在《汉武帝内传》、《汉武故事》中，就有这样的记载：女仙西王母听说汉武帝渴求成仙登

---

① 葛兆光：《道教与中国文化》，上海人民出版社1987年版，第377页。
② 《庄子·逍遥游》。

天，便腾云驾雾，降临汉武帝休息的宫殿。汉武帝一扫帝王之威风，连忙磕头，迎拜，延坐，请不死之药。西王母大讲了一通汉武帝"滞情不遣，欲心尚多"，不能吃不死之药，只给了他两颗三千年方成熟的仙桃。这是后人比附的神话传说。汉武帝晚年仍未见神仙踪影，急不可耐，便派人在长安建章宫北面造起一个太液池，池中筑起几座小山，叫蓬莱、方丈、瀛洲、壶梁，算是圆了求仙之梦。

帝王们的倾心加上方士们的鼓吹，神仙学说以及求仙方术便盛行开来，结合西部的昆仑神话，为神仙道教荡开了源头。

张陵在汉末创造的五斗米道，自然要将这些流传大江南北的神仙学说和求仙方术作为一种思想资料加以吸收。因此，虽然五斗米道和民间的巫术联系紧密，却也与神仙之说挂起钩来，宣传其法乃神仙所授，教民如果能听从太上老君等神仙的教导，思道悔过，积善存德，遵守规诫，就能长生不死乃至飞升成仙。进而将长生不死、得道成仙发展成为道教的基本信仰和追求的终极目标。

从这里我们可看到，道教的长生不死、得道成仙的基本信仰，究其渊源，主要是方士们所宣扬的神仙之说，具体说来，是来自盛行在楚文化圈内的种种神话传说。

从以上分析来看，道教与长江流域的巴蜀文化、楚文化、吴越文化有着更为亲近的血缘关系，它吸收了长江流域楚文化圈内产生的哲人老子和庄子的道家哲学理论，继承了巴蜀、楚越盛行的祭祀山川、日月、星辰、鬼神的巫术仪式和相关风俗，网罗了流传于楚文化圈内的种种神话和神仙思想。总之，凡是能够为道教所利用的长江流域古代文化的方方面面，都融汇到了道教这个行列中，道教是这些文化的集合体。

当然，我们也应看到，道教作为一个独特的、系统的大型宗教，作为一个广采博收而融会百川的大型宗教，不可能对中国古代儒、墨两家的思想视而不见。因此在道教的理论建设中，除了吸收老、庄的思想外，对儒、墨两家的思想也有所继承和发展。如把儒家的伦理纲常思想吸收过来，发展成自己的"天地君亲师"的信仰，这在当时的儒家经典中尚未论及。这种"天地君亲师"的信仰，对后来社会的影响相当深远。这样的伦理纲常思想，可以说是儒家导其源，道教缵其绪。更值得一提的是，西汉时期以董仲舒的"天人感应"为核心的宗天神学，以及随之而起的谶纬神学，都为道教所直接吸收，成为道教的重要渊源。如道教对老子的神化，就仿效了纬书为推崇古圣尧、舜、禹等，而对他们所作的神化描写。道教还吸收了墨家的尊天明鬼思想等。这些，因与长江流域的古代文化不甚紧密，在这里就不详细叙述了。

还应看到，道教在其发展过程中所形成的一些思想、修持方式、祭祀庆典、修身养命、医学技术等，对长江流域甚至整个中国古代文化又产生了深远的影响，两者交相辉映，给我们留下了众多的非物质文化遗产，这将在以后的专章中述及。

第五章 文化线路视阈下长江流域道教文化遗产(二):有形遗产资源要素分析

根据《文化线路宪章》,与线路功能相关的有形遗产资源,包括基本的交通运输功能相关的有形遗产（如驿站、旅店等）和特定的功能用途相关的有形遗产（如集市、会馆等）。据此,长江流域道教文化线路所指的有形遗产资源应该是指特定的功能用途相关的各类场所,包括沿线的道教宫观、道教名山等,这些地方是道教情感交换、道教思想交流的所在。

一 长江流域道教名山

（一）长江流域道教与名山的开发

1. 道士们修行于名山

道教从创立时起,就是以四川鹤鸣山、青城山等山区野地作为道士的修真炼养之地,后来由于统治阶级的崇奉道教,通都大邑亦立宫观,道士的修真地扩展到了都邑,但纵观1800多年道教活动的胜迹,各地名山仍为道士们修行的主要场所。①

---

① 参见卢世菊《道教与名山的开发》,《中国方域》2000年第4期。

道士修行于名山，与其神仙信仰密不可分。道教认为，神仙不同于凡人，其所居之地不与世人相杂，或在海中，或在天上，或在山中。早在战国时一些专门向帝王兜售"不死之药"的方士就宣称，海中有蓬莱、方丈、瀛洲三神山，神仙居住在那里。道教成为一派后，道士们接过方士们的遗产，继续信仰海上神山说，并将三神山传说加以扩展，引出十洲三岛的仙境，具体见载于六朝人托名东方朔写的《海内十洲记》中，称海中有瀛洲、玄洲等十洲和昆仑、方丈、蓬丘等三岛，皆为神仙栖息之地。但十洲三岛在茫茫大海中，世人难渡，道士们要到那里去求仙、修仙，正可谓"海客谈瀛洲，烟涛微茫信难求"（李白《梦游天姥吟留别》）。道教认为神仙所居的最佳境界是在"上天"，他们吸取佛教三界（欲界、色界、无色界）思想，逐步阐释出"三十六天"说，认为三十六重天那才是天上仙境的最完整图画。可是三十六重天虚无缥缈，可思而不可即。

道教还认为神仙也居人迹罕至的名山，即"洞天福地"之中。所谓"洞天"，是认为这些山中都有山洞，是神仙的府第，洞府里深不可测，另有一副日月悬照天空。福地，指地灵人杰，有福气居住者都能成仙。洞天福地的景致，美丽至极，按照等次，又有 10 大洞天、36 小洞天、72 福地之别。这 118 处洞天福地俱见于唐五代杜光庭的《洞天福地岳渎名山记》中，除极少数未有详细指名地址外，皆有实处，且都被赋予了浓郁的仙境内涵，每一处洞天福地都有瑰丽的神仙传说和丰富的仙真遗迹。因此，既然去海中、天上的求仙路渺茫，道士们的修仙活动只好以大陆上有名有址的洞天福地诸名山为依托，认为那里同样能得到神灵的佑护和仙人的指点，能得道成仙。

道士修行于名山，还与道教的崇尚自然 提倡清静无为、遁世隐修有关。老子在《道德经》中明确指出："地法天，天法道，道法自然。"崇尚自然，顺应自然，返璞归真是道教的特点，而远离尘嚣的深山正是他们理想的世外桃源。而且，名山之中有着丰富的矿物质和药用植物，这些丹砂铅汞、灵芝仙草为修道者们采药炼丹、制作"不死之药"提供了必要的条件。

于是，道教对于山，便有了特殊的感情，道士们寻找风景秀丽的名山传道修行，采药炼丹便成为势所必然了。如东汉末张陵创立道教时，先后到过几座名山，他曾炼丹于江西龙虎山，后来受道书于四川鹤鸣山，最后传道于四川青城山，相传老子命他设24治传道，这24治也大多设在川西北和陕南诸县的名山之上。葛洪曾明确指出，人们要炼制长生不老之药，必须隐居山林。可以说，道教从产生那天起，便与山结下了不解之缘。此后的千百年中，众多道士遁迹于名山大川之中，"得山川之灵气，受日月之精华"，潜心修道，期望成仙。

2. 道士们开发着名山

道士们醉心于洞天福地的仙境，也不断开发着各座仙山，为名山的形成和开发作出了重要贡献。他们在险峻的山岩上开出通幽曲径，在高耸入云的顶峰上建宫筑观，使沉睡千年的大山变得声名远扬，许多所居之山还成了名闻海内外的旅游胜地。

近年来，陆续有黄山、武当山、青城山、三清山、龙虎山等被联合国教科文组织确定为世界自然文化遗产，同时青城山、武当山、三清山、黄山、天台山、龙虎山、九宫山等已被列为国务院公布的国家级风景名胜区。它们的出名，便与道教对它们的开发大有关系。

黄山在秦代称为黟山，当时知道此山的人并不多。到了唐代，一本名叫《周书异记》的书记载了这样一个神话故事，说是远古轩辕黄帝及其左右丞相容成子、浮丘公曾在黟山采药和修身炼丹。崇尚道教的唐玄宗看了此书后，下令将黟山改名为黄山，从此，黄山才逐渐为世人所知。诗仙李白就曾慕名前往。当然，黄山的闻名中外，主要还是因为它那雄伟壮丽和巧夺天工的自然景观，道教对它的开发只存在名义上的影响。但武当山、青城山等的开发，则道教居大半的功劳。

正是由于道教和道士们在长江流域的活动异常活跃，所以长江流域的名山祖庭、宫观胜迹也异常丰富。"山不在高，有仙则名。"这些名山至今绝大多数仍是著名的风景名胜地。前述，唐末五代时的杜光庭在《洞天福地岳渎名山记》中，详细记载了道教的 118 座洞天福地，它们分布在中国的 15 个省区，而以长江流域的浙江（27 个）、江西（18 个）、湖南（19 个）、江苏（11 个）、四川（5 个）为多，占了总数的 70％左右。[①] 下表列举了道教 36 洞天之长江流域洞天，共 26 处。

道教 26 洞天之长江流域洞天

序　号	名　　称	位　　置
1	朱陵洞天	湖南省衡山县衡山南岳衡山洞
2	虚陵洞天	四川省峨眉山市峨眉山峨眉山洞
3	洞灵真天	江西省九江市庐山庐山洞
4	丹山赤水天	浙江省上虞县境内四明山洞
5	极玄太元天	浙江省绍兴市境内会稽山洞
6	天柱宝极玄天	江西省新建县境内西山洞
7	好生玄上天	湖南省醴陵县境内小沩山洞
8	天柱司玄天	安徽省潜山县境内潜山洞
9	贵玄司真天	江西省贵溪县境内鬼谷山洞
10	太玄法乐天	江西省永新县境内玉笥山洞
11	容成大玉天	浙江省永嘉县境内华盖山洞
12	长耀宝光天	浙江省黄岩市境内盖竹山洞
13	朝真太虚天	湖南省宁远县九嶷山九嶷山洞
14	洞阳隐观天	湖南浏阳县西北洞阳山洞
15	玄真太元天	湖北、湖南、江西三省边境处幕阜山洞
16	大酉华妙天	湖南省沅陵县境内大酉山洞
17	金庭崇妙天	浙江省嵊县境内金庭山洞
18	丹霞天	江西省南城县城西的麻姑山洞
19	玄都祈仙天	浙江省缙云县城东仙都山洞

---

① 参见卢世菊《紫气清风——长江流域的道教》，中国言实出版社、武汉出版社 2006 年版，第 249 页。

续表

序　号	名　　称	位　　置
20	青田大鹤天	浙江省青田县城北青田山洞
21	朱日太生天	江苏省南京市境内钟山洞
22	良常放命洞天	江苏省句容县境内良常山洞
23	紫玄洞照天	湖北省当阳县境内紫盖山洞
24	天盖涤玄天	浙江省余杭县西南的大涤山天目山洞
25	白马玄光天	湖南省桃源县西南桃花源桃源山洞
26	金华洞元天	浙江省金华市北金华山洞

注：根据卿希泰《中国道教》第四卷，第138—140页整理。

（二）长江上游的道教名山

长江上游的四川、云南、重庆等省市，既是道教的发源地，也是道教传播广泛的地区，如云南魏宝山，四川青城山和鹤鸣山，重庆丰都名山等，如今既是道教活跃的场所，同时又是著名的旅游胜地。

1. 神仙都会——四川青城山

青城山，位于富饶的成都平原西侧，都江堰市西南约15公里的邛崃山脉南段，头接鹤鸣山，尾连峨眉山，四周诸峰环绕，拱如城郭，故有"青城"之名。这里有幽静的山林、幽咽的清泉、幽香的山花、幽深的洞府……幽得自然，幽得可爱，遂有"青城天下幽"的美称，这幽出自青山绿谷，引来无数仙人高道修隐其中。2000年，它与都江堰一道被列为世界文化遗产。世界遗产委员会的评价是："青城山是中国道教的发源地之一，属于道教名山。建福宫，始建于唐代，规模颇大。天然图画坊，是清光绪年间建造的一座阁。天师洞，洞中有'天师'张道陵及其三十代孙'虚靖天师'像。现存殿宇建于清末，规模宏伟，雕刻精细，并有不少珍贵文物和古树"。

青城山是传说中的"神仙都会"，其历史可上溯到远古黄帝时代。

相传，黄帝时有个叫宁封子的"神人"，得道后隐居于青城山北岩。后来黄帝与蚩尤大战，黄帝对蚩尤散布的五里迷雾奈何不得，求救宁封子，学得"飞升之术"，才大败蚩尤。黄帝拜宁封子为"五岳丈人"，统管五岳鬼神。至今山中还有诸如丈人峰、丈人观、访宁桥、问道亭等与这个传说有关的地名和景观。

又传说东汉时，张陵领着弟子，带着法器，来到青城，在山中布阵，与盘踞此地的"六天魔王"、"五部鬼帅"决战。天师剑劈巨石，笔掷山崖，降服群魔，扫荡鬼城鬼市，从此，青城山云消日丽，成了神仙聚会、高道修真的"宝仙九室第五洞天"，成了中国道教的重要发祥地之一。

魏晋南北朝时期，青城山最著名的道士有晋代的范长生、隋代的赵昱等，都被蜀人奉为神明，为之建庙立祠，于是山中宫观渐起。

唐、五代时，青城山道教极其兴盛，特别是唐玄宗、僖宗先后入蜀，进一步促进了青城山道教的发展。唐代四川著名道士约百人，其中大部分修道于青城山。唐睿宗的两个女儿玉真公主和金仙公主也选中此山修道，立储福观以居，有今存一只重达千斤的唐飞龙铁鼎可证。唐玄宗时彭县道士罗公远炼丹于青城罗家山太乙洞，传说他于中秋之夜，化拄杖为银桥，引玄宗飘然入月宫。玄宗暗记广寒宫仙乐，归宫后谱成人间的霓裳羽衣曲。神通广大为唐玄宗在蓬莱山会到杨贵妃的"临邛道士鸿都客"杨通幽，亦在青城山。杜光庭随僖宗入蜀，非常喜欢青城山，结茅居之，传经著道，晚年定居青城白云溪，卒后亦葬于此。前蜀王衍受道箓于宫中，以青城山为道教宗山。唐末、五代道教学者谭峭，原师事嵩山道士十余年，得辟谷养气之术。晚年复入青城山，逝于山中。此外，名道孙思邈、符载、严遵美、冯大亮、王仙柯、李诰、张君相、薛昌等，都曾在青城山修道过。

今存唐玄宗开元十二年（724 年）手诏碑，可证唐代青城山道教的兴盛。唐自武则天称帝后，一反祖例，独尊佛教，一些大臣也纷纷拜佛。青城山在开元年间被山下飞赴寺的和尚依仗官府势力霸占，这是佛道斗争，以及李姓皇室与武则天政治斗争激烈的反映。这场官司后来由唐玄宗亲自处理，才得以解决。开元十二年十二月十一日，玄宗御书诏令，敕益州长史张敬忠："蜀州青城，先有常道观，其观所置，原在山中。闻有飞赴寺僧，夺以为寺。州既在卿节度，检校勿令相侵。观还道家，寺依山外旧所。使道佛两所，各有区别。"[1]
从此"道居青城，佛占峨眉"，各安其所，同负盛名。不久，天师洞常道观主
甘遗荣将玄宗诏令刻石，作为镇山之宝。这唐碑至今仍完好地保存在天师洞三
皇殿中，成为珍贵的道教文物。

　　至明清时，青城山道教逐渐衰落，见于记载的名道士极少。曾有武当山全
真龙门派的道士来到青城，使青城山道教稍见复兴。其中较著名者为陈清觉，
本湖北武昌人，弃官辞职，入武当师从全真龙门派高道詹太林。后来到青城山
天师洞，见山川奇秀、殿宇荒凉，乃留居振饰洞天。经过几年的努力，青城面
貌为之一新。与陈清觉先后到青城的还有穆清风、张清湖、张清云等全真龙门
道士，他们都为青城山道教的振兴作过贡献。康熙四十一年（1702 年），陈清
觉被敕封为碧洞真人，并赐有御书碧洞丹台匾、赤龙黑虎诗章、珊瑚树、金杯
等物。从此，便开全真道龙门派碧洞宗一门。此宗传至当代著名道教学者、青
城山常道观主持易心莹（1896—1976 年）已是第 22 代。易心莹长期驻守青城
山，对保存青城山的道教文物古迹颇有贡献。

　　最早隐居青城山的道士，大多穴居山洞，或栖于茅舍。至晋代，青城山始
建道馆（观）。隋、唐、两宋时期，山中建起大批宫观。据清人徐昱《三诣青
城山》记载："唐宋时，自长生宫入山，抵上清宫十余里间，庵堂不下数十
所。"明清时，由于青城山道教呈衰微之势，已建之宫观大多残败，仅有少数
宫观得以修缮。保存至今者，有建福宫、常道观、祖师殿、上清宫、玉清
宫等。

　　建福宫，坐落于青城山丈人峰下，旧名丈人观，因宁封丈人而得名。始建
于唐开元十八年（730 年），宋代赐名"建福宫"，相沿至今。今存建福宫为清
光绪十四年（1888 年）重修，门额"建福宫"三个大字是 1940 年国民政府主
席林森所题。宫内正殿供宁封真人和杜光庭两尊彩塑像，正殿两侧是清代壁

---

　　① 陈垣：《道家金石略》，文物出版社 1988 年版，第 110 页。

画，宫内后殿供太上老君、东华帝君和王重阳塑像。后殿楹柱上悬挂着长联一副，上下共 394 字，记录了青城山的古迹、人物、典故，内容丰富，用典贴切，对仗工整。

建福宫外广场西有仿古的青城山山门，横额"青城山"三字金光闪闪，阁门顶上有传统泥塑八仙和哪吒人物故事。入山门经雨亭、天然阁、怡乐窝，从天然图画坊上行经过遇仙崖，就到了天师洞。天师洞又名常道观，是青城山宫观最壮丽、胜迹最繁复的道所。（本章后有专文详为介绍）

穿过天师洞后门不远处就是祖师殿，殿中庭院别致小巧，殿中供奉真武祖师神像，故又名真武宫。该殿建于清同治四年（1865 年）。此前，唐薛昌、杜光庭曾在此炼丹修道并著述。

上清宫，是青城山地势最高的宫观。这里海拔 1600 米。该宫始建于晋。今存殿宇为清末民初重建。宫前两株古银杏高数十米，直耸云霄。正殿供奉太上老君和吕纯阳、张三丰的塑像。正殿板壁上，刻着老子的《道德经》五千言。正殿左院是文武殿，供奉文圣孔子和武圣关羽。殿中有鸳鸯井，一方一圆，泉水潜通，然而一清一浊，一深一浅，一温一凉。殿前有观日亭，是观赏日出的理想场所。殿后有观灯亭，夏秋晴霁、星朗月暗之际，山中有光如带，这就是有名的"青城神灯"，人们说那是五岳的群仙朝拜宁封子点的神灯。实际上，这只是山中磷氧化物燃烧的自然景象。上清宫传说是神仙道士的洞府，作过帝王下榻的行宫，甚至还曾是农民起义的大本营。

玉清宫，坐落于丈人峰北坡，原名天真观，祀天皇真人。宫分前、后两殿。前殿称天尊殿，供元始天尊、太乙真人、邱长春真人。前殿两侧厢房构成三合院式，视野开阔，可俯览川西平原。后殿是纯阳殿，供吕洞宾、宁封、孙思邈像。相传孙思邈晚年居青城，完成了医著《千金方》。宫中古树参天茂密，可谓别有洞天。

青城山还有许多宫观亭阁胜迹，它们或隐于幽深的丛林深谷，或藏于幽静的翠盖浓荫。其布局和装饰多依山走势，错落有致。

2. 道教祖庭——鹤鸣山

鹤鸣山,位于四川成都西部大邑县城西北12公里的鹤鸣乡三丰村,属岷山山脉,海拔1000余米,北依青城山(约30公里),南邻峨眉山(约120公里),西接雾中山(约10里),足抵川西平原,距成都约70公里。因山形似鹤、山藏石鹤、山栖仙鹤而得名。

鹤鸣山溪深岭秀,林木繁茂,整座山势三面环水,双涧合流,自青城逶迤而来,起伏升降,形似展翅欲飞的玄鹤。传说黄帝的老师广成子,因留恋这只仙鹤而在此山修炼成仙;秦代的马成子,也在此山中修炼20年而成仙。于是这仙山福地就成了张陵访仙求真的处所。

张陵,字辅汉,沛国丰(今江苏丰县)人,道教创始人。张陵学识渊博,曾隐居修道于洛阳北面的邙山、江西的龙虎山等。后来,张陵想起蜀人厚道纯实,易于教化,且蜀中有许多神仙高真聚会的名山险谷。于是以近百岁的高龄,翻山越岭,千里跋涉,绕道江淮,渡过洛水,沿着令人心悸的栈道,来到号称“天府”的蜀地,停留在蜀郡临邛县境内的鹤鸣山,从此开始了常人所不为的事业。《后汉书·刘焉传》等史书也说,顺帝时(126—144年),张陵入蜀,学道鹤鸣山中,造作符书,立五斗米道。[①]

鹤鸣山虽秀美奇绝,但树木繁茂,难见天日;山中枯草败叶堆积腐烂,蚊虫肆虐,瘴气弥漫,民众百病丛生。在这里居住的氐、羌,以山丘为单位,自发组成大小不等的集团即丘社,他们为天灾和病患而忧虑,将满腔希望寄托在各个丘社供奉的“鬼神”身上。

张陵初来此地,正值酷暑,又热又累,不久便染上了山区的常见病——疟疾。他用自制的汤药服疗,但五六天过去了,不见好转,反而有加重之势。不得已,他来到氐、羌的丘社,请求治疗。社中的巫师为他请神送鬼,他把一碗青蒿水喝下后,病居然好了。张陵亲身体验到巫师治病的法力,于是皈依了氐、

---

① 《后汉书·刘焉传》第七五卷,中华书局1973年版,第2435页。

羌的丘社，向他们恭恭敬敬地学习中草药的采集和配制，请教辨别瘴气、疾病和鬼怪的办法。由于勤奋，更由于他的博学，他的巫术比当地巫师还要高，于是声名大振。蜀中有一个既精通黄老、又擅长天文的人前来拜他为师，此人就是张陵的第一个大弟子——王长。

张陵带着弟子王长，在鹤鸣山中炼丹，精修道法。《云笈七签》载，他在总结了"开天辟地以来前后贤圣之文，河图洛书神文之属"以后，结合当地巫术，用通俗易懂的语言，著成道书二十四卷。

张陵如何把自己的思想宣传出去呢？他想到了蜀人十分崇信的"太上老君"，决定让太上老君来代言。他自称在顺帝汉安元年（142年）正月十五的夜晚，恍恍惚惚，看见了千乘万骑，金车羽盖，数不胜数，其中有一神人太上老君降临鹤鸣山，授予他《新出正一盟威之道》，正式任命他为天师，并赐雌雄二剑和一枚都功印等物，让他替天行道，征服蜀中鬼神，普救世上百姓。

张陵于是按照太上老君的旨意，对蜀中鬼神进行扫荡。接着，张陵与弟子、民众一道，在蜀中打井造林，开山修路，发展各业生产，改善民众生活。特别是他用自己摸索出的医道、气功等医术，利用符水、咒语和教人思过的办法，为百姓治疗顽疾，抗御瘟疫，据说有奇效，而且不收分文，由此深受蜀民拥护，数万户百姓纷纷加入"正一盟威之道"，大家都叫他张天师，把他所创宗教称为"天师道"，又称"五斗米道"。之后，张陵便把入道的民众组织起来，以鹤鸣山为中心，把天师道控制的地区划分为二十四个教区，即二十四治。桓帝永寿二年（156年），张陵在鹤鸣山仙逝了。鹤鸣山既是五斗米道的早期传教点，也是二十四治中的第三治鹤鸣神山太上治，因此，历来都把鹤鸣山看做是道教的发源地，把鹤鸣山称为"道国仙都"、"道教祖庭"。

而且，鹤鸣山天谷洞曾发掘出一通古碑，碑的质材为钟乳石，表面呈蜂窝状，硬度极强。古碑高约1米，宽约0.6米，厚约0.2米。碑的右边镌刻"盟威之道"四字，正中刻有"正一"两个大字，左下方镌刻"张辅汉"三个略小一点的字。据四川省社科院道教研究专家李远国教授分析，"正一""盟威"等碑刻与史书记载中国道教初创时正式名称为"正一盟威之道"相符,碑的下部所刻"张辅汉"三字,即是道教创始人张陵的姓和字。就此,李教授认为,它是中国道教史上发掘历史年代最早的古碑,这为"中国道教发源地就在四川大邑鹤鸣山"提供了有力的物证。

鹤鸣山自成为道教的发源地后,历史上许多著名的道士,如五代的杜光庭、北宋的陈抟、明代的张三丰等,都曾在此修炼,留下不少遗迹和诗文传世。鹤鸣山奇丽的自然景观和道教胜迹,也吸引着不少文人名流。著名的宋代诗人陆游、文同等,都曾游览此山,咏题抒怀。一些皇帝也曾到鹤鸣山祭祖,如明代嘉靖皇帝御定鹤鸣山为举行全国性祈天永命大醮的五大醮坛之一,明成祖朱棣曾亲手书写御旨交给龙虎山道士吴伯理让他到鹤鸣山迎请仙道张三丰,后来吴伯理在鹤鸣山的山麓处修建了迎仙阁。

鹤鸣山上,历代所建的宫观甚多,相传东汉时就有紫阳、太清、天师等宫观建筑,经历千百年的沧桑,屡毁屡兴。明代嘉靖年间,官方大兴道教,又在原有建筑的基础上,增修或扩建了不少的宫观殿宇,楼台亭阁以及优美的园林,使之成为盛极一时的,规模至为庞大的道教圣地。虽然经历了明代末年兵火的焚劫,大部分建筑都已毁坏,但到20世纪60年代,仍然拥有太清宫、文昌宫、解元亭、三宫庙、八卦亭等为数甚多的建筑。"文化大革命"中,汉唐和宋代重建的宫、观、殿、宇、亭、台、楼、阁等俱已被毁,惟明清两朝的建筑和一些古迹尚存,足供游人登临凭吊。经过各方努力,鹤鸣山道观1985年被成都市政府批准为重点文物保护单位,1987年又被批准为道教开放点。并由当地政府拨款和海内外信众捐助修复了紫阳、斗姥二殿,新建了迎仙阁、延祥观、三圣宫、天师殿等。

鹤鸣山松柏成林,苍翠欲滴,山涧溪流,泠然有声。风景名胜亦多奇观。著名的鹤鸣石位于文昌宫中,其石状如飞鹤。据明罗洪先《广舆图》说:"鹤鸣山岩穴中有古鹤,鸣则仙人去。昔广成子修炼于此,石鹤一鸣;汉张道陵登仙于兹,石鹤再鸣;明张三丰得道于斯,石鹤又鸣。"又有钟乳石溶洞,历来为人称道。明代曹学全《蜀中名胜记》说"山有二十四洞，应二十四气（五日为一候，三候为一气）。洞口约阔三尺，深不可测。每过一气，则一洞窍开，余皆不见"。故称为二十四洞。

如今，鹤鸣山作为道教祖庭已引起各方人士的极大关注。曾任中国道协副会长的付元天，于1987年端午节在鹤鸣山迎仙阁竖"汉天师道发源地"一碑。中国道教协会于2006年8月15日、2008年4月14日在鹤鸣山举行了道教界人士大聚会，中国道教协会会长任法融、张道陵第六十五代孙张继禹等一大批国内外道教界人士，均一致到这里寻根问祖。2006年8月25日，在第二届"中国道教文化节"鹤鸣山会场上，成都恩威集团和大邑县政府表示共同在鹤鸣山开发"道源圣城"，它是一个集道教朝圣、文化旅游、主题娱乐、养生康疗、休闲度假、体育运动、高端地产为一体的超大型旅游项目。道源圣城的建设依据八卦九宫之法，采用趋吉避凶的原则，以道法自然、天人合一、关爱生命、和谐共生的思想为主旨，塑造现代宫观建筑的典范，使鹤鸣山成为全球道教信众的朝圣地。

3. 边陲仙境——云南巍宝山

边陲仙境——巍宝山，又称巍山，地处云南省大理白族自治州巍山彝族回族自治县城东南约10公里处，是我国彝族地区的一座道教名山。

史载，道教约在东汉末就传入到这一地区。当时，张陵为了管束、统领教民，将辖区分为24治。其中"蒙秦治"的管辖范围，就包括有巍宝山在内的金沙江南岸彝族、白族等少数民族生活的广大地区。又有资料称，有号为"神明大士"的杨波远道士，骑三角青牛出入山间。唐代，道教进入鼎盛发展时期，巍山道教也由此大兴，备受统治云南的南诏王族崇奉。

南诏王族为什么会如此崇奉道教呢？这得从南诏的创始神话说起。唐代初期，有六诏（诏即"王"意）统治云南少数民族地区。蒙舍诏在最南，人称南诏。唐玄宗时蒙舍诏皮罗阁统一六诏，建立了地方王朝。唐贞元十年（794年）正式建号南诏。据巍山青霞观内的《重修巍山青霞观碑记》云："按唐贞观时,九隆少子细奴罗自哀牢避难蒙舍,娶妇曰蒙㰥,耕于山麓。妇往馌,遇美髯老人,戴赤莲冠,被鹤氅,坐石上,伺二童,一捧方镜,一扶铁杖。侧立青牛、白马。向妇索食,敬享之。再炊而往,索又享之,如是者三。细奴罗怪其钝,妇告故,因同谒盘石下。老人谓曰:'汝家富贵,子孙相承,有如此数。'遂冉冉腾云而上,其为显化明矣。"① 其中,那位"美髯老人"就是太上老君。因此,蒙舍家族世世代代信奉道教,并将巍山看做是家族的发祥地,在山上建老君殿以祀老子,由此不难看出巍山之成为道教名山的来源。

唐代南诏时期,又有著名道士杜光庭到大理、巍宝山一带传教,并书有《南诏德化碑》,深受南诏王族礼遇。传说吕洞宾也曾到过巍宝山,至今云南民间仍流传着吕洞宾在巍宝山传教的种种传奇故事。②

元、明、清时期,巍山道教仍十分活跃。据《云南通志》卷二五载,这一时期相继有众多道士入居巍宝山修道传真,如著名道士王旻、何太和、冯应魁等皆隐巍宝山,探玄授道。③

从明代起,巍宝山道教宫观庙宇如雨后春笋,大量出现。保存至今者仍有老君殿、巡山殿、长春洞、培鹤楼、准提阁、文昌宫、主君阁、斗姆阁、三皇殿、财神殿、玉皇阁、元极宫等20余座。各个宫观的殿堂文物和宗教活动各具特色。

老君殿又名青微观、青霞观,坐落于古松环绕的前山坡上,是巍山历史最悠久的道观之一。观中所立《重修巍山青霞碑记》云:此处就是太上老君点化南诏始祖细奴罗处。全殿分三层,巧借山势,层层相接。殿门高悬"大赤天宫"巨匾,殿内供太上老君像,左有葛天师、右有张天师侍立。老君殿后有一块大青石,人称"老君打坐石"。

巡山殿是巍山的主殿,位于巍山腹部,相传南诏始祖细奴罗曾在此间躬

① 薛琳:《巍山揽胜》,云南教育出版社1986年版,第20页。
② 参见薛琳《西南道教名山——巍宝山》,《中国道教》1989年第2期。
③ 参见卿希泰《中国道教》第4卷,东方出版中心1994年版,第224页。

耕，太上老君封其为巡山王而得名。当地的彝族同胞每年都要到巡山殿举行两次盛大的祭祖活动，第一次是在农历正月十四，第二次是在农历九月十四，杀猪宰羊，踏歌载舞，通宵达旦。

长春洞，藏于巍宝山西麓的古林之中，是巍山道教重要宫观之一。雕梁画栋，飞檐斗拱，因山就势，总体布局呈一规整的八卦图案，建筑式样别具一格。由前殿、正殿、两厢和花园组成。该观以精美的道教壁画和雕刻饮誉于世。正殿大门和天花板上有50幅反映道教神仙活动的精美道教壁画和雕刻，如《群仙会宴图》、《四帝君图》、《三皇图》、《九龙图》等，造型生动，线条流畅。殿内中心八角藻井内有一幅空心八卦图，图中雕有一条金龙，张牙舞爪，气势非凡。长春洞称得上一座道教艺术宝库，向世人展示着丰富的道教文化内涵。

玉皇阁，巍山有多座玉皇阁，而以巍山前山坡灵宫殿后面的玉皇阁规模最大、历史最悠久。阁中有四帅殿、玉皇殿、三官殿、天师殿、吕祖殿、依云阁等建筑，供奉道教仙师神像。在四帅殿的正殿天花板上一幅用黑白二色绘制的《水火匡廓图》，此图乃道教特有的金丹修炼药方示意图。殿中高悬此图，意在昭示道士必须苦心修炼。

文昌宫，原名龙潭殿，坐落于巍山前绿树葱茏的山坡上。相传，三国时云南彝族大首领孟获之兄孟优在此修炼。诸葛亮率兵南征时，士兵误饮哑泉之水，个个成了哑巴。诸葛亮亲往山中拜访道士孟优，孟优以"仙草"治愈了军中哑症。明代改为"文昌宫"。该宫由关圣殿、金甲殿、文昌殿等组成。每年农历二月初一至十五的巍山传统庙会——"朝山会"期间，由各地艺人组成的独特的道教组织——"洞经会"要来此隆重聚会，演奏"洞经音乐"，场面壮观，科仪复杂，声势浩大，气氛庄严肃穆。

培鹤楼是祀八仙之一吕洞宾的殿宇，又称吕祖殿。民间传说吕洞宾曾到此云游，后乘鹤飞去。此殿初建于乾隆年间，此后以它为中心，前建含真楼，北建元极宫，东建云鹤宫，西建道源宫，逐渐形成一组规模宏大的道教宫观建筑。

众多的宫观庙宇，成为巍山道教文化特有的载体。长期以来，道士们以宫观为依托，结合当地风土民情，开展多层次、多样式的宗教活动，使巍山仙名远扬。

4. 鬼国都城——重庆丰都名山

重庆东部长江北岸的丰都县有一座气势巍峨的名山，犹如天然屏障，横亘在县城东北。此山又称平都山，是一个充满怪异传闻的地方。汉代以来，这里就号称是人死后的归宿——鬼国都城，而道教谓之第四十五福地。

传说汉代方士王方平、阴长生先后弃官来此修道多年，炼养成仙，驾五彩祥云白日飞升，人称王、阴二仙。传说张陵在青城山战胜了"五部鬼帅"后，对愿意归附的鬼帅，有的命为自己的直系部属，有的被封为丰都鬼国的官吏。由此，荒诞之说接踵而来，平都山被看做是阴曹地府的所在了。而王、阴二仙，也被颠倒称为"阴王"，并被奉为阴间天子。

唐宋以后，怪异传闻风靡于世，有后来创作的小说为证。《西游记》中记有唐太宗入阴曹地府，被恶鬼追赶和经丰都判官崔某保驾的故事，《精忠说岳传》描述了奸贼秦桧在地狱受罪的情景，《聊斋志异》也有专讲丰都御史的情节。通过这些文学作品的渲染，丰都鬼城离奇神异的传说就广为流传，甚至影响到人们的社会生活了。

隋末、唐初以来，人们根据丰富的想象，从平都山的山麓到山顶，先后修建起大小宫观寺庙75座。并根据儒、佛、道三教合流的精神，构造了一大批神鬼故事，构筑起阴曹地府一整套职能机构。

平都山的阴曹地府由阴阳界、鬼门关、奈何桥、望乡台、地藏殿、血河殿、十王殿、阎罗殿、天子殿等组成。通往地狱的鬼门关、心惊胆战的奈何桥、狰狞可怕的阎罗殿小鬼判官，无不令人毛骨悚然。其中天子殿是唐代太和元年（827年）人们根据王方平、阴长生在此山修炼成仙的传说，在平都山的绝顶建起的一座道教宫观，时称仙都观。其正殿大门上悬挂着匾额"乾坤一气"，左右两侧绘有诸如八仙过海等画面。正殿中堂供奉着道教幽冥世界的天尊阴尊鬼帝，两旁侍立着赏善惩恶的四大判官、六曹文武，专司捉拿孽鬼的十大阴帅，无不威风凛凛。一位判官左手拿着生死簿，右手拿着大墨笔，正欲下笔，好像又要将若干人从人间一笔勾销一样。另一位判官手执朱笔、算盘，似乎正在计算何人阳寿已尽……殿内显得寂静、阴森和恐怖。殿宅两侧便是人们常说的十八层地狱，这里有各种各样的酷刑，如下油锅、上刀山、拔舌、吊筋、剥皮、炮烙、割鼻、掏肚肠、铁锯剖人等，凡人间的诉讼、法庭、监狱、酷刑，在天子殿是应有尽有。有了这些，阴森可怕的鬼国都城的形象便在丰都直观地建立起来了。

在平都山的绝顶，天子殿的后面，还有一座平都山最古老的道教建筑——二仙楼，它建于西晋，原名二仙阁，相传是王方平和阴长生修道时的对弈之处。此楼分三层，第一层供奉华光大帝坐像，第二层供奉观音像，第三层供奉着王方平、阴长生对弈的四尺铜像，他们下棋的石刻棋盘和炼丹石炉等。

天子殿前左有钟馗殿，右有上关殿供奉关帝。上关殿前有一阴君洞，俗称天心眼，相传是王、阴二仙飞升之处。

平都山东南山腰有一座城隍殿，又称十二殿。主殿正中供奉都城隍塑像，主殿两边各有六间殿宇，分别供奉十殿阎王、南岳大帝、东岳大帝。主殿正面高悬"罚恶扬善"四字匾额，左右两面墙上书有"赫赫丰都，森森地府"一幅短联。明初，宣扬阴间与人世对应，企图运用人间的政权来树立冥府的神权，分别封设都、省、州、县城隍，实行阴、阳治国的愚民政策，丰都县城隍被尊为都城隍，这就是城隍殿中供奉都城隍的来历。

在丰都，民间流传着"人死来丰都，恶鬼下地狱"的说法。人死后，魂魄都要飘游到这里的阴曹地府报到，接受阴曹天子发落，生前行善者转超阳世，生前作恶者则被打入十八层地狱。因此，过去很多人还在生前就买好了"路引"，作为死后顺利进入地府的"通行证"。这种"路引"长三尺、宽二尺，用黄标纸印制而成，上面印着文字，大意是说普天下人必备此引，才能到丰都地府转世升天，还盖着"阴司"、"城隍"、"丰都县府"三颗方形大印。它如同圣物，销行国内，甚至远销东南亚，于是丰都鬼国的声誉又扬播海外了。

从前，平都山每年定期举行庙会、香会，来朝拜的各地香客络绎不绝，热闹非凡。这里既有玉皇大帝圣诞、天子娘娘肉身成圣人庙会，也有弥勒佛寿诞、达摩祖师圣诞庙会等，令人应接不暇。可见，丰都鬼城是道教、佛教与当地迷信思想互相渗透的产物。

而今，鬼国都城古木参天，古刹辉煌，那些曾经用来愚弄群众的遗迹成了人们游览的胜景。

（三）长江中游的道教名山

长江中游湖北、湖南、江西等省，道教文化遗迹异常丰盛，道教仙真出生、修道养身、飞升成仙之处遍布各处名山，如湖北的武当山，湖南衡山，江西阁皂山、龙虎山、三清山等，它们有的因其建筑物与风景相协调，有重要的历史、艺术或科学价值而被列为世界文化遗产名录，有的因从审美或科学的角度具有突出的普遍价值而被列为世界自然遗产名录。

1. 真武道场——湖北武当山

武当山，在湖北省丹江口市境内，方圆 400 余里，层峦叠嶂，高险奇幽，有 72 峰、36 岩、24 涧、10 池、9 井、3 潭。山中宫观奇伟恢弘，不少道客羽士曾来此隐居修道，被奉为"真武道场"，享有"亘古无双胜境，天下第一仙山"的美誉。唐末杜光庭《洞天福地岳渎名山记》列武当山为道教七十二福地之一。[①]

武当山又名太和山或玄岳，它是怎样与真武道场联系上的呢？

真武，本名玄武，为古代四方四神（青龙、白虎、朱雀、玄武）之一，是北方七宿（斗、牛、女、虚、危、室、壁）的化身。北方七宿的形状像一只龟，下面有一条蛇。龟蛇合体，便成玄武的形象。北宋真宗时，为避祖父赵玄

---

① 参见《道藏》第 11 册，文物出版社、上海书店、天津文物出版社 1988 年版，第 58 页。

朗之讳，改玄武为真武。道教所信奉的真武神原来地位并不高，和青龙、白虎、朱雀一样只是护卫神，在天尊圣祖外出时充作仪仗。到了宋代，由于皇室崇信北方真武神，真武开始受宠，摇身一变成为镇守北方、威猛无比、法力无边的玄天上帝、真武大帝。随着真武信仰的升格，关于真武的出身又有了新的说法。宋道书《玄天上帝启示录》描述说，真武大帝是统摄北方的最高神元始天尊的化身，黄帝时托胎于天西头净乐国的善胜皇后腹中，整整怀胎 14 个月，真武才从皇后的左胁钻出来。他生来聪明，文武双全，人们都敬仰他。他虽身为太子，却不恋王位，到处求师学道。15 岁时得玉清圣祖紫元君的指点，孤身一人越东海来到太和山（武当山），苦心修炼 42 年，终于得道成仙，奉大帝之命镇守北方。

关于武当山名称的来历，众说纷纭，莫衷一是。把武当山与道教真武大帝的信仰密切联系起来，这是武当山人文景观精华之所在。

武当山风景秀丽，环境幽雅，其道教历史十分悠久。东汉就有许多隐士来武当山修炼，如尹喜、阴长生等，他们以洞为室，与山为伴，隐居修炼。晋代的谢允、刘虬，唐代的姚简，都是入武当山修炼的名道。

尽管随着道教的传播，香客和修炼者在武当山上络绎不绝，但在南北朝以前，武当山未见道观出现，修道者都住在石室或茅庵中。贞观年间，均州刺史姚简因祷雨有应，唐太宗龙颜大悦，曰："乃圣祖之助也，吾必敬之。"① 命在武当山建五龙祠。这是武当山建起的第一座道观。

有宋一代，北方扰乱。朝廷以为真武乃北方守护神，请出助阵。于是真武大帝屡受封号，建庙赐额以奉。因传说真武大帝发祥于武当山，人们便把武当山当成了真武道场。武当山香火渐旺，前后有大批道士栖居武当山修道。五代、宋初的名道陈抟隐居武当山九室岩，辟谷炼气 20 年后才去华山。还有房长须、田蓑衣、谢天地、孙元政、邓安道、曹观妙、唐风仙等名道，都是武当

---

① 《太岳武当山》，湖北人民出版社 1991 年版，第 5 页。

山道教的传承者。作为道士活动场所的宫观，这时也大批地修建起来，如繁星缀天，为武当增色不少。这时武当山所建宫观有：五龙观、紫霄观、王母宫、紫虚宫、延长宫、紫极宫、琼台宫、大顶圣坛、云霞观、元和观、太玄观、三茅观、玉仙观、紫霞观、接待庵、冲虚庵、日月庵、白云庵、大道庵、洞云庵、云窟庵、榔梅仙翁祠、黑虎祠、玉虚岩庙、隐士岩庙、灵应岩庙、桃源道域、纯斋道院等，数量之多超过以前任何朝代。其中最有代表性的是五龙观、紫霄宫、佑圣观、太上观、威烈观。①

但因宋末至元末武当山周围战火不断，山上宫观建筑大部毁坏无存，武当山道教的发展受到了限制。

明代，武当山道教处于极盛时期，武当山甚至成了"皇室家庙"。

明太祖朱元璋去世后，皇太孙朱允炆继位，是为建文帝，建文帝为稳坐皇位，厉行削藩，先后削废杀死诸王多人。朱元璋四子燕王朱棣拥兵驻守北部边疆，以"清君侧"为名，兴师南下，发动"靖难之役"，夺取了帝位，年号永乐，是为明成祖。藩王起兵，无异于造反，为了消除"同宗相戮"的舆论压力，淡化矛盾，明成祖大力宣扬登基是真武神荫佑。为答谢真武大帝，封之为"北极镇天真武玄大大帝"，封其发祥地武当山为"大岳太和山"。还不惜兴师动众，在武当山上大兴土木，广建宫观。从永乐十年（1412 年）到二十二年（1424 年），派工部侍郎郭进、隆平侯张信和驸马都尉沐昕等督役 30 余万民工，夜以继日，耗费钱粮，难以数计。所修建筑包括：用一色青石铺就的登山神道——从原均州城净乐宫到武当山天柱峰金殿长约 70 公里，有主祀真武大帝的 8 宫（净乐宫、近恩宫、遇真宫、玉虚宫、紫霄宫、五龙宫、南岩宫、太和宫）、2 观（复真观、元和观）、36 庵堂、72 岩庙、12 亭台和 39 桥，主体建筑面积达 160 余万平方米，形成了一座依山就势、首尾呼应、布局紧巧、庄严

---

① 参见卿希泰《中国道教》第 4 卷，东方出版中心 1994 年版，第 208 页。

壮观的道教建筑群。①

此后，真武成了明朝的护国家神，武当山则成为朱家皇朝的"皇室家庙"，明世宗朱厚熜更封其为"治世玄岳"，使其地位高于五岳，并又一次大规模重建，使武当山宫观建筑空前宏大，成为全国最大的一处道场，由皇帝直接派遣藩臣、提点管理，享有特殊的政治地位。最盛时，拥有道官、道众、军队、工匠等10000余人，占有土地48000多亩，建造大小宫观20000余间。② 如此规模，其他名山实难望其项背。虽然明朝扶植武当道教的本意是祈求真武大帝保佑长治久安，但所建的武当山宫观建筑群则成了灿烂的文化遗存。

当时，武当山名道汇集，高道辈出。其中最著者当推张三丰，张三丰的弟子邱云清、卢秋云、刘古泉、蒲善渊、燕善名等也名重一时，此外，还有著名道士李素希、孙碧云等也曾留驻武当。

入清以后，武当山道教渐衰。前期仍有知名道士入住，后期不仅入住道士减少，而且宫观建筑毁坏了不少。民国时，更遭严重破坏。尽管如此，明代所建的建筑群仍有不少被保存下来。现存的宫观主要有太和宫、金殿、紫霄宫、南岩宫、玉虚宫、遇真宫、五龙宫、复真观、元和观以及磨针井、玄岳门等，此外，还幸存一批有很高文化价值的道教文物。

道教文化滋润着武当胜景，现在，武当山以其独特神奇的自然景观和宏伟玄妙的人文景观，已被联合国教科文组织列入世界文化遗产名录。

2. 第三洞天——南岳衡山

衡山位于湖南省中部衡阳市南岳区，为中国五岳之南岳，是中华祝颂词"福如东海，寿比南山"的"南山"，因此衡山又名南岳、寿岳、南山。据《周礼职方志》：衡山的位置正好相当于天上的二十八宿的轸星之翼，像秤一样可以衡量天地之轻重，即所谓的"铨德钧物"，故名"衡山"③。从隋文帝时起，

---

① 《太岳武当山》，湖北人民出版社1991年版，第5页。
② 同上书，第5—6页。
③ 周维权：《中国名山风景区》，清华大学出版社1996年版，第147页。

取代安徽潜山县的天柱山成为五岳之一的"南岳"。在五行中，南岳位于南方，南方属火，由赤帝祝融统治，四方取象与朱雀相配。而衡山的山势恰如一只展翅垂云的大鸟，清人魏源《衡山吟》描述："恒山如行，岱山如坐，华山如立，嵩山如卧，唯有南岳独如飞。朱雀展翅垂云大，四旁各展百十里，环侍主峰如辅佐。"一个"飞"字点出了南岳的神韵。

衡山山势雄伟，盘桓数百里，有大小山峰72座，以祝融、天柱、芙蓉、紫盖、石廪五峰最高，其中祝融峰海拔1290米，为诸峰之冠。衡山处处茂林修竹，终年翠绿，奇花异草，四时飘香，自然景色十分秀丽，有"南岳独秀"的美誉。

南岳衡山历史悠久，有着众多美丽动听的传说：一说中华始祖之一的炎帝神农氏追赶仙鸟，用神鞭打落朱鸟变成了南岳，神农在这里采百药，因尝线虫中毒，死在降真峰上。又说大禹治水时也曾路过此山，杀白马祭天神，得到了苍夷山仙人授予的金简玉书，找到了制服洪水的疏导之法，并在此立碑，记述自己的治水经过。

如此仙真显圣之所自是神仙洞府所在地，是神仙羽客的栖隐之所。道教称此山是道教洞天福地三十六洞天之第三洞天——朱陵洞天，道教七十二福地之青玉坛福地、光天坛福地、洞灵源福地。唐司马承祯《天地宫府图·三十六小洞天》云："第三南岳衡山洞，周回七百里，名曰朱陵洞天。在衡州衡山县，仙人石长生治之。"[①]

与其他四岳相比，道教对南岳的开发较晚，早期的仙迹并不多。从西晋开始至南北朝时衡山道教才有一定发展。史载此时期在南岳修道的有陈兴明、施存、尹道全、徐灵期、陈惠度、张昙要、张始珍、王灵兴、邓郁之等九位著名的道士，后世道教称其为"南岳九真人"。当然除了这九人之外，此期居南岳的著名道士尚多。而此时，衡山已建立起一批宫观，如衡岳观、招仙观、九真

---

① 《道藏》第22册，文物出版社、上海书店、天津古籍出版社1988年版，第199页。

观、西灵观、中宫、北帝院、九仙宫、普贤院、玉清观、太平观等。①

隋唐时，衡山道教十分兴盛，已成为道教名山，有大批知名道士在此山炼丹修道建观。如著名道士、道教学者、道教上清派第十二代宗师司马承祯于玄宗开元元年（713 年）来南岳衡山，先是住九真观附近白云庵修炼，后来又在祝融峰顶建息庵，法从者甚众。武则天闻其名，召至京都，亲降手敕，赞美他道行高超。睿宗景云二年（711）召入宫中，询问阴阳术数与理国之事，他回答阴阳术数为"异端"，理国应当以"无为"为本，颇合帝意，赐以宝琴及霞纹帔。后至南岳，结庵九真观北。唐时，除对衡山原有宫观进行修葺外，又新建了一批宫观，如黄庭观、真君观、降圣观等。降圣观旧号白云庵，司马承祯修行处，司马承祯卒后，其弟子请改庵为观，唐玄宗亲篆额。②

由于自中唐以后佛教势力大举进入衡山，因此至宋时，衡山道教渐趋衰微，来此修道炼丹的知名道士渐少，许多宫观也渐趋废圮，历元至明清时，衡山大多宫观衰毁。留存至今者仅有祝融殿、黄庭观、南岳庙、九仙观等几处宫观。

祝融殿在最高峰祝融峰之绝顶，两进的殿宇建在一块巨大岩石上面。墙体为花岗石砌筑、屋顶用加锡铸成的铁瓦以防高山绝顶的大风，正殿供奉火神祝融。附近有望日台和望月台，经南天门有连接南岳庙的主要香道通往山下。登上祝融峰，南岳诸峰尽在眼底，东望湘江，南及五岭，景界极其开阔。宋代诗人黄庭坚有诗句描写其高峻之状貌：

上观碧落星辰近，下视红尘世界遥。

螺簇山低青霭霭，线拖水远绿迢迢。

---

① 《道藏》第 6 册，文物出版社、上海书店、天津古籍出版社 1988 年版，第 862—864 页。
② 参见卿希泰《中国道教》第 4 卷，东方出版中心 1994 年版，第 151 页。

所谓"线拖水远"即指山下的湘江而言。如果天气晴朗，在南天门可看到湘江九曲之水，五向五背，宛若五条巨龙面朝南岳，这就是著名的"五龙朝岳"之景。

黄庭观在天柱峰下的一个小山头上，下临深涧，环境清幽而险要，相传东晋著名女道士魏夫人及其侍女麻姑在这里修道并飞升成仙。魏夫人是历史上的第一位女道士，黄庭观亦因此而在道教界拥有很高的知名度。魏夫人何许人？魏夫人即魏华存，字贤安，任城（今属山东）人，晋代女道士，被上清派尊为第一代太师，号称"上清道主南极紫真后圣上保太徽玉晨圣后"、"南岳上真司命高元宸照紫虚元道元君"。《南岳魏夫人传》等书记载，魏华存自幼文静、恭谦、沉默寡言，喜读《老子》、《庄子》，广涉百家。雅好道教，志慕神仙。24岁时，被父母逼迫，嫁给南阳人刘文为妻，但她经常离开丈夫、儿子，单独在一间居室里斋静清修。《茅山志》卷十记载，魏华存因"冥兴斋静，累感真灵"，于西晋太康九年（288年）37岁时，忽然有一天在朦朦胧胧之中看见诸真下降，授给魏华存《太上宝文》、《八素隐书》、《大洞真经》、《灵书八道》、《紫度炎光》、《石精玉马》、《神虎真文》、《高仙羽玄》等经，共31卷，《上清经》从此问世。丈夫刘文谢世，魏华存知中原不久即将大乱，就带着两个儿子过长江，到了南岳衡山。

魏华存南下后，道业日精，晋成帝咸和九年（334年），诸真授予魏华存成药两剂。她服药七天后托剑化形而去，升天为南岳夫人。她在南岳修道的场所便被当做"仙坛"，至今仍流传着"仙坛"显灵的故事。在南岳衡山中峰前有一块宽约十多丈的大石头，下圆上平，叠在另一块大石头上面。如果一个人去推它，似乎还能转动起来，如果多个人一起推它，却纹丝不动。这就是有名的"魏夫人仙坛"，据道门中人说，这就是魏华存南下后修道的处所。大诗人李白的诗《江上送女道士褚三清游南岳》，其中也写到衡山与魏夫人："吴江女道士，头戴莲花巾。霓衣不湿雨，特异阳台云。足下远游履，凌波生素尘。寻仙向南岳，应见魏夫人。"

南岳庙在衡山的南麓，南岳镇的北面，始建于唐，后经历代重修、改建，殿宇布局按前朝后寝的宫廷殿式，分为中、东、西三路，前后共九进院落，周围筑城墙，四角有角楼。中路的第一进为棂星门，第二进为奎星阁，第三进为正川门，第四进为御碑亭，是康熙四十七年（1708年）为重修南岳庙而立，第五进为嘉应门，第六进为御书楼，第七进为正殿，殿内供奉南岳真君，第八进为寝宫，第九进为北门。东路有道观八所，西路有佛寺八所，构成一派寺观合一的别致的格局。整个建筑规模宏大、结构严谨。

3. 灵宝基地——江西阁皂山

号称"天下第三十六福地"的阁皂山，是武夷山支脉，延亘百余千米，位于今江西省樟树市（原名清江县）。

阁皂山是道教灵宝派的祖山。相传，灵宝派始祖汉晋间道士葛玄为选择布道、炼丹宝地，遨游名山大川，历经括苍、南丘、罗浮诸山凡22处，都不满意。最后来到阁皂山，见其"形阁色皂，土良水清"，灵芝百草，信手可得，喜为"神仙之宅"而定居，"于阁皂山东峰卧云庵筑坛立灶，以炼金丹。"[①] 据说他在阁皂山住了43年，最后在此山"白日飞升"。道教徒尊之为"太极仙翁"，又称"葛仙翁"。

葛玄在阁皂山潜心删集《灵宝经诰》，撰成《祭炼大法》和《灵符秘录》以及灵宝道派音乐专著《步虚经》，因此灵宝派奉其为宗师，而阁皂山被称为灵宝基地。

南北朝时期，阁皂山已建有道观。唐代，阁皂山先后建立起卧云庵、阁皂观、仙人庵、路山庵、郭公庵等一批道观。

宋代灵宝派鼎盛，有大批道士来阁皂山修道。阁皂山全盛时，有500多道士，其中陈元礼、杨固卿、朱季愈、刘贵伯、杨至质等都颇有才气。此时，阁皂山宫观殿宇达1500间。南宋宰相周必大在《阁皂山崇真观记》中云："江湖

---

① 《道藏》第6册，文物出版社、上海书店、天津古籍出版社1988年版，第849页。

宫观，未有盛于斯者。"① 道教灵宝派以此山为传播中心，立坛传箓，时与龙虎山的正一派、茅山的上清派齐名，谓之"三山符箓"。

元代以后，阁皂山道教渐趋衰微，宫观殿宇大部毁损，至明末时仅剩残垣了。如今，经过修葺，山上仍保留有接仙桥、山门、鸣水桥、大万寿崇真宫、紫阳书院等道教遗迹，令人依稀想见阁皂山往昔的盛况。

接仙桥，坐落在阁皂山门前，是南面登临阁皂山的起点。传说葛玄在阁皂山结庐定居，修道炼丹，常来此桥迎接来山论医访道、谈玄炼丹的各路"仙人"，因名。桥长 11 米，宽 9 米。桥下溪水潺湲，四周林木苍翠。

山门，这是一座小石牌坊，四柱三空，飞檐翘角。正南上方书有"阁皂山"三个大字，两根中柱上各书楹联一副。其一是："道教名山，碧嶂清江钟秀异；医宗圣地，灵丹妙药萃珍奇。"其二是："阁形佳境环山，望东腾太极，南耸凌云，北踞骆驼，西迎五老；皂色珍丛人药，趁春采留夷，夏锄玉竹，秋攀桔梗，冬掘茯苓。"一过山门，就可登临阁皂山了。

鸣水桥，这是一座宋代的石拱桥，道士们募化所建，至今保存完好。桥长7.3 米，宽 7.7 米，由 17 道拱圈并列组成。泉水穿过桥孔，直泻山谷，撞岩击石，声若雷鸣，故名为"鸣水桥"。该桥利用山峡自然岩石，凿石为基，依山筑桥，人工与天工和谐化一。桥碑上"鸣水桥"三个清逸的大字，乃文天祥游览阁皂山时应道士之邀所书。

大万寿崇真宫，由正殿、厢房和宫院等殿宇组成。正殿坐北朝南，前有凌云峰，后倚东、西两山。歇山顶琉璃瓦覆盖，彩壁飞檐，拼条花窗，修廊环列，四翼起翘。殿内供奉太极仙翁葛玄塑像。殿门有楹联一副："皂岭访灵踪，宝相庄严丹灶冷；清江流惠泽，渊源久远药都扬。"大万寿崇真宫历史悠久，名噪江南。其前身为葛玄所建的卧云庵，葛玄得道飞升后改名灵仙馆，后经唐、南唐、两宋皇帝先后敕封，分别赐名阁皂观、玄都观、景德观、崇真宫、

---

① 参见卿希泰《中国道教》第 4 卷，东方出版中心 1994 年版，第 195—196 页。

万寿崇真宫。到南宋理宗淳祐五年（1246 年），被敕封为"大万寿崇真宫"，沿用至今。

紫阳书院，又名道德宫。道德宫原本是灵宝道士们供奉儒、释、道三教鼻祖孔丘、释迦牟尼、李老君神像的观宇，名流贤达论学畅玄的场所，整个殿堂形象地体现了儒、佛、道三教合一的思想。南宋时朱熹两次在道德宫讲学，因朱熹别号紫阳，因此后来道德宫又被称为"紫阳书院"。庭院中有四株古桂树，史载为元代或更早时所植；有一株古银杏，枝繁叶茂，传为朱熹手植。院中还有一些珍贵的药用或观赏的草木。这里四季阴郁馨香，身临其境，确有飘然欲仙之感。

阁皂山所在的樟树市，受葛玄开创的药业风气之先，享有"药都"美誉，早在东汉时就已扬名。近年来举办的"中国药都樟树国际中药节"，就充分利用了道教医药、养生这一文化优势，融道教文化、名山旅游和经济开发于一体，使阁皂山以医、道名扬四海。

4. 正一祖庭——江西龙虎山

龙虎山位于江西省鹰潭市南 20 公里处的贵溪县境内，因山形似龙腾虎跃之势而得名。

脍炙人口的古典文学名著《水浒传》在第一回中说，宋仁宗派洪太尉上龙虎山请张天师赴京禳灾祈福，端的是龙虎山的景致动人心魄："……大顶直侵霄汉，果然好座大山！正是：根盘地角，顶接天心。远观磨断乱云痕，近看平吞明月魄。……左壁为掩，右壁为映。出的是云，纳的是雾。锥尖像小，崎峻似峭，悬空似险，削躐如平。千峰竞秀，万壑争流。瀑布斜飞，藤萝倒挂。虎啸时风生谷口，猿啼时月坠山腰。恰似青黛染成千块玉，碧纱乱罩万堆烟。"

龙虎山不仅有奇丽的自然景致，更有源远流长的道教文化。它是中国道教的发祥地之一，正一（天师）道祖庭，道教称之为第三十二福地。

张陵临终，将剑印传予其子张衡，张衡传子张鲁。张鲁暮年对子张盛嘱托道:龙虎山是祖师爷的元坛所在,那个地方天星照应,地气冲凝,神人所都,丹灶秘文藏诸岩洞,你可带着印剑经箓,回到那里重振先祖玄风。于是,第四代天师张盛,奉父命迁回江西龙虎山开道垂统,从此定居,世代承袭。虽然天师道在龙虎山何时传承,至今仍是争论不休的话题,但龙虎山是天师(正一)道派的祖庭,则是毋庸置疑的事实。[①]

唐、五代以前,龙虎山道派并没造成广泛的社会影响,声名并不显赫,其时,茅山是江南道教的中心。入宋以后,龙虎山天师道被朝廷视为正宗,其势日盛,龙虎山发展成为与茅山、阁皂山并立的三山符箓之一。宋帝对历代张天师不断赐号封爵,累召赴阙,询问时政,利用其在江南民间的广泛影响,笼络人心。至南宋理宗嘉熙三年(1239年),更赐第三十五代天师张可大"观妙先生"称号,命提举三山(龙虎山、阁皂山、茅山)符箓,并兼御前诸道观教门公事。由是,龙虎山跃居三山符箓之首。宋代龙虎山除历代嗣教天师外,还有大批颇有名望的道士云集此地。如王道坚、留用光等,都为龙虎山道教的发展作出过一定贡献。此时龙虎山宫观得以扩建、赐额,还新建了宫观、庵、院约20所。[②]

元代是龙虎山道教的鼎盛时期,天师成为正一道首领,龙虎山因此当之无愧地成为正一道祖庭。

宋元以来,龙虎山宫观屡有修缮和新建,形成了星罗棋布、巍峨壮丽的道教宫观建筑群。历史上的龙虎山曾先后建有10座道宫、81座道观、50座道院、10座道庵。清以后,以龙虎山为中心的正一道渐趋衰落,其宫观建筑多有破坏。至1936年,主宫上清宫,只空余危楼一角;张陵子孙世居之天师府,亦被贵溪县政府征用,开办完全小学一所,天师亦不常驻于此。[③] 近二十年来,随着国家宗教政策的贯彻落实,江西省政府出资,重修龙虎山宫观建筑,

①　参见卿希泰《中国道教》第4卷,东方出版中心1994年版,第188页。

②　同上书,第190页。

③　同上书,第192—193页。

展现昔日气势雄伟的风貌。其中重建规模最大者，是上清宫和嗣汉天师府。

天师府位于上清古镇中央，乃历代张天师生活起居之所，是中国著名的世家府第之一，号称"南国第一家"，其建筑布局融会了道教独有的风格（本章后有专文介绍）。

上清宫在上清镇东约一千米处，又称"天师草堂"，是龙虎山最早的祀神建筑，历代天师传道授箓、阐教演法的主要宗教活动场所和修真养性的阆苑。其体制规模不仅居江南道教宫观之冠，而且在全国也名列前茅，号为"神仙所都"和"百神受职之所"。唐武宗会昌五年（845年），赐银在此修建殿宇，并御书"真仙观"匾额。宋真宗大中祥符五年（1012年），敕改为"上清观"，其所在地也随之改为上清镇。宋徽宗时重建，改名为"上清正一宫"。宋理宗时再次扩建，初步奠定了上清宫的规模。元代，由于上清宫多次发生火灾，朝廷曾先后五次赐帑修葺，规模一次比一次大。元武宗至大三年（1310年），敕改上清正一宫为"大上清正一万寿宫"。

明洪武二十三年（1390年），明太祖赐宝钞五千贯，对上清宫进行修复和扩建，前后历时四年，规模虽未扩大多少，但极显华丽雄伟，使上清宫跃居全国著名大宫观之一。

清康熙二十六年（1687年），敕改"大上清正一万寿宫"为"太上清宫"，年御书匾额赐挂。至雍正九年（1731年），又赐帑扩建，使殿宇更加高大华丽，设施更加完善。此后，未再扩建。

1936年，上清宫不幸遭火灾，大部分建筑被毁。至20世纪40年代末，仅存太上清宫门楼、午朝门、钟楼、下马亭等破败建筑。

上清宫内有一口出名的古井，它就是《水浒传》中提到的那口镇妖井。据《水浒传》第一回"张天师祈禳瘟疫，洪太尉误走妖魔"中说，太尉洪信不听劝阻私自打开"遇洪而开"的历代天师符箓加封的井上青石板，刹那间，但见一道黑气从井底冲出，井中原镇着的三十六天罡、七十二地煞，化作百十道金光四散开去。后来，他们聚而为水泊梁山一百单八将，"轰动宋国乾坤，闹遍赵家社稷。"这个故事已家喻户晓了。又说当年镇妖井中还有 10 人未及逃出,他们不甘屈服,与张天师大战,结果战败自焚,化为 10 座巨石,分布于龙虎山上清河沿岸,通称"十不得",即"莲花(石)戴不得"、"仙桃(石)吃不得"、"云锦(石)穿不得"、"玉梳(石)梳不得"、"石鼓(石)敲不得"、"道堂(岸)坐不得"、"纱锭(岩)纺不得"、"楠机(岩)织不得"、"丹勺(洞)盛不得"、"仙女(岩)配不得"。神奇美丽的道教传说,配以惟妙惟肖的造型,令人流连忘返。

2010 年,龙虎山又因特有的丹霞地貌景观被联合国教科文组织列为世界自然遗产名录。道教文化与自然景观珠联璧合,龙虎山已成旅游胜景。

5. 江南第一福地——江西三清山

2008 年 7 月 7 日,联合国教科文组织世界遗产委员会宣布中国江西三清山通过评审,被列为《世界自然遗产名录》,世界遗产委员会认为:"其在一个相对较小的区域内展示了独特的花岗岩石柱与山峰,丰富的花岗岩造型石与多种植被、远近变化的景观及震撼人心的气候奇观相结合,创造了世界上独一无二的景观美学效果,呈现了引人入胜的自然美。"然而,三清山的美不仅在自然,更在于它的得"道"弥彰,它的道教文化蕴涵。

三清山,又名少华山,位于江西省上饶市玉山县与德兴市交界处,自古享有"高凌云汉江南第一仙峰,清绝尘嚣天下无双福地"之殊誉。山顶因有玉京、玉虚、玉华三峰峻拔,宛如道教尊神玉清、上清、太清三清列坐其巅,而得其名,三峰中以玉京峰为最高,海拔 1816.9 米,是江西第五高峰。三清山经历了 14 亿年的地质变化运动,风雨沧桑,形成了举世无双的花岗岩峰林地貌,"奇峰怪石、古树名花、流泉飞瀑、云海雾涛"并称自然四绝。三清山以自然山岳风光称绝,以道教人文景观为特色。

三清山的道教历史悠久。东晋时葛洪率弟子"结庐炼丹"于山,建道观碧莲宫,并在此著书立说,宣扬道教教义,至今山上还留有葛洪所掘丹井以及炼丹遗迹,葛洪是三清山道教始祖。唐时道教受尊宠,三清山的道教也开始兴旺起来。唐代的信州太守王鉴致仕后携家归隐三清山下，道士们在葛洪炼丹修道处建起了一处道教建筑老子宫观，此观被称为"三清福地"。到了宋代，三清山建起了多处道教宫观，有王鉴的后裔王霖在天门峰下的"三清福地"捐资创建的三清观，有为纪念葛洪的开山之功建起的葛仙观，另还有福庆观、灵济庙等。尤其值得一提的是，道士们在天门峰的悬崖之上，用天然花岗岩雕砌成一座六层五面的风雷塔，此塔历经千年风雨洗礼，仍自岿然不动，不愧为三清山道教建筑的奇葩。

明代是三清山道教活动的鼎盛时期。王霖后裔王祐，于明代景泰年间（1450—1457 年）在三清山进行大规模的重建宫观的工程。王祐少好诗书，寄情山水，笃信道教。他延请浙江常山全真道士詹碧云，协助其事。从山下的汾水青龙桥、迎瑞亭起，沿途经登山入口处步云桥、扬清桥、西华台、碧玉岩、风门玄关、乘鸾洞、蹑云岭、泸泉井、众妙千步门、冲虚百步门，直到天门三清福地以及玉京峰最高极顶处，共布设了宫观、亭阁、石刻、石雕、山门、桥梁等 200 多处，使三清山道教建筑物布满山头。全山的建筑群主次分明，相互映衬，聚散有序，遥相呼应，形成了一幅完整而统一的三清山道教洞天福地图，其规模和气势，当可与武当、青城等道教名山媲美，三清山也因此有"露天道教博物馆"之称①。而且此时三清山的道教建筑本身也极富特色：以山上花岗岩雕凿干砌而成，石梁石柱，四周配以石墙，内供玉清、上清、太清三尊石雕神像，可以说这时的三清山已成为明代道教建筑和石刻艺术的一座宝库。这座宝库，引来各方道门人士云集其中，更吸引了众多的文人墨客慕名前来，登山览胜，留下了许多脍炙人口的诗篇。著名地理学家徐霞客在他的游记《江右游日记》中，对三清山作了明确无误的记载。

在三清山的明代道教建筑群中尤以三清宫的建筑最具特色。

明代王祐所建之三清宫道观，位于海拔 1532.8 米的三清福地九龙山下，

---

① 参见杨立志、李程《道教与长江文化》，湖北教育出版社 2005 年版，第 319—320 页。

由原三清福地的三清观迁移改建而来。明代三清宫的建置规格一反常态,十分独特,充满玄虚神奇色彩:朝向由原三清观的坐北朝南改为坐南朝北;形制由三清观的单进改为前后两进,前殿后阁;建材为山上的花岗岩雕凿干砌而成,整个殿内梁、柱、墙、池、门均以花岗岩琢磨、铺造,镶嵌得严丝密缝,石雕作品造型古朴,线条简洁。宫内神像道、佛兼容,和谐同居一堂。前殿为三清殿,供奉道教玉清、上清、太清三位天尊,后阁为观音堂,中间供奉观音塑像,两旁供奉佛教十八罗汉塑像。前殿顶梁石柱石刻楹联:"三天无极存道气于玉清上清太清,一统大明祝皇祚于百世千世万世。"相传为明建文帝藏隐于三清山任三清宫住持时亲笔题撰。从联语中可以看出,建文帝虽遁入清静空虚之门,但仍然难以完全断绝红尘世俗之念,寄希望于三清尊神保佑大明皇位传承千秋万世。

三清宫总体建筑按先天八卦图式布局。在三清宫的周围,按八卦方位排列着八大建筑,前后两殿为太极图中心的阴阳二极。北方为坎卦,有天一水池;西南为坤卦,有演教殿;东方为震卦,有龙虎殿;南方为离卦,有雷神庙(九天元应府);东南为巽卦,有詹碧云墓;东北为艮卦,有王祐墓;西方为兑卦,有涵星池;西北为乾卦,有飞升台。以上八大建筑,围绕着三清宫,如同众星捧月,组成了有机整体。既突出中心建筑物的主导位置和庄严神圣的非凡气概,又显示了周围建筑物的凝聚力、向心力和自身应有的灵动性,充分体现了"道法自然"的哲理,不仅给人以形象上的美感,尤其给人以深层的思考和探索。正如詹石窗所言,识者以为"整个建筑虽是按后天八卦方位布局的,但又体现了由后天而返先天的炼丹旨趣。"[①]

三清宫的山门设计也表现出道教的崇尚自然的风格和玄密神奇的氛围。它"利用庭院前的两块岩石夹峙的地形加工为堑道,沿山岩蜿蜒曲折,堑道内设三级石阶随坡势逐级升起。从香道过来,经第一块岩石而转折进入堑道。再一

---

① 詹石窗:《易学与道教符号揭秘》,中国书店 2001 年版,第 128 页。

次转折，两侧点缀神龛，上架石牌坊。牌坊及其两侧的石龛就相当于山门。穿过石牌坊则为第二块船形的岩石，岩石本身以及其下的水池和其上的焚帛亭构成入门后的对景；再经第二次转折沿岩石两侧石阶升入道观的庭院。上清宫入口处的这种别致的设计既不破坏天然石景之美，又能借此而渲染进入道观前的神秘气氛，利用这咫尺之地还创造了一个不同寻常的生动的序列景观。"①

三清山的宫观建筑与雄险奇秀的自然景观融为一体，异彩纷呈，钟灵琉秀，正如三清宫正殿前华表对联云："江南第一仙峰"，"天下无双福地"。

（四）长江下游的道教名山

长江下游的安徽、浙江、江苏、上海等省市，在古代就是人口稠密、经济最为发达的地区。这一地区道教信仰自古浓郁，高道大德迭出，道教名山宫观胜迹星罗棋布，比较著名的有安徽的齐云山、浙江的天台山和大涤山、江苏的茅山等。

1. 江南小武当——安徽齐云山

齐云山在安徽省休宁县城西 15 公里处，又名白岳。主峰海拔 1010 米，似一石插天，直入云汉，因此名曰齐云山。全山绵延 20 余公里，山中有 36 奇峰、72 怪岩、24 溪涧、16 幽洞，是一处山奇、石怪、水秀、洞幽的风景胜地。

齐云山虽不在道教的洞天福地之列，但历史上齐云山的道教活动仍很活跃。唐代乾元年间（759—760 年,）道士龚栖霞云游此山，隐居天门岩修炼传法。南宋时道教势力逐渐兴盛，朝廷明令正式修建宫观，山上道教宫观建筑日益增多，齐云山遂成为道教名山。明代是齐云山道教的鼎盛时期，宫观建筑与日俱增，明嘉靖帝等多次派使臣来齐云山朝拜，并亲自题撰碑铭、匾额，一时成为道教正一派的活动中心，来自皖、浙、赣三省的香客日达两千之众。时人甚至把齐云山与湖北武当山、四川鹤鸣山、江西龙虎山并列为道教的四大名

---

① 周维权：《中国名山风景区》，清华大学出版社 1996 年版，第 342 页。

山。明末清初曾一度衰落，乾隆时有复兴。

齐云山素有"江南小武当"之称，有多方面的原因。一是早在南宋时山上就建有真武祠，明代所建宫观也多效仿武当宫观供奉真武大帝。二是齐云山道士多往来于武当山、齐云山之间，据《齐云山志》载：明初道士汪以先曾到武当山云游，"访道于李幽岩先生，得静止修养之法，暗自运用。十八年来白岳，栖于齐云观。"① 另还有道士方琼真、徐秘元等到武当山访道，方琼真还从武当山"携回榔梅二株植之"。三是齐云山全真派是武当山全真派的支派，尽管齐云山太素宫等处所传是正一派，但其派谱"守道明仁德，全真复太和。至诚宣玉典，忠正演金科……"与武当山清微派系谱相同，因此也与武当山有渊源。② 四是齐云山所建宫、观、殿、院、馆、楼、阁、亭、台等建筑，亦仿武当宫观建制，也有净乐宫、玉虚宫、紫霄宫、一天门、二天门、三天门等，而且与武当山一样，建筑规模宏大，气势非凡，齐云山在鼎盛时大小建筑达 100多处。

齐云山较著名的宫观主要有玄天太素宫、小壶天、玉虚宫、天官府、东岳庙等。

玄天太素宫又名真武殿，位于齐云山齐云岩，宫原址即是南宋所建佑圣真武祠，明时重建。明世宗曾于嘉靖十一年（1532 年）派龙虎山正一派第四十八代天师张彦頨率道众赴齐云山建醮祈嗣，果获灵验。乃于嘉靖三十五年（1556 年）敕令扩建真武祠，并仿武当山玉虚宫，坐南朝北，与真武大帝的"镇南天，拱北极"的神职相符，并改名为"玄天太素宫"。③ 整个建筑群体布局严整，屋宇轩昂，绿色琉璃瓦顶及彩画金碧辉煌。就其周围形势看，正殿背后诸峰回抱若屏障，殿前有水池石桥。山门正对大壑中巍然拔起的香炉峰，左右狮、象二山峙立，远眺黄山的天都莲花诸峰隐约可见，视野开阔气象万千。

---

① 齐云山志编纂委员会：《齐云山志》，黄山书社 1990 年版，第 191—192 页。
② 参见杨立志、李程《道教与长江文化》，湖北教育出版社 2005 年版，第 322 页。
③ 齐云山志编纂委员会：《齐云山志》，黄山书社 1990 年版，第 132 页。

每当晨昏，大壑之中白云升腾，香炉峰似仙山漂浮于云海之上，而太素宫犹如仙山琼阁，显示出道教意境与自然景色相互映衬的无穷魅力。明代大儒王阳明这样描写齐云山宫观建筑之盛与山水环境之美：

> 岩高极云表、溪环疑磬折；
>
> 壁立香炉峰，正对黄金阙。
>
> 钟声天门开，笛吹岩石裂；
>
> 掀髯发长啸，满空飞玉屑。

小壶天的建筑半倚岩洞，洞内可容数十人。岩洞下临幽谷，怪石嶙峋。东观香炉峰近在距尺，西北望青狮峰，东南望白象峰，正北远眺影影绰绰的黄山诸峰。倘若烟霞四起，山色迷蒙，则宛似泼墨山水画的韵味。玉虚宫建于太素宫西紫霄崖下，明正德年（1515 年）时由紫霄道人汪泰元、方琼真创建。建筑物倚岩伴洞，设计精巧，宫内供奉真武大帝。上有飞泉分注，左右角各有一池，池上建钟、鼓楼。山门前的石碑为明代著名画家唐寅撰写的《齐云岩紫霄宫玄帝碑铭》，有较高的文物研究价值。

2. 第一福地——江苏茅山

茅山坐落于江苏省西南部，地跨句容、金坛、溧水、溧阳等县境。原名句曲山、地肺山，因其山形曲折蜿蜒，其山若地中之肺、四周之洞若肺叶、地穴之水为肺管，故名。为什么后来改称茅山了呢？

相传西汉景帝时（前 156—前 141 年），有茅盈、茅固、茅衷三兄弟自咸阳来此修道，分居于句曲山的三座主要山峰。他们不辞劳苦，悬壶施济，深受当地百姓爱戴。后来修道成仙，各乘一白鹤白日升天。太上老君分别封他们为太元帝君、定禄君、保命君，俗称大茅君、二茅君、三茅君。当地百姓感其生前恩泽，改山名为三茅山，简称茅山。

茅山林木苍翠，洞墟天成，山形曲折，气候宜人，是许多高道仙真修炼之地，道教称之为第一福地，第八洞天、第三十二小洞天。在道教所列 100 多个"洞天福地"中，三样俱全者仅茅山而已，足见茅山在道教中的地位。

从西晋时期开始，茅山逐渐成为江东道教圣地。继三茅君在茅山修炼得道之后，西晋有一位女道士魏华存来此山修道，著有《黄庭经》一书。其弟子东晋人许谧、杨羲在茅山立宅，合编了《上清经》，开创了茅山上清派，奉魏华存为茅山宗开山太师。此后茅山高道辈出，香火隆盛，享有"秦汉神仙府，梁唐宰相家"的美誉。

著名道士、道教学者陶弘景于南齐永明十年（492 年）辞官归隐茅山，栖居 40 余年，修身养性，著述炼丹，他撰写了大量道教著作，至今尚存且影响深远者有《真诰》、《真灵位业图》等。陶弘景有弟子 3000 余人，在茅山建起了 60 余所道观，为茅山的宫观建筑奠定了基础。当时的茅山实际上已成为道教上清派的中心，世人也不再以上清派称呼他们，而直接称他们为茅山宗了。①

隋唐五代，是茅山道教的兴盛时期。尤其唐代，茅山道最得势，为道教第一大宗。有大批道士居此山修道，数量常达几千人之多。当时许多有学问、有名望的道教学者和道门领袖出自茅山，如居嵩山的潘师正，居衡山、王屋山的司马承祯，居青城山的杜光庭等，都曾是在茅山受皇帝礼遇的名道。其中，潘师正、司马承祯还曾是茅山上清派的嗣法宗师。此外如王远知、李含光、孙游岳等，也都是名道。

宋元时期，特别在宋代，是茅山道教的鼎盛时期。当时，以第二十五代宗师刘混康、第二十七代宗师徐希和、第三十八代宗师蒋宗瑛最为知名。这一时期茅山有宫、观、庵院 257 处，殿宇房屋多达 5000 余间，其宫观庵院有"甲天下"的美誉。后世所称的茅山"三宫五观"，即九霄万福宫、元符万宁宫、崇禧万寿宫、德佑观、仁佑观、玉晨观、白云观、乾元观，都肇于唐而成于

---

① 参见卿希泰《中国道教》第 4 卷，东方出版中心 1994 年版，第 169 页。

宋、元①。元代，茅山的"三宫五观"之"五观"，受北方全真道影响，在祀奉上清派列祖列宗的前提下，也传习全真道，而"三宫"仍沿袭正一道统。

据茅山道士笪蟾光《茅山志》说：明代，"天下乞灵于名山者，东岱岳，南武当，东茅峰，奔走士女，地无远近，而岁无宁息。"② 因此，明代茅山仍是江东道教圣地，终日香烟缭绕，钟磬之声不绝于耳，朝山进香的信徒络绎于道。据道书载，此时就连附近句容、金坛等县许多地方的地名亦用茅山道教的典故，如"望仙乡"、"承仙乡"、"降真桥"、"福祚乡"等，可见茅山道教的影响。

清代茅山道教渐衰。虽有许多茅山道士致力于宫观修复工作，但屡有天灾人祸，很难保持昔日规模。至清末，仅存前述的"三宫五观"。抗日战争时期，茅山成为苏南抗日根据地，陈毅、粟裕曾率新四军一支队进驻茅山。1938 年 9 月，日寇扫荡茅山，焚毁了 90％以上的道院房舍，还有几十名道士惨遭杀害。中华人民共和国成立后，茅山各宫观合并成茅山道院。十年"文革"期间，茅山道院又遭到很大破坏，香火绝迹。中共十一届三中全会以后，随着宗教政策的贯彻落实，茅山道院得以修复。1982 年，国家拨专款修复了九霄宫和元符宫，还修起一条直达山巅的盘山公路。1985 年 3 月，茅山成立了茅山道教协会。如今每逢茅山的香期庙会（农历腊月二十四日至来春三月十八日）和道教祀神日，信众云集，香烟弥空，其持续之长久、规模之宏大、场面之壮观，在众多道教名山中堪居榜首。

九霄万福宫矗立于大茅峰顶，是茅山现存最大的道观，也是茅山道教协会所在地。（在本章后有专文介绍）

元符宫全称"元符万宁宫"，又称"印宫"，位于积金峰南腰的绿林翠浪之中，始建于唐，兴盛于宋。北宋仁宗（1023—1063 年）时，茅山第二十五代

---

① 参见卿希泰《中国道教》第 4 卷，东方出版中心 1994 年版，第 170—171 页。

② 同上书，第 171 页。

宗师刘混康在此修习上清经法。宋哲宗敕重修刘混康在茅山居住的道院，赐额"元符观"，历时九载，于徽宗崇宁五年（1106 年）建成。建成之际，徽宗又赐额"元符万宁宫"。建筑壮观，房舍院落相连，金碧辉煌，成为茅山最宏伟的建筑。宋徽宗还曾召刘进京，先后赐元符宫八件宝物，作为茅山的"镇山之宝"。一是玉印，上刻"九老仙都君印"篆体阳文。朝山的香客都要在香代或腰带上盖上一方玉印，说能消灾延年，遇难呈祥。二是玉圭，其玉质莹润，顶部花纹如翩翩欲飞的蝙蝠，下部花纹则如叠嶂烟岚，又如层波涌浪，此圭奇特之处在于能随季节的交替变化出不同的颜色。三是玉符，又称"镇心符"，玉质润白，上刻"合明天帝日敕"篆体阴文，据说佩带此符就有神灵护佑。四是呵砚，又称哈砚，也是玉质，只要对它轻轻呵气，砚内顿时出现大颗水珠，笔蘸上去，自出丹朱色。而且呵砚左上角雕有两条小鱼，据说每当子午之时，双鱼就会合于中间池内，称为子午归槽。可惜的是，曾国藩之子来茅山鉴赏四宝时，不慎将此砚掉在地上，破一角，从此小鱼就无法归槽了。五是《辽玉符简》一卷。六是玉剑一把。七是《上清大洞秘箓》十二轴。八是《上清大洞卷简词》十三卷轴，后四件珍宝早已失传。前四件珍宝保存至今，现藏于九霄万福宫中对外展出。

　　南宋建炎四年（1130 年），元符宫毁于盗火，后又重建。理宗时（1225—1264 年），敕修元符宫内"上清宗坛"，御书"上清宗坛"碑。明代也屡有修建，并于宫内专设华阳洞正副灵官，以加强对茅山各道教宫观事务的管理。后经太平天国运动，宫内大部分建筑遭兵火焚毁。

　　如今建成与修缮的元符宫的主要建筑有：睹星门、灵官殿、碑亭、万寿台、三天门、太元宝殿、勉斋道院、黄鹤楼、东岳楼和道舍、斋堂等，其中睹星门和勉斋道院最为神奇。睹星门为山门，是道士观察星象之所，两边石壁刻有"第一福地"、"第八洞天"字样。元符宫原有 13 房道院，后经天灾人祸，12 房道院和宫内殿堂先后被毁，唯勉斋道院历经数百年沧桑，至今仍基本保持原有的建筑和规模，其中的奥秘据说是与勉斋道院门楼的建筑奇特和门前地面上用青砖和小瓦构筑的图案有关。按常规，道院门楼应朝西方，而该门楼却向西南偏斜，且门额上嵌有砖刻坎卦符号。道院门前用青砖和小瓦构筑而成的图案更为奇异；有人说是一幅道教符图；有人说是一个篆体的"福"字；有人说是一幅道教"炼丹图"；有人说是一只古花瓶，瓶口长的是万年青，用门额上坎卦中的水经常浇灌滋润瓶中之草，意使道院兵火不入，犹如万年青一样生机勃勃。该道院奇特的建筑和图案究竟始于何时，已不可确知了。

茅山除宫观外，洞穴也有名。如华阳洞、良常洞、蓬莱洞、玉柱洞、三官洞、老君洞、青老洞、金牛洞等，相传为古代仙道高真的栖隐之地。其中华阳洞可与茅山齐名，在元符宫前的东南山下，早在秦汉时就名震江东，传说三茅君曾在此洞内修炼，陶弘景亦曾在此洞内隐居。康熙南巡时，御书"华阳洞天"四个大字。至于现洞前"华阳洞"三个大字，则相传为苏东坡所书。

3. 凡人仙境——浙江天台山

有这么一个传说：汉明帝时（58—75 年）剡县人刘晨和阮肇一起到天台山采药，迷了路，在山里度过了 13 天，不胜饥饿，对面山崖上突然显现出一棵桃树。两人冒着生命危险，爬上悬崖，摘吃鲜桃。之后，他俩在山洞里舀水喝，无意间，发现有芥菜叶子从山洞里流出。他们就一齐下水，朝着芥菜叶流出的方向走了大约二三里路，前面豁然开朗，呈现出另外一番景致。溪边有两位容貌超群的女子，竟然喊出他们的名字，邀请他们去家中做客。刘、阮二人见女子出语不凡，私下以为他们是仙女，就答应了她们。两仙女带他们来到一座用竹筒瓦盖的房子，房子里有各式各样的金银装饰，看起来十分富丽堂皇。两仙女吩咐丫环拿出甘美的仙食、仙酒设宴招待。接下，一群女子捧着仙桃过来祝贺二仙女与刘、阮二人喜结良缘。悦耳的仙乐奏响了，刘、阮二人各与一个仙女结了婚。刘、阮二人在仙家胜地一住就是十几天，生活美满。不料，有一天两个凡人突然动了尘念，要求回家。二仙女无限温情，百般挽留，刘、阮又住了半年。最后，二仙女经刘、阮二人迫切要求，依依不舍地向他们指点了回家之路。回到久别的家乡，没想到家乡已面目全非，昔日的亲朋故友都已离开了人间，费了好大工夫才找到了自己家族七辈以下的子孙。原来洞府半年，世上已历经七代，这时已是晋朝了。[①]

这个传说，告诉人们，仙境似乎未必虚无缥缈，它就在天台山上。

道教也说天台山早就是神仙所居之洞天福地。唐代名道司马承祯的《天地宫府图》称天台山中的赤城山洞为十大洞天之第六洞天，天台山中的灵墟洞和司马悔山分别为七十二福地中的第十四福地和第六十福地所在地。[②]

天台山位于浙江东部，绵延于天台、临海、宁海、新昌、嵊州等县境内，包括天台、赤城、桐柏诸山。至于天台山道教始于何时，已难以考证。据明代释传灯《天台山方外志》载，三国吴之葛玄，是较早入天台山的道士，"葛玄年十八九，仙道渐成，入天台赤城精思念道，遇左元放授以九丹金液仙经"，光和二年（179 年）正月朔，太上老君降于天台，授予葛玄"灵宝经三十六部及上清斋法二等，并三箓七品斋法"。此记载与早期道书相印证，说葛玄之居天台修道，应是不容置疑的。[③]

魏晋南北朝时期，继葛玄之后，有多名道士入天台山修道，其中褚伯玉、徐则等颇有名。这时，天台山已建立了一批道观（馆），如吴主孙权为葛玄所建之天台观。

入唐以后，天台山道教渐盛，相继有名道入居此山，最著者当推司马承祯及其所传的弟子们。司马承祯是上清派著名道士，曾受唐王室礼遇。他在嵩山拜潘师正为师后，遍游名山，大约在武周朝至开元十二年（724 年）间留居天台山，其间曾去南岳暂住。在天台山期间，传有弟子谢自然、焦静真等；而在南岳，则传有薛季昌等，薛传田虚玄，田传冯惟良、陈寡言、徐灵府等，冯等传应夷节、刘介、左元泽，应传杜光庭。以上除薛季昌久居南岳外，其余诸人长住或终生居住天台山，构成司马承祯传承的一个支派，某些道书也称他们为

---

① 参见李申《道教洞天福地》，宗教文化出版社 2001 年版，第 115—117 页。
② 《道藏》第 22 册，文物出版社、上海书店、天津古籍出版社 1988 年版，第 199、202—203 页。
③ 参见卿希泰《中国道教》第 4 卷，东方出版中心 1994 年版，第 174 页。

"南岳天台派"。有唐一代，天台山建起了不少的宫观，有为司马承祯敕建的桐柏观，还有元明宫、洞天宫、白云昌寿观、圣寿观、法轮观、昭庆观、福圣观等，如雨后春笋。这时，阮、刘二人入仙境传说流行，满山的宫观令人疑为神仙的府第。

宋元时期，名道如张契真、王茂端、王中立相继慕名入天台山。张契真名震江湖，宋太宗曾命他主醮斋事，又命他刊正道书，赐号"元静大师"。王茂端以行上清大洞法知名，人呼为"灵宝"，著有《灵宝教法秘箓》10 卷。王中立，深受宋理宗宠幸，元时赐号"仁靖纯素真人"。此外如皇甫坦、张云友、张无梦、陈景云等天台山道士皆名重一时。当时，除对原有宫观进行修葺外，又新建了大批宫观，有玉京观、熙宁道院、玄静观、仁靖纯素二宫、桃源道院、养素道院、思真庵、卧云庵、鹤峰全真道院，等等。宫观固大盛，香火亦颇旺。

明清之际，天台山道教日渐衰落。尽管明代修复了一些宫观，但"其间架规模，崇饰艳丽，去旧为远"。① 至明末，所有宫观或因天灾人祸或因道众贫匮，几乎全废。清光绪时有道士立志重振天台山香火，重建了一些宫观。但此后迭遭战乱，特别是在抗日战争中遭日机轰炸后仅剩零星破屋十几间，而今虽经修复，但其规模有限，人们只能从动人的传说中去想象昔日的盛况了。

4. 第三十四洞天——浙江大涤山

大涤山又名大辟山，在浙江省余杭县余杭镇西 10 公里处，因其清幽可洗涤尘心而得名，道教称之为第三十四洞天。

据说，早在汉武帝元封三年（前 108 年），在大涤山的大涤洞前就建有祭祀的唐坛。晋代，已有道士入此山修道。元邓牧《洞霄图志》记述了晋朝道教名流郭文、许迈等隐入大涤山，依林为舍、潜心修道之事。②

---

① 参见卿希泰《中国道教》第 4 卷，东方出版中心 1994 年版，第 177 页。
② 同上书，第 179 页。

唐代，大涤山道教开始兴盛。名道张整、叶法善、司马承祯等先后游历过此山。在山中修道的道士如潘先生、吴筠、间丘方远、郑元章等，俱知名。潘先生，名不祥，曾遍游名山，最后隐于天柱山（与大涤山相对）。唐高宗闻其名，于弘道元年（683年）敕令潘在大涤山修建天柱观。吴筠为唐代名道，唐玄宗曾问以道法，使之待诏翰林。后李林甫、杨国忠擅权用事，吴筠知天下将乱，坚求还嵩山，屡请不许。不久，安禄山欲称兵，吴筠又求还茅山，获准。南游至余杭天柱山时，被山中奇异景色所吸引，遂止于其中，逍遥泉石，常与李白等诗人相酬和，后羽化葬于天柱山西麓。间丘方远为唐末五代名道，得道后也遍游名山，而止于余杭大涤洞。钱塘彭城王钱镠笼络高道，曾为方远改建天柱观而居之。唐昭宗屡诏，方远固辞不应，受赐号"妙有大师玄同先生"。曾撰《太平经钞》20卷行于世。郑元章与间丘方远同修道于大涤山，昭宗赐号为"正一大师冲素先生"。

两宋时期，大涤山道教鼎盛。大涤山的第一座宫观——天柱观，在北宋大中祥符五年（1012年）被改称为"洞霄宫"，并得以修葺扩建，同时又赐额新建洞晨观、冲天观等。据道书记载，这时，有20多位高道先后住在洞霄宫，如号称"冯万卷"的冯德之弃家入道后，宋真宗敕住大涤山洞霄宫，修纂《道藏》。

元代，大涤山道教仍不无发展。有名道郎如山、沈多福等居此修道。郎如山曾为提点住持洞霄宫兼管大涤山宫观事，沈多福则为大涤山宫观的修复和扩建作出了很大贡献。这时又新建、扩建了一批殿宇，其中：元清宫，五年才建成，可见其规模之大；白鹿山房，原为唐道士吴筠所筑石室，沈多福将其扩建为道院；清真道院，有屋60余楹。

明清时期，大涤山道教渐趋衰微。其主宫——洞霄宫，在元末时被毁，虽在明洪武时得以重建，但到清乾隆时又已废败不堪。洞霄宫主持贝本恒曾于乾隆十六年（1751年）筹措重建，但同年冬即毁于一场大火，从此告废。大涤山的其他宫观殿宇的命运，与主宫洞霄宫相似。

二　长江流域道教宫观

（一）长江流域宫观一览表

道教宫观是道士和道教信徒隐居修炼、举行宗教仪式活动的场所。宫观常坐落于山水胜处，钟天地之灵秀，见道教之神奇。历史上，长江流域的道教宫观比比皆是，"盈于山薮"。经过千余年的屡建屡废，延至近代，再经兵燹和人为破坏，留存至今者，仅为其中极少的一部分了。而惟其甚少，才弥显珍贵。它不仅为我们今天研究古建筑营造艺术保存了难得的实物材料，而且用无声语言向人们直观形象地回答了"何谓道教"这个问题，起到了展示道教风貌的作用。清中后期长江流域道教宫观分布情况（时全国共有宫观数 737 处），可见下表。

清代长江流域道教宫观地理分布

省名	宫观数	省名	宫观数
江苏	45	湖南	54
安徽	25	四川	59
浙江	26	云南	21
江西	103	贵州	43
湖北	40	合计	416

资料来源：张步天：《中国历史文化地理》，湖南教育出版社 1993 年版，转引自吴必虎等《中国景观史》，上海人民出版社 2004 年版，第 420 页。

如今，在长江流域分布现仍声名显赫的道教宫观有：昆明太和宫和金殿、青城山古常道观、成都青羊宫、梓潼文昌宫、武当山宫观建筑群、武汉长春观、南岳衡山黄庭观、龙虎山天师府、南昌西山万寿宫、铅山葛仙祠、茅山九霄万福宫、苏州玄妙观、杭州抱朴道院、上海城隍庙，等等。除此之外，各地还有一些小规模的宫观，也成为一方胜迹。见下表：

长江流域宫观一览表

云南	昆明太和宫金殿、西山三清阁,巍山长春洞、玄珠观等,腾冲云峰山道观、玄天观等,盈江县青云寺,凤庆县东山宫等,安宁市紫霄道观,保山玉皇阁、三清殿,昭通市大龙洞道观,临沧县三清宫,等等
四川	鹤鸣山迎仙阁、延祥观等道教宫观,青城山常道观、祖师殿等道教宫观,都江堰二王庙、八角庙,成都青羊宫,峨眉山飞来殿,梓潼文昌宫,彭县丹景山天师宫、审魂殿,新津老子庙道观,德阳大王庙,广元灵台山道观,洪雅五斗观,南充老君山道观,汶川黄龙洞,江油高观,西昌泸山道观,三台县台观,射洪金华山道观,蓬溪高峰山道观,等等
重庆	重庆市南岸区老君洞道观、北碚区绍龙观,巫山文峰观,合川二仙观,丰都报恩殿、二仙楼、九蟒殿等
贵州	贵阳东山仙人洞道观,贵阳文昌阁,桐梓虎峰山崇德观
湖北	武汉长春观,武当山紫霄宫、南岩宫等道教宫观,黄陂木兰山道观,麻城五脑山道观,仙桃玄妙观,咸宁太乙观,宜昌石门洞道观,江陵金殿,通山九宫山道观,长阳中武当道观,黄梅关王庙,石首南岳山道观,等等
湖南	湘潭东岳庙等,张家界紫霞观,茶陵南岳宫,长沙岳麓山云麓宫,岳阳吕仙观、大云山玄阳宫,衡阳市东岳庙、衡山南岳大庙、南岳玄都观、三元宫、黄庭观,益阳城隍庙,芷江天后宫,桃源九龙观,等等
江西	赣州玉虚观、三清古观,南昌万寿宫等,九江仙人洞道观,新建万寿宫,铅山葛仙祠,龙虎山天师府、上清宫,三清山三清宫,阁皂山大万寿崇真宫,萍乡纯阳观,等等
安徽	齐云山玄天太素宫、玉虚宫等,涂山禹王宫,涡阳老子庙天静宫,芜湖一天门,凤台茅仙洞,宿松七祖宫,宿县太子庙梁储宫,金寨双河观,寿县帝母宫
浙江	杭州抱朴道院,台州龙翔道观,黄岩太霄宫,温岭道源洞,玉环吕祖殿,天台山桐柏宫,温州紫霄宫、玉泉楼,乐清紫芝观、城隍庙、北斗洞,瓯海潘云观,永嘉天然观,瑞安镇海道院子、平阳南雁仙姑洞、东岳观、三台道院子、玄天道观,苍南瑞云道观、龙隐观、天真观、安龙观、清华池、凤池道观等,洞头紫云道观,金华黄大仙庙,温岭歧峰宫,湖州古梅花观,等等
江苏	句容茅山道院九霄宫,苏州玄妙观、城隍山道院、城隍庙,金坛茅山乾元观,如皋灵威观,宜兴洞灵观,南通城隍庙,常州白龙观,镇江润州道院,泰州观音庵
上海	白云观、城隍庙、钦赐仰殿、圣堂庙、三元宫、朱家角城隍庙、钦公堂(龙王庙)、东岳道观

这些道教宫观不仅是信徒们的朝觐胜地,而且本身就具有极高的旅游观赏价值和美术欣赏价值,具备了宗教文化与旅游资源的双重意义。其中的茅山道院、杭州抱朴道院、龙虎山天师府、武当山太和宫及紫霄宫、武昌长春观、青城山古常道观及祖师殿、成都青羊宫早在 1982 年就被列为道教全国重点宫观,占当时全国重点宫观总数(21 个)的三分之二左右;武当山紫霄宫和金殿、

龙虎山天师府、苏州玄妙观的三清殿等已被列为全国重点文物保护单位；其他的道教宫观基本上都被列为省级重点文物保护单位。

这些道教宫观或掩映在人迹罕至的青山绿水之间，或静卧于隔断尘嚣的闹市高墙内，构成旅游胜地、休憩佳处。而且道教宫观和奇绝秀美的道教名山自然风光往往是珠联璧合，深山藏古观，幽径通殿堂。游客到此一游，不仅能欣赏祖国的大好风光，而且能领略到道教文化的丰富内涵。下面择其声名显赫者着重介绍。

（二）长江上游的道教宫观

1. "鸣凤胜境"——昆明太和宫和金殿

在昆明市东北郊约 7 公里处，有一座鸣凤山（又称鹦鹉山），这里松柏常青，鲜花常开，景色秀丽，太和宫和金殿就坐落其中，这是一座全国著名的道教宫观，享有"鸣凤胜境"的美称。

太和宫和金殿始建于明代。据传，云南巡抚陈用宾崇信道教，一日梦见吕洞宾约他到鸣凤山麓见面。陈按吕的指点骑马而来，但见满山苍郁，气象非凡。来到迎仙桥，见一放羊老人用绳牵一白羊，旁边放着一口锅，锅上另盖着一口小锅，正在煮着热腾腾的山芋，陈毫不在意，继续向前驰去。两锅相迭不是"吕"字吗？绳子拴羊者莫非"紫阳"乎？老人必是吕祖无疑。等陈醒悟过来，转回头看时，老人和羊都已不在。陈懊悔不已，于是命人仿照武当山太和宫和金殿的形制，建造太和宫、吕祖殿、三元宫，在太和宫的外围修建紫禁城，太和宫内用紫铜铸成真武殿，供奉真武大帝，以全真道士居之，侍奉香火。

明末，农民起义蜂起，统治云南的沐氏认为是矗立在鸣凤山的金殿坏了他们的风水，令云南巡抚张凤翔把它们移到大理鸡足山天柱峰去。清康熙十年（1671 年），平西王吴三桂为求真武护佑，请工选匠，投入大量财力、物力，在鸣凤山重铸金殿，这就是今天的金殿。太和宫和金殿几次遭兵火损毁，因修葺及时而得以保持原来风貌。

太和宫外建有三天门，寓意道教三清天。从山脚"吕祖碑"（陈用宾遇吕祖处建有一通高约一丈余的石碑）处登山，跨越72级台阶便达"一天门"，又上36级台阶，到"二天门"，这108级台阶暗喻着通往仙境的路上有满天星斗回护。再拾级而上几百米便抵"三天门"，此时，金碧辉煌、祥云缭绕的太和宫便呈现在眼前。

太和宫由棂星门、金殿、钟楼、雷神殿等组成。穿过棂星门往上，便见在苍松古柏丛中屹立着紫铜铸造的金殿。金殿是太和宫的中心建筑，呈正方形，殿高六七米，宽深各七八米，面阔三间，仿重檐歇山式斗拱梁柱、藻井和外檐等都仿木结构，造型美观。除下层殿基用晶莹洁白的大理石镶砌外，整座金殿和殿内神像、神坛、香炉、经幢、匾额、楹联等，全用紫铜铸成，总重约250吨，是我国最大、最重的铜殿。

铜殿用16根铜柱支撑，四角铜柱上端外为镂空图案，中空，内藏能够旋转的八卦铜球。殿正面有10扇铜门，上有用镂空及浮雕手法刻铸的彩云、金凤、飞龙、星斗等图案。殿外后壁和左右两侧壁上，布满"寿"字浮雕和半圆，象征"万寿无疆"。殿内正中供奉真武大帝坐像，丰姿魁伟，宝相庄严，有金童玉女侍奉左右。持剑肃立两旁的水火二将，形象威武。真武大帝在道教中是镇守北方的大神，云南虽地处边陲，而宫观建筑仿效武当，足见受内地道教影响之深。殿内顶板有八角藻井，以4根坚实铜柱支撑。铜柱上盘绕的4条金龙张牙舞爪，威风无比。

铜殿门外还有一对小铜亭，供奉龟蛇二将。铜殿平台前还竖立着1869年监造的一面日月七星铜旗。旗杆高3丈，旗周边镶28宿，中间有北斗七星，镂空刻"天下太平"四个大字，狼牙形图案封边。旗飘带上刻有"风调雨顺，国泰民安"八字。

钟楼内悬挂着一口明永乐二十一年（1423年）铸造的大铜钟，重达14吨，是昆明现存最大的铜钟。钟声洪亮，能传至40公里以外。

雷神殿现被辟为陈列室，其中珍藏着一把七星宝剑，据说这是真武大帝伏魔制怪的武器。此外，还陈列着一把平西王吴三桂用过的铜制大刀。

道教素有"仁及草木"、"德被群生"的说法，几百年来，宫内道士遍植花卉树木。至今金殿后还保存有一株明代种植的山茶花，粗逾合抱，枝过殿顶，春日，千万朵茶花竞放，艳色弥天，使金殿倍增仙姿。

2. 天师道所——青城山常道观

青城山常道观位于青城山海拔约 1 000 米的混元顶下缓坡平台上，相传东汉末期，创教大师张陵曾在这里修行炼道，是天师道所，习惯上又称天师洞。

隋大业年间（605—617 年），有人在天师洞岩壁内雕刻张天师像，并在此始建道观，名延庆观。唐代遵老子"道可道非常道"之旨，改名为常道观。宋代又名昭庆观，或称黄帝祠。后世沿用常道观之名，别称古常道观。

常道观现存建筑系清初重建，1920—1923 年住持彭椿仙修缮改建，自1980 年来青城山道教协会陆续加以维修。它由青龙殿、灵官殿、三清殿、三皇殿、黄帝祠、天师洞以及连接这些殿宇的楼阁廊庑组成，是一座布局谨严的宏大建筑群，加上山门石级陡峻、洞府幽深，更显雄浑壮观。

常道观的前沿山门名"五洞天门"（因青城山被道教称为第五洞天而得名），入"五洞天门"，沿弯曲小道向前，经翼然亭、集仙桥、"云水山光"小殿，古常道观壮丽的山门便映入眼帘。穿越长长的石梯，即达古常道观的正门。这座山门依山就势，骑跨在高高的陡坎上。山门正上方有"古常道观"四个金字横额。山门两边挂有一副贴金对联："胜地冠两川，放眼岷峨千派绕；大名尊五岳，惊心风雨百灵朝。"山门中间悬一匾额书"第五名山"。山门石台下有青龙殿和白虎殿分列两旁，两殿间小坪里有三株高大的柳杉。

古常道观的正门和灵官殿是一个整体，进入正门就是灵官殿了，内中供奉的王灵官，赤面三日，锯齿獠牙，虬须怒张，身披铠甲，手执单鞭，森严可畏。据《明史·礼志》记载，王灵官本名王善，是宋徽宗时人，曾跟随著名道士林灵素的弟子萨守坚学符法，后来王善得道成仙，天庭封他一个三五火车雷公的头衔，提拔为豁落灵官，从此就成了道教护法监坛、镇守山门之神，同时还负责天上、人间的纠察任务。

穿过威武气派的灵官殿,沿着穿殿而过的一条笔直的石阶向前,即可直达古常道观的主体建筑——三清大殿。三清大殿为重檐歇山顶楼阁式建筑,面积有2600多平方米,殿面宽5间。殿前铺设有9级通廊石阶。前檐排列的6根大石圆柱都立在精雕的怪兽背上。殿前高悬匾联甚多,其中有一联最能体现道教"师万物,法自然"的思想,其文为"一生二,二生三,三生万物;人法天,天法道,道法自然"。三清殿正中还悬有康熙皇帝御书"丹台碧洞"匾额。殿内供奉玉清元始天尊、上清灵宝天尊、太清道德天尊即三清尊神像,彩塑的神像庄严慈祥。长期以来,三清殿就是青城山道教的主要活动场所。每逢朔望,殿内钟鼓齐鸣、香烟缥缈、幡幢掩映,一派肃穆、神圣的气氛,一些善男信女络绎不绝地来此敬香还愿。

黄帝祠在三清大殿后,有石梯可达,殿宇重檐回廊,祠宇宽敞。祠内供奉着轩辕黄帝金身像。正门横额是于右任手书的"古黄帝祠"四个金字。正门两边对联亦为于右任手书:"启草昧而兴有四百兆儿孙飞腾世界,问龙蹻何道是五千年文化翊卫神州。"殿左还有冯玉祥撰写的《轩辕黄帝之碑》。殿右供有药王孙思邈骑虎像,有"六时泉"和"道在养生"两石碑。黄帝祠初建于隋代,是常道观最早的殿宇,为纪念黄帝曾在青城山向仙人宁封子学"龙蹻飞行之道"而建。

黄帝祠左侧有一洞,相传乃张陵修炼之所,亦即天师洞所在。洞内有一石龛,龛内的隋代石刻张陵天师像面有三目,凝视远方。其左手掌向外直伸,掌上刻有天师镇山之宝——"阳平治都功印"方印文。洞外上石梯处还立有第三十代天师张继先的塑像。龙虎山历代天师被选定后,都要到此朝拜。

出黄帝祠后院,有一清代木结构的"龙蹻仙踪坊",在该坊的右边矗立着古常道观的另一座主要殿堂——三皇殿。因供奉石雕伏羲、神农、黄帝三皇造像而得名。这三尊石雕像为开元十一年(723年)雕造,是唐代造像精品。造像各高约1米,伏羲、神农须发卷曲,身穿用树叶缝制的披肩、围裙,伏羲手抱一八卦太极图，神农手握一枝草药。黄帝像则头戴冠冕，身穿帝服，长髯，目光平视，一手扶膝，一手握腰带，坐于石座上，神态端庄，气宇轩昂，俨然一副后世帝王的形象。在三皇殿内，还保存着著名的石刻唐玄宗手诏碑。

青城山树木葱茏青翠，常道观内古树奇木众多。其中有传为张陵手植、现高约50余米的古银杏树，有唐以前植的罕见的歧棕，还有宋以前栽的九株松，平添青城幽境和仙意。

3. 老君传道圣地——成都青羊宫

青羊宫位于四川省成都市通惠门外百花潭北岸。传说这里是太上老君降生、传道的地方。

西汉扬雄作《蜀王本纪》说："老子为关令尹喜著《道德经》，临别曰："子行道千日后，于成都青羊宫肆寻吾。'今为青羊观。"由此产生了这样一个神话传说：尹喜恭送老子西出函谷关后，潜心修道，时隔三年，道行千日之后，如约来到成都，可转来转去就是找不到青羊肆。正在左右徘徊之际，忽然看见一童子牵着一只青羊走过来。原来老子在升天之后，又从太微宫分身，降生到蜀国一户大官李氏之家。在老子降生之前，已命青牛化生为羊，常伴在所生婴儿之旁。尹喜识破天机，跟随牵羊童子到李氏之家去见婴儿，果然不出所料，这个婴儿正是老子的化身，老子为尹喜传道法，受玉册金文，封之为无上真人。① 根据这一神话传说，人们在成都建起了青羊观。

青羊观始建于何时，已难以考证。到了唐代，青羊观的规模已相当大了。唐玄宗幸蜀，还曾将此观作为行宫。那时杜甫在草堂，亲见雨映行宫，即景赋诗《严公雨中垂寄见忆奉答二绝》。中和元年（881年），农民起义军占领长安，唐僖宗仓皇逃往成都，也曾在观中驻跸。据说其间在观内地下掘得宝砖一块，上面刻着古篆文六个字："太上平中和灾。"后来唐僖宗返回长安，感念太

---

① 参见朱耀廷、郭引强《长生久视的仙境——古代仙山道观》，辽宁师范大学出版社1996年版，第127页。

上老君的恩典，上诏将青羊观扩建，敕改名青羊宫。唐乐朋龟《西川青羊宫碑记》说："冈阜崔嵬，楼台显敞，齐东溟圆峤之殿，抗西极化人之宫。牵剑阁之灵威，尽归行在；簇峨眉之秀气，半入都城。烟粘碧坛，风引清馨。"[1] 唐末，青羊宫已成为四川最大的道观了。

明代，青羊宫已屡经修葺扩建，殿宇更加雄伟宏丽。计有青羊、三清、五凤、万寿等殿，紫金、八卦、降生、说法等台，真武、纯阳、三官等堂，以及山门、左右庑、垣墉等建筑。明崇祯（1628—1644 年）末，青羊宫悉毁于兵火。现存殿堂楼阁系清康熙、乾隆、同治、光绪年间先后重建，主要有：灵祖殿、混元殿、八卦亭、三清殿、斗姥殿、皇楼殿、唐王殿、三官殿、降生台、说法台等。

灵祖殿重建于光绪年间，面阔 5 间，分上下两层，下层供关圣帝君、神农、文昌帝君、轩辕黄帝等神像，上层供奉王灵官神像。

混元殿也重建于光绪年间，祀混元道祖。

八卦亭系清同治至光绪年间重建，是青羊宫中颇具特色的建筑，也是现存古建筑中别具风格的亭子之一。它位于混元殿后，是一座十分精巧的石柱木亭，其整体形制和雕刻装饰都体现了道教的传说和玄机。此亭分上下两层，下为四方形，上为八角形，而亭身则呈圆形，突出了我国古代"天圆地方"的传统观点。八根圆柱、八角重檐，皆雕飞龙，大小共 81 条，象征老子八十一化，并雕有六十四卦。亭中供奉一尊老子骑青牛过函谷关的塑像，坐北朝南，牛头向西眺望。八根镂雕的滚龙石圆柱，刻技精湛，是难得的艺术珍品。

过八卦亭往北，就是青羊宫的主殿——三清殿了。三清殿又名无极殿，重建于清康熙八年（1669 年），光绪元年（1875 年）再次重修。面阔、进深 5 间，总面积约 1 600 平方米。内供三清贴金塑像，左右两侧供奉十二金仙塑像（太乙、广成、巨留孙、玉鼎、燃灯、准提、接引、普贤、文殊、慈航、黄龙、

---

[1] 《藏外道书》第 20 册，巴蜀书社 1992 年版，第 532 页。

赤精）。殿后正中还供有太乙救苦天尊像，其左右分别祀有钟离、吕洞宾，而在吕洞宾塑像之左还有一塑像——即康熙年间主持青羊宫、负责重建殿堂的开山真人汪一萃。三清殿的建筑形制法天象地。大殿有 36 根大柱，其中 8 根木柱，28 根石柱。8 根木柱，代表着道教的八大护法大王；28 根石柱，代表着天上的四灵二十八宿。古代以二十八宿代表整个天宇，以二十八宿的运动描摹天象的周行不息。所以整个建筑表现了法天象地思想。

三清殿中的香案前有铜铸青羊两只，最能代表青羊宫的特色。两只青羊各长 90 厘米、高 60 厘米。一只为单角铜羊，造型奇异，融十二生肖特征于一身，即鼠耳、牛身、虎爪、兔背、龙角、蛇尾、马嘴、羊须、猴头、鸡眼，狗肚、猪臀，可谓海内无双。单角羊座下有铭文曰："雍正元年九月十五日自京师移于成都青羊宫，以补老子遗迹。信阳子题。"原来这是清代大学士蜀人张鹏翮于雍正元年（1723 年）从北京古董市场购得，专门赠送给青羊宫的。另一支为双角铜羊，系清道光九年（1829 年）云南工匠所铸造。

斗姥殿建于明代，内中供奉斗姥塑像。殿左右有用土石堆砌的两座高台。一为降生台，台上有太上老母像和老子降生像，寓意老子投胎转世的神话传说；一为说法台，祀太上老君，表现老子传道说法的情景。

皇楼殿是一座两层楼的小殿，上层供奉玉皇大帝塑像，下层供奉真武祖师塑像。唐王殿也称紫金台，是一座三层楼的建筑，内中供有唐王李渊夫妇像及老子骑牛塑像。三官殿内供奉的是三官大帝（天官赐福大帝、地官赦罪大帝、水官解厄大帝），道教认为，只要向三官祷告，就可以祛病消灾，添福增寿。

青羊宫现存殿宇格局仍很壮观，如今成都市道教协会也设在这里。原藏于毗邻的三仙庵中的道教第二大丛书《重刊道藏辑要》13 000 余块经板，新中国成立后悉数移入青羊宫保存。这批经板用梨木双面雕刻，字迹清晰，系清光绪三十二年（1906 年）所刻，是一件极其珍贵的道教文物。

4. 文昌故里——梓潼文昌宫

文昌宫是供奉文昌帝君的庙宇，文昌帝君相传是我国古代掌管读书人功名前程的守护神。因此，全国各地几乎都建有文昌宫或文昌庙加以奉祀。那么何以将四川梓潼七曲山的文昌宫称为文昌故里、文昌帝君的祖庙呢？其中有这么一番缘由。

据《史记·天官书》载，北斗之上有六星，名"文昌宫"，它掌管人间的功名利禄、吉凶祸福。文人学士对它敬奉有加，认为文昌星神能保佑学业精进、诗文佳妙、科举高中。

而在四川梓潼县一带供奉着一位地方保护神——梓潼神，传说梓潼神姓张名亚子，本为晋人，极孝顺母亲，后来成为一名将军，不幸战死，梓潼百姓为之在七曲山立庙祭祀。安史之乱时，唐玄宗逃到四川，据说梓潼神还曾去成都迎驾，玄宗封之为左丞相。后来唐僖宗又避乱逃奔成都，传说又得梓潼神佑助，僖宗加封他为济顺王。至北宋真宗时，相传梓潼神又曾协助朝廷平叛息乱，加封他为"英显武烈王"。由是，四川梓潼神的地位逐渐提高。宋代大兴科举，就连一些士人也前去求他保佑，从蜀中出来赶考功名的读书人路过梓潼庙，都要去烧香求神，据说还颇为灵验。士大夫由此经过，若有风雨相送，将来必至宰相。相传王安石幼年经过此庙时，风雨大作，后来果然成为宰相。凡此"应验"之事，哄传开来，人们便说梓潼神也如文昌神一样能预知士人的科举命运。于是，全国各地纷纷建起了梓潼庙，享受士人的香火。广纳诸神的道教不失时机地将文昌神和梓潼神吸收到自己的神谱中来，造一些经书来宣扬梓潼神的神迹，如宋、元道士就假借梓潼的名义作一文名《清河内传》，其中称梓潼君本是天上星宿，周朝初年降生人间，经 73 代显化，至西晋时为张亚子，至元代时已是 97 次转世，还说玉皇大帝命他掌管文昌府事及人间禄籍。护道的元仁宗加封梓潼神为"辅元开化文昌司禄宏仁帝君"，简称"文昌帝君"。从此，文昌神与梓潼神合二为一了。文昌帝君红极一时，随处可见供奉文昌帝君的文昌宫、文昌庙，香火特旺。人们便将梓潼神老家的梓潼庙当做是文昌帝君的故里，以及各地文昌宫的祖庙了。

梓潼文昌宫，当地又称为大庙，位于梓潼城北 10 公里的七曲山上，山上翠柏苍松，幽静雅致。文昌宫占地 12 万平方米，今存殿堂楼阁 23 座，主要的建筑有元代所建的桂香殿、盘陀殿，明代所建的天尊殿、关圣殿、家庆堂、风洞楼、白特殿、后圣宫，清代所建的文昌殿、大悲楼、百尺楼，等等。这些殿宇依山取势，高低错落，布局有序；元代流派、明清风格，各显雄姿；重檐飞角、鸱吻脊兽，古朴持重。特别是山顶的天尊殿，结构精巧，宏伟壮丽，曾博得我国古建筑学家梁思成的高度评价，认为该殿是研究古代道教建筑艺术的珍贵实物。

梓潼文昌宫有别于其他道教宫观的最突出之处，在于宫中保存了许多巨大的明崇祯元年（1628 年）用生铁铸成的铁铸像。正殿文昌殿中的文昌坐像高约 4.7 米，重约 30 吨，是最大的文昌铁铸像。其余神像高约 2 米，重约万斤。这些神像体态匀称，面形丰满，彩饰金身，工艺精湛，毫无瑕疵，实属罕见。另外桂香殿中还陈列着明弘治十五年（1502 年）所铸的四足铁鼎和南宋淳祐年间（1241—1252 年）所铸的五足铁鼎。这些铁铸神像和铁鼎，为研究古代的冶铁工艺提供了宝贵的实物资料。

（三）长江中游的道教宫观

1. "五里一庵十里宫"——武当山宫观建筑群

"五里一庵十里宫，丹墙翠瓦望玲珑"，这是对武当山宫观的生动描绘。昔日最盛时武当山宫观庙宇达 2000 余间，建筑面积达 160 余万平方米，共 33 个建筑群。这一庞大的建筑群盘踞在方圆八百里武当，特别是长达 70 余公里的古神道沿线上，似巨龙升腾，气势非凡。虽经几百年的沧桑，部分建筑有所毁损，但仍有不少得以保存下来，如今武当山的宫观有金殿、太和、南岩、紫霄、五龙、遇真、玉虚等宫，复真、元和等观，以及磨针井、玄武门等建筑，规模仍很宏大。其中尤以金殿、太和宫、南岩宫、紫霄宫最能代表武当山宫观建筑的特色。

金殿，坐落在海拔 1612 米的武当 72 峰之首天柱峰之巅，又称"金顶"。此殿除花岗石殿基外，全为铜铸鎏金，用插榫、焊接安装而成，精光一片，毫无铸凿的痕迹。面阔、进深均为3间，高5.54米，长4.4米，深3.15米，重达数十万千克，是我国最大的铜铸鎏金大殿。殿顶四坡重檐迭脊，檐角飞举。瓦脊上分立着68个铜铸的龙、凤、鱼、马、狮等珍禽异兽，造型逼真。殿身由12根铜柱支撑，殿基以精雕花岗石砌成，四周饰以华丽的白石花栏杆，益显庄严凝重。殿内神像、案几、供器等一色铜铸鎏金。殿内正中宝座上供奉着真武大帝，披发跣足，着袍衬铠，丰姿凛然。侧侍金童玉女、水火二将。金童拿着文簿，玉女托着宝印，拘谨恭顺；水火二将执旗捧剑，勇猛威严。真武神案下置一蛇绕龟腹、龟蛇翘望的铜像，此乃"龟蛇二将"。道教传说，龟蛇二将是由真武大帝的肚子和肠子变的，经常溜下太和山，骚扰百姓，真武大帝收服他们作了自己的坐骑。殿中藻井上挂着一颗铜铸鎏金宝珠，名"避风球"。天柱峰上大风年年月月、日日夜夜常刮得地动山摇，可奇怪的是，金殿里的神灯总是火苗熊熊，不摇不晃，长明不灭，据说，这都是因为殿内这颗"避风球"，镇住了山风。实际上，殿内神灯不灭，是因工匠在造殿时将所有的缝隙焊得严严实实，仅留一个大门，这样殿内空气不能形成对流。

　　该金殿建于明永乐十四年（1416年）。其实早在元代就有一些虔诚信道者集资在天柱峰顶铸造了一座铜殿，内供真武大帝。只是因为明成祖朱棣下令修武当宫观时，觉得原来的金殿太小，不足以表达他对真武大帝的崇敬之情，遂将原来的小金殿移到了小莲峰，另铸了一座更大的殿取而代之。此后，他又下令围绕金殿修建周长约3里的城墙，名紫禁城或皇城，墙高达数丈，由许多各重达千斤的石块砌成。

　　金殿两旁建有配房，左为签房，右为印房。签房是香客、游人抽签之地，借以占卜吉凶祸福；印房有一方"都天大法主宝"神印，来朝山进香的香客和游人盖上此神印，据说便能消灾延寿，遇难呈祥。金殿之后为父母殿，殿内供奉真武大帝的父母。金殿前，置铜铸"金钟玉磬"楼两座，击之金声玉振，传至数十里之外。

　　由于金殿地高天近，四季气候变化莫测，会出现"神灯长明"、"雷火炼殿"、"天柱晓晴"、"金顶倒影"、"祖师出汗"、"祖师映光"、"海马吐雾"、"平地惊雷"、"陆海奔潮"、"神松迎宾"和"月敲山门"等种种奇观。道教及其信徒为了宣扬真武大帝法力无边，故意将这些奇异现象罩上一层神秘的光环，并说如能有幸观赏到以上奇观，便会诸事顺利。

太和宫，位于天柱峰紫禁城南天门外万丈悬崖之上，包括正殿、朝拜殿、钟鼓楼、铜殿、皇经堂等建筑。这一组瑰丽精巧的琼楼玉宇，依山傍岩，悬于孤峰之上，令登山游客叹为观止。正殿原本供奉着明宪宗御制的金像 2 尊、银质饰金从官像 4 尊，今已不存。现正殿供奉的是真武铜铸坐像，龛上有金童、玉女，龛下有邓伯文、杨戬、赵公明、温天君、马天君、水火二将等侍神天尊泥塑像。殿门左右置有两块铜碑：一为明嘉靖三十一年（1552 年）九月九日皇帝遣工部侍郎陆述致祭所立的碑，一为明嘉靖二十九年（1550 年）敕建苍龙岭三界混真雷坛神像的御碑。正殿殿门横额书"大岳太和宫"，因此正殿即大岳太和殿。太和殿前是朝拜殿，周列石碑。朝拜殿两侧为钟鼓楼，楼中悬挂着一口巨大的饰龙纽铜钟。与太和殿、朝拜殿相对的小莲峰上有一古铜殿，此铜殿就是明永乐帝嫌其小而从天柱峰顶迁移过来的那座，又称辗转殿，俗称转运殿、转身殿。该殿是元大德十一年（1307 年）由本山道士米道兴等向信众募资铸造，是我国现存最早的铜铸建筑，和金殿一起被国家列为重点保护文物。殿内铸有真武大帝、金童玉女和水火二将小铜像，工艺精湛。据说，上山信士、游客环绕铜殿转一圈，便可转运得福。朝拜殿下为皇经堂，清末民初数度募修，是宫中道士藏经诵经之地。堂有三间，额悬"白玉京中"，左悬"道济群生"，右挂"福佑下民"。堂内供奉玉皇大帝、吕祖、普航、斗姆、张天师等神像。皇经堂的廊楣、门窗上有道教故事的浮雕装饰，墙上绘有有趣的道教传说。信士、游人至此，眼观堂内圣像和四壁道教传说，耳听道士诵经奏乐，不禁忘情其中。

南岩是武当山 36 岩中特别险峻幽奇的一岩，上接碧霄，下临绝涧，林木苍翠，峰岭奇峭，道教传为真武得道飞升之圣地。早在唐宋时就有道士在此修炼，元代在此建起了"天乙真庆万寿宫"石殿和两旁房屋，可惜大部已毁于兵火。明永乐十一年（1413 年）重建南岩宫，共 640 间，清末又毁于火。现仅存元代的石殿，明代的南天门、碑亭、两仪殿、元君殿等。其中以元建的"天乙真庆万寿宫"石殿最令人惊叹，它开凿于南岩峭壁上，上依悬岩，下临深壑，远远看去犹如石壁上的一件浮雕，近看，其梁、柱、檩、檐、斗拱、门窗、瓦面都是巨石精心雕琢、拼砌榫卯而成。石殿内供奉着三清、五帝、真武的坐像，形态各异，气韵生动。殿四壁上嵌有铁铸饰金灵官像 500 尊，高各约 20 厘米，道经上说，他们原是净乐王派到武当山寻找太子的 500 名卫士，后来随太子得道成仙，留于武当。殿内左侧，有一组泥塑，一英俊少年，头枕一丈多长的金色盘龙，和衣而卧，这就是"太子卧龙床"，构思奇巧。石殿前有浮雕云龙石梁，悬空伸出岩外约 2.9 米，龙头正对金顶，上置有一小香炉，供虔诚者焚插，故名"龙头香"。过去有不少人因冒险爬上龙背烧龙头香，而坠岩殒命。远在清康熙时，川湖部院蔡毓荣就立碑刻文禁止，并设拦门加锁。至今于此扶栏俯视，仍令人毛骨悚然。

紫霄宫，位于风景秀丽、松柏竹梅交映的展旗峰下。早在北宋宣和年间（1119—1125 年）道士们就在此建道观，后毁于火。元代道士又筹资重建，名"紫霄元圣殿"，又遭毁坏。明永乐十一年（1413 年），即敕建武当山宫观的第二年，建起了紫霄宫，共有殿宇 860 余间，赐名为"太玄紫霄宫"，意为此宫至高极大，位于仙气弥漫的天空。现存者为清末重葺，是武当山现存宫观中规模最大，保存最好的一处，1982 年，被国务院确定为全国重点宫观之一，武当山道教协会设此。

紫霄宫的主建筑有四进，依次为龙虎殿（山门）、十方堂（云水堂）、紫霄殿、父母殿。附属建筑有东宫院、西宫院、道房、客房等。其整体修筑在迭次而升的十层崇台上，抬眼望去，酷似海市蜃楼。进山门就是龙虎殿，殿内奉青龙、白虎泥塑神像，高达丈余，形象威严，履行着守门护道的职责。越数十级台阶入十方堂，堂内祀奉灵官诸神，左右竖立着一对高大的碑亭，称为曰赑屃亭，亭内分立两座石碑，一为明永乐皇帝圣旨碑，一为永乐年间修大岳太和山道宫碑，碑高各 9 米多，重各 90 余吨，即此一端，可见永乐时修建武当山宫观规模之大、规格之高。

穿过十方堂是丹墀，威严肃穆、气吞霄汉的紫霄殿矗立在眼前。紫霄殿是本宫的中心建筑，由上下三层的崇台拱拥，重檐歇山顶建筑，宫殿式仿木结构，面阔和进深都是 5 间，红墙绿瓦，重檐飞角。檐角饰有鳌鱼、金凤、飞龙，殿脊上饰有天马、雄狮、麒麟、仙鱼等珍禽异兽。正脊中央置一宝瓶，宝瓶上龙飞凤舞，马奔兽游。重檐坊上刻有道教故事。殿内金碧辉煌，构思深含玄理。殿正中神龛内供奉着五尊御制铜铸鎏金真武像，其中三尊为真武的老、中、青坐像，一尊为文真武像，一尊为武真武像。神龛双柱上饰有二龙戏珠、双凤朝阳，暗喻真武大帝法力无边，神物龙凤也来攀附。龛内侍神是儒家的圣人周公和传说中的桃花女，龛下侍神为金童玉女以及天罡星岳天君岳飞、赵天君赵公明等神君、神将，也是御制铜铸鎏金。殿中左右两厢神龛内还供奉着不同规格的真武像 28 尊，铜铸重彩，神态各异。这里天天香火不断，游客云集，据说是因为殿中众多的真武神像能保佑善男信女有求必应。殿中神案上还陈列着御制香炉、双耳宝瓶、星灯、大海灯等供器，熠熠生辉。其中有一对"铁树开花"灯，上饰龙凤孔雀，花枝招展，已被有关部门鉴定为国宝。殿中还高挂着四盏珍珠缀成的彩灯，华贵富丽。在大殿内还陈列着一座铜铸武当山模型，明万历四十四年（1616 年）铸造，在高约 1.3 米、直径约 60 厘米的范围内，铸造着金殿、三座天门、古神道等武当建筑，还铸有真武大帝、玉皇大帝、二仙传道、老姆磨针、五龙捧圣、黑虎巡山、梅鹿献芝、狲猴献桃等神仙造型和神话故事，耐人观赏。环视整个大殿，36 根杉木巨柱顶立，喻三十六天罡星愿为真武大帝效劳。

紫霄殿后为父母殿，殿内正中供奉的是真武大帝的父母，即传说中的净乐国王明真大帝和善胜皇后琼真上仙。左右还供奉着观音娘娘、三霄娘娘、送子娘娘等。整个殿堂不仅反映了佛、道、儒三教合流的思想，而且体现了父母的仁爱之情。这里又称为百子堂,是昔日许多信女们前来祈求儿女之地。该殿西耳房内挂有对联一副:"伟人东来气尽紫,樵歌西去云腾霄。"这是贺龙将军题赠武当山道总徐本善的,原来西耳房曾作为贺龙将军 1931 年驻扎武当山时的司令部,徐本善又名徐伟樵,此联巧妙地以"伟樵"二字联头,"紫霄"二字联尾,令见之者叹赏。

武当山其他主要宫观如五龙宫、玉虚宫、复真观、元和观、磨针井、玄岳门的建筑式样和殿内装饰,都有自己鲜明独特的风格。总之,武当山的宫观建筑大多以高度突出真武信仰为主题,游人、香客只要一踏进武当山的大门,便能沉浸在真武崇拜的氛围之中。由于是统一规划、精心施工、一气呵成,因此,整个宫观建筑主题突出,彼此关联,散而不乱,与林泉山涧、沟壑融为一体,妙趣天成,体现了道教尊重自然、崇尚自然的思想。中国建筑史专家认为:"武当山道教建筑一方面以其融全山道宫为一体的宏伟群体布局显示出明成祖钦定工程的规模与气魄;另一方面又以各座宫观依山就势创造各种奇险幽深如入仙府的建筑环境氛围,以达到弘道和修炼的要求,它的总体效果是十分成功的,实为我国宗教建筑中的佳作。"[1] 1994 年,武当山古建筑群被列为世界文化遗产。世界遗产委员会的评价是:"武当山古建筑中的宫阙庙宇集中体现了中国元、明、清三代世俗和宗教建筑的建筑学和艺术成就。古建筑群坐落在沟壑纵横、风景如画的湖北省武当山麓,在明代期间逐渐形成规模,其中的道教建筑可以追溯到公元 7 世纪,这些建筑代表了近千年的中国艺术和建筑的最高水平"。

2. "江楚名区"——武汉长春观

长春观位于湖北省武昌大东门外双峰山南腰,黄鹤楼之东,是我国道教著名十方丛林之一。双峰山原来古松参天,树木繁茂,又名"松岛"。又因长春观层楼飞阁,缥缈若仙境,加之观内神像、神龛、法器等完整齐全,陈设古

---

① 潘谷西:《中国古代建筑史》第 4 卷,中国建筑工业出版社 2001 年版,第 372 页。

雅，使长春观一度享有"江楚名区"的美誉，道子云集，黄冠皈依。

据说老子曾应弟子邀请，到过松岛，因此山上有过老君宫，常有道士云游至此。至元太祖时，全真道龙门派祖师邱处机来老君宫修炼，因邱自号"长春子"，故将该宫改名为"长春观"。长春观经历代道众努力，逐渐发展成"屋宇千间，道友万数，香火辉煌"的著名道教丛林。清咸丰元年（1851 年）毁于战火。十多年后，同治三年（1864 年）全真龙门派第十六代祖师何合春从武当山来到此地，叩募集资，并得到当时官署的捐助，广修大道，重建长春观。此后迭经战乱，屡废屡建。1983 年长春观再次整修。

长春观坐北朝南，由下而上，依山布设，层层递进。殿宇建筑大多为砖木结构，重檐歇山式，宝瓶压脊，重檐舒翼，彩绘雕梁，富丽巍峨。整个建筑群主要由灵官殿、太清殿、七真殿、地步天机、三皇殿、吕祖殿、道藏阁及功德祠等组成。

长春观正面门额上有三个大字"长春观"。一进入山门，便是灵官殿，殿正中神龛之上供奉着镇守山门的护法大神——王灵官，形象凶猛。穿过灵官殿，是一处不大的庭院，院中鲜花盛开，两株银杏挺拔笔直，清幽宜人。庭院北便是太清殿，殿前石阶正中镶嵌着一块"五龙捧圣图"浮雕，雕工精细，体态逼真。殿中供奉着太上老君的金饰塑像，高约 4 米，面露慈祥，微射神光，手执《道德五千言》。他的两大弟子南华真人庄子像、无上真人尹喜像位居两侧。太清殿两壁有大型壁画，左为《老子讲经说法图》和《老子过函谷关图》，右为《老子炼丹图》和《孔子问礼图》。

在太清殿之后是七真殿，这是长春观的主殿，是观内道众每日诵经以及举行重大宗教活动的地方。殿内供奉全真道北七真人像，均为坐像，高约 2 米，他们是龙门派祖师丘处机、随山派祖师刘处玄、南无派祖师谭处端、遇仙派祖师马钰、华山派祖师郝大通、嵛山派祖师王处一、清静派祖师孙不二，都是全真祖师王重阳的弟子。

七真殿的左面是功德祠，祠内墙基镶嵌着 1936 年重刻的天文图碑。碑分三部分:上部正中有"谕旨"二字,蟠龙祥云环绕;中部为天文图,绘有十八星宿座,四角有"长春璇玑"四字,下有天皇宝诰文及序。此碑对研究道教阴阳五行、星象占卜思想有一定的参考价值。

出七真殿,拾级而上,第二蹬石梯正中的红砂石壁上,镌刻"地步天机"四字。第三蹬石阶为一平台,台上就是著名的会仙桥,此处已近双峰山顶了。会仙桥的左边是供奉八仙之一吕洞宾的吕祖殿,而吕祖殿左右两厢列有来成楼、道藏阁等殿。

过会仙桥,便到了长春观的最高处三皇殿,这是一座红墙碧瓦的壮观建筑,殿内供奉的是伏羲、神农、黄帝三皇塑像。伏羲腰围树叶、赤足,手握八卦图;神农身披兽皮、赤足,手执谷穗;黄帝,足登云履,身着锦袍,手持金简。

伫立双峰山巅,远眺喧嚣的现代都市,近看掩映在苍翠之间的长春观,别有一番韵味。

3. 天师世家——龙虎山天师府

龙虎山天师府是历代张天师生活起居之所,位于江西省贵溪县龙虎山上清古镇中央。它是我国江南现存独有的宏大府第型建筑群,其地位,其盛况,可与曲阜孔府相比,素有"南张北孔"之称。

天师府全称"嗣汉天师府",何谓嗣汉?即承嗣汉天师张陵的意思。明太祖继位后,认为天岂有师,遂改授天师"正一嗣教真人"之号,因此嗣汉天师府亦称"大真人府"。

天师府始建于宋徽宗崇宁四年(1105年),元仁宗延祐六年(1319年)重建,明洪武元年(1368年)赐币命天师张正常再次重建,此后明朝先后四次敕修府第,建成了王府式的宏大建筑群,依山带水,气势非凡,雕梁画栋,装饰华丽。整个庭院由头门、二门、三门、前厅、大堂、中堂、后堂、玄坛殿、法箓局、提举署、天师私第、万法宗坛、敕书阁、灵芝园、百花塘、灵泉井以及连接这些建筑的甬道组成。然而,后来迭遭破坏。1990年,江西省政府出资百余万元，重修天师府。修复后的天师府，占地 42000 余平方米，建筑面积达 23 000 余平方米，雄伟壮观，引来四方香客和游人。

天师府的整体建筑布局是以私第"三省堂"为中心，层层叠叠，布置成八卦形，重檐丹楹，既有王府的华贵，又显示出道教宫观的玄秘。"三省堂"处在八卦中的太极位置，据说天师居此便能沟通人神，指挥四象五行。

三省堂是天师府的主体建筑，是天师起居之所，堂门前挂对联一副："南国无双地，西江第一家。"门内影壁上有"鹤鹿蜂猴"彩画，"鹤"意为长寿，"鹿"同"禄"，"蜂猴"暗寓"封侯"，表示这里高贵的门第。

"三省堂"南有"大堂"，原为历代天师实施道政的场所。堂内原置法台、令旗、朱笔、兵器以及御赐半副銮驾，现塑有高 3 米多的祖天师张陵神像。

"三省堂"北为天师内室散步的"灵芝园"。秋日，园内金桂银桂飘香。灵芝园的园门呈八卦形，也称"八卦门"，门顶有两条张牙舞爪的银龙浮在云海中戏珠，墙面上有"鹤鹿祥瑞"的浮雕装饰。门的左右有楹联一副："八卦涵宇宙，双龙卫乾坤。"

"三省堂"西边，有一规模不小的道院，名"万法宗坛"，是天师们祭祖和祀神之所，此名表达了万神聚集于此、道教各派法坛归宗于此的双重含义。院中有三清殿、灵官殿、玄坛殿。正殿三清殿供奉着道教的最高神三清四御，左右并奉天、地、水三官和三张（第一代张陵、第三十代张继先、第四十三代张宇初）塑像，殿内高悬"宗传"、"万法宗坛"匾额。灵官殿为东配殿，供奉护法王灵官，玄坛殿是西配殿，供奉财神赵公元神。

三省堂东部有"留侯家庙"，供奉历代天师神主，今已不存。

还值得一提的是天师府的府门，位于三省堂前，高 7 米，三开六扇，气宇轩昂。"道尊"和"德贵"两石坊分列两旁。门前一对汉白玉麒麟，威风凛凛。门上悬"嗣汉天师府"的直额，两旁柱上挂有一副笔力雄健的抱柱联，曰："麒麟殿上神仙客，龙虎山中宰相家。"六扇大门上还绘有六尊一人多高的咄咄逼人的门将，他们是古代小说《说唐》中的名将：秦琼、尉迟恭、杨林、罗成、程咬金、单雄信。民间画门神于门上,一般是两个,或为神人神荼、郁垒,或为唐将秦琼、尉迟恭,而天师府竟一下子搬来 6 位挡门神,其非凡气势由此可见。

此外,天师府内还珍藏着清光绪十六年(1890 年)重修的《留侯天师世家宗谱》和历代天师传承之物——天师印剑。原龙虎山上清宫中 9999 斤的大铜钟也存于天师府中,钟顶为龙纽,钟上铸有经文和记载当时情况的铭文,并饰以云花条纹,工艺精致,为我国著名古钟之一。天师府中所存元代赵孟頫手书的《敕赐太宗师张公碑》,不仅是龙虎山的道教文物珍品,也是书法精品。

4.“忠孝神仙”宅——南昌西山万寿宫

在江西省南昌市西南 30 公里的西山南麓逍遥山上,有一座奉祀东晋旌阳县令、著名道教大师、净明道祖师许逊的道教建筑群——西山万寿宫。它始建于晋,兴盛于宋,重建于清。

在许逊逝世的第二年,即东晋太元元年(376 年),乡邻族人感激许逊的恩泽,特在他的故宅上,建起一座许仙祠。南朝时,因许逊曾以五色帷施黄堂谌母祠,遂改名为“游帷观”。隋代,游帷观不慎被毁于火。唐代重建,高宗赐“游帷观”匾额和幢幡香烛等物,玄宗赐金帛宝物,但当时游帷观规模并不大。时至宋朝,道教昌盛,游帷观的地位急剧上升。大中祥符三年(1010 年),真宗敕建游帷观,并升“观”为“宫”,赐额“玉隆宫”。“玉隆”二字,系取自道教的《灵宝无量度人经》中的“玉隆腾胜”。宋徽宗令仿照西京(今洛阳)崇福宫式样,重修玉隆宫,包括高明殿、三清殿、老祖殿、谌母殿、兰公殿、玄帝殿等六大殿,玉皇阁、紫微阁、三官阁、敕书阁、玉册阁、冲升阁等六大阁,还有十二小殿、七楼、三廊、十七门、三十六堂等,其规模之大,“埒于王者之居”,成为中国最大的道教圣地之一。宋徽宗御题“玉隆万寿宫”,此名沿用至今。不过,清代以后人们习惯上简称它为“西山万寿宫”。

元、明、清时期,西山万寿宫屡废屡建。抗战时期又遭日寇洗劫,至新中国成立时已损毁得十分严重。新中国成立后,人民政府曾于 1950 年、1952

年、1959 年相继拨款进行维修。特别是 1984 年，县政府专门成立领导小组主持维修，现已有高明殿、谌母殿、三清殿、三官殿、关帝殿，另外还有四门、一亭、一阁等，陆续修复，规模不小，仍是目前江西省著名大道观。

西山万寿宫的整体布局，分左、中、右三路：左路以高明殿为主，中路以关帝殿、三清殿为主，右路以三官殿为主。其中高明殿作为万寿宫的主体建筑，供奉着许逊，该殿因传说许逊升天后被玉皇大帝封为高明大使而得名。门楼上题有"忠孝神仙"四字，这也是人们将南昌西山万寿宫称为"忠孝神仙"宅的来源。高明殿位于高而宽敞的月台之上，宽 5 间，深 3 间，重檐彩色琉璃瓦，不乏堂皇气象。殿内正中神殿上许逊像抱笏端坐，脑后有八卦头光，左右有金童玉女侍奉。神案两侧还分立有许逊的师兄弟吴猛和郭璞的高大立像。东西两壁排列有十二真人坐像，据说他们都是许逊在治水时收的 12 个徒弟，悉被宋真宗封为真人。殿后壁还镶有两幅大型瓷砖画，一是《许逊归隐生涯图》，一是《许逊持剑斩蛟图》。殿柱漆红描金，更增添了庄严气氛。殿前有两株古柏，直刺苍天。其中一株名剑柏，传为许逊手植。

每年农历八月初一，传为许逊升仙的日子，四面八方的善男信女熏沐斋戒，前往万寿宫朝拜。从农历八月至十月，是万寿宫的"朝拜日"，其间，通往西山万寿宫的道路上男女香客摩肩接踵。农历八月十五以后，盛况更为空前。邻近各县的乡民自发组织"万寿敬香会"，纷纷涌向西山万寿宫，在许逊的塑像前进香祈拜。宫前车水马龙，宫内香烟氤氲。仙乐人云，爆竹喧天。每逢这时，还有地方各种文艺演出以及龙灯会等，人山人海，热闹非凡。此俗相沿 1600 多年，竟形成了一种别有风味的朝山民间民俗文化。

其实，祀奉许逊的万寿宫并不只南昌西山一处，宋代以来，不仅在江西境内有几十座之多，在大江南北其他地方也有。据今人章文焕教授调查：明清以来，东往安徽、江苏、浙江，西至湖南、湖北、贵州、四川、云南，南至广东、广西、福建、台湾、海南，北到河南、河北、山东、北京、天津，西北远至陕西、甘肃，全国几十个省市都有祀奉许逊的宫观，形成了一个遍布全国大半的万寿宫网。① 这表明许逊得到大江南北许多地方民众的信仰。但在这众多的万寿宫中，南昌西山的万寿宫是祀奉许逊的祖庭。

（四）长江下游的道教宫观

1."神龙所都"——茅山九霄万福宫

在江苏省句容县茅山主峰大茅峰的峰巅，屹立着一座气势宏伟的宫观——茅山九霄万福宫，简称九霄宫。因其立于茅山最高处，又称顶宫。原名"圣佑观"，明万历年间改为今名。因宫中有一清水池名"豢龙池"，大旱不涸，大雨不溢，池中似有小黑龙游动，因此该宫所在地传为"神龙所都"。

据《茅山志》说，茅山真君仙去后，当地群众不仅将句曲山更名为茅山，而且在大茅君茅盈隐居的大茅峰上立石屋祭祀。齐梁间将石屋改造成殿宇，后来经过断续的增修扩建，至清代建起了5座殿堂（太元、高真、二圣、灵官、龙王），6座道院（毓祥、绕秀、怡云、种壁、礼真、仪鹄），以及左右两侧的道舍、客堂等建筑100余间，气势恢弘。近一个半世纪来，先后经历太平天国、抗日战争和十年"文革"的摧残，九霄宫的宫观建筑和道教文物遭严重破坏，所剩无几。

1982年，九霄宫被公布为全国重点宫观后，得以逐渐修复，现已基本恢复了旧时宫观的规模，各殿神像全部彩塑一新。

九霄万福宫坐北朝南，依山借势，分四重院落，层层而上。第一重是灵官殿，殿门上方镶嵌有"敕赐九霄万福宫"石刻字样，殿门左右墙壁上分别书有"道炁长存"和"万寿无疆"。殿内供奉道教护法神王灵官，高4米多，分别左右的四方之神青龙、白虎、朱雀、玄武手持刀戟，气势逼人。出灵官殿后门，拾级而上为第二重道院——藏经楼，东为宝藏库，西为坎离宫，那大旱不涸的豢龙池就位于坎离宫的西侧。藏经楼北有一小片广场，东侧建有迎旭道院、白云道院、养真仙馆，西侧是仪鹄道院、道士灶房和斋堂。穿过广场，北越14

---

① 章文焕：《万寿宫》，华夏出版社2004年版，第145页。

级石阶，进入第三重太元宝殿，这是九霄宫的主体建筑，为该宫道士早晚诵经和日常举行各种道教活动之所，殿内宽敞开阔，宫灯高悬。殿中神案上供有三茅真君端坐的神像，大哥茅盈居中，怀抱如意，兄弟茅固、茅衷手持玉圭，拱坐两侧。殿内四周还有马善、温良、赵公明、岳飞四大元帅和四值功曹等神像陪奉。三茅真君神像供案的背面雕刻有一幅反映道教理想境界的图画，仙岛琼阁、32尊天神地祇飘浮于白云之上，虾兵蟹将遨游在碧波之中，瑞气耀人。左右两侧殿壁之间分别镶嵌着45个石刻茅山各神仙与历代仙真的牌位，是研究茅山道教历史的珍贵资料。第四重主要建筑为飞升台和二圣殿。出太元宝殿后门，即见平地之上筑一高约2米的石台，此乃飞升台，传为大茅君骑鹤飞升之处。台以青石砌成，四周以雕刻精美的汉白玉石栏围护，台上立有"三天门"石坊一座，意为此处是茅山极顶，高入玄天。现九霄宫道士在此拜符升表，因此又名升表台。飞升台之后是二圣殿，内中供奉着三茅君的父母双亲贴金塑像。两扇殿门上合绘一幅巨型黑白太极图，门合则阴阳相抱成太极图，门开则阴阳分离。二圣殿的东侧建有道舍和客厅，西侧有怡云楼，楼内陈列室中珍藏着著名的"茅山四宝"。

过去曾有"顶宫一炉香，印宫一颗印"之说。凡到茅山敬香者，都得上顶宫烧香，也许是因为顶宫最高，香烟能上腾九霄吧。如今随着茅山宫观的修复和道教活动的开展，停止了多年的茅山香期庙会又重新活跃起来。九霄宫作为香会的中心，更是香客、游人云集，香烟袅袅，烛火煌煌，幢幡帷幕掩映，热闹非凡。香客到顶宫烧香以表自己的虔诚，寻幽访胜的游人也因见如此壮观肃穆的场面而引以为快。

2. 千年道教圣地——铅山葛仙祠

上文已说过，江西樟树市的阁皂山是道教灵宝派的祖山，灵宝派祖师葛玄在此山道成飞升。而同在江西省的铅山县有一座葛仙山，原名云岗山，只因葛玄在此道成升天而改名。孰真孰假已不重要，重要的是当地的道教文化遗产。雄踞葛仙山山顶上的葛仙祠充满了种种有关葛玄的神异传说，是肃穆庄严的宗教活动基地。

葛仙山主峰突兀，有云岗山、香炉山等环峙。传说葛玄得道后择环境幽雅的香炉山，炼九转金丹。见香炉山对面的云岗山上盘踞的九条孽龙残害生灵，便立志舍弃自身修炼，除掉恶龙，他从香炉山一脚跨到云岗山上，集天地百石，汲日月精华，经七七四十九天铸成一柄闪烁七色的"七星宝剑"。为试剑锋，挥剑劈石，石分两半，九龙见状俯首乞饶，自卧山中。葛玄遂于云岗山顶隐居修道，采药治病，济世救人。一猎人千里迢迢来到云岗山拜访葛玄，见葛玄衣破雨淋，心生怜惜，卖了猎物为葛玄建了一间屋。后乡人感其恩德，将屋改造成祠庙，并将葛玄肉身，装金供奉祠内，尊为"葛仙翁"。这就是有关葛仙祠来历的神异传说。

葛仙祠始建于北宋元祐七年（1092 年），距今已近千年。南宋绍兴淳熙年间（1131—1189 年）扩建，元至正（1341—1368 年）中期又重构更新。清嘉庆二年（1797 年）、民国二十年（1931 年）、民国二十八年（1939 年）三次毁于火，三次再度重修。"文革"期间，葛仙祠也没能逃脱劫难，被毁严重。中共十一届三中全会后，殿宇得以修复。

现在的葛仙祠依山而建，层层递进，颇具规模，主要由葛仙殿、老君殿、送子观音殿、三官殿、灵官殿、地母殿、玉皇楼等殿宇组成，属全真派道观。一些著名的全真道士，如王重阳、邱长春、张三丰等，都曾来此访道参玄。

葛仙祠的主殿是葛仙殿，前后三进，宏制巧构，朱漆描金，琉璃瓦上卧有九条蛟龙，殿梁上雕有九龙仰香炉图案。殿正中神龛上供奉着葛仙翁坐、行神像各一尊。神像身着金丝蟒袍，头戴翅搭肩宰相帽。葛仙翁神像身着宰相衣冠，世间道观少见，这是葛仙殿的独特之处。相传明代宰相夏言年轻时慕名上山朝拜，抽得一签："巍巍独步向云间，玉殿千官第一班。"解曰："人间独步，名登甲第。"嘉靖十五年（1536 年），夏言果然位至宰相。同年即上山还愿，晚宿庙间，梦与葛玄谈玄论道，不敌葛玄。葛玄曰："汝之宰相应让与吾。"夏言羞惭，"竟许相位"。次日晨，夏言醒后，梦中之事历历在目。为不失信，当即脱下宰相冠服献于葛玄穿上，葛仙翁从此就身着宰相衣冠了。

葛仙祠蜚声皖、浙、闽、赣三十余县市，有时还有远自上海、福州、台湾、香港等地的香客慕名而至。尤其在每年农历六月初一"开山门"后的四个月庙会期间，游人香客更是川流不息，有的甚至是倾村结队，串街联户"出会"，他们手执会旗、銮驾，伴以乐队，锣鼓、鞭炮、神铳震天，浩浩荡荡奔赴葛仙山。每年农历八月二十是葛仙祠香火鼎盛时期，相传这天是葛仙翁诞辰，朝山的人可达上万人次。其时日夜人流塞道，鞭炮通宵不息，善男信女进殿焚香点烛，长跪于葛仙翁神像下。有的甚至通夜不眠，在殿内候至天明。

名山焕彩，胜迹重光。千年道教圣地——葛仙祠正以其神异的传说、古老的殿宇、旖旎的风光、宜人的气候，吸引着越来越多的朝拜者和观光客。

3. 地上天堂——苏州玄妙观

人们常说："上有天堂，下有苏杭。"位于苏州市中心观前街的玄妙观，以其历史悠久、规模宏伟的殿宇建筑，玄妙神秘、精美生动的雕绘艺术，别具特色、久负盛名的斋醮音乐，桃红柳绿、清新雅致的宫观环境，享有"地上天堂"的美誉。

据《苏州府志》记载，苏州玄妙观始建于西晋咸宁二年（276年），名"真庆道院"，距今已1700余年。东晋太宁二年（324年），明帝敕令重修道院，改名为"上真道院"。唐开元二年（714年），玄宗赐内帑扩建道院，改名为"开元宫"。这时开元宫的规模虽不算很大，但香火很盛。然而，唐末藩镇割据，孙儒攻陷苏州，开元宫建筑大多毁于兵火。北宋初期，得以重建和扩建，改称"太乙宫"。宋真宗大中祥符年间，改名为"天庆观"，并增建了许多殿宇，招天下画师，绘成《三天天宫胜景》巨幅壁画，颁敕"金字牌"永镇观内。至宋徽宗时，天庆观已成为江南道观之冠。元成宗元贞元年（295年），诏改"天庆观"为"玄妙观"。明洪武年间玄妙观被辟为道教正一派的丛林，更名为"正一丛林"。玄妙观道士均为出家道士，这与其他正一道宫观既有出家道士、又有在家道士有所不同。明嘉靖十六年（1537年），复修玄妙观。清康熙年间，再次大扩建，耗银 4 万两，历时 3 年乃成，为避康熙皇帝玄烨之讳，改名为"圆妙观"。[①] 太平天国时期，圆妙观再次毁于兵燹，但不少建筑得以保存下来，仍不失为我国江南的著名道观。辛亥革命以后，复称"玄妙观"。

康熙年间，圆妙观盛极一时，有殿宇 30 余座[②]。其布局分中、东、西、北四路：中路建筑有正山门、三清殿、弥罗宝阁，东路由元坛（玄坛）、神州殿、阳宫、天医殿、真官殿、天后殿、文昌殿、神师殿、斗姆阁、火神殿、三茅殿、机房殿、关帝殿、东岳殿、痘司殿等 14 座配殿组成，西路由雷祖殿、寿星殿（长生殿）、观音殿、三官殿、灶君殿、八仙殿、水府殿等组成，北路由蓑衣真人殿、肝胃殿、刘公祠及方丈殿等组成。另外，观内还有四角亭、二角亭、水火亭、六角亭、行宫等建筑。在正山门南，跨过观前街还有一座玄妙观的附属殿宇——传奏司。新中国成立后，经维修、复建，现存的主要建筑有 10 多座，其中较完整的殿宇有正山门、三清殿、雷尊殿、斗姆殿等。

正山门为歇山重檐式，门内匾额上题有"玄妙观"三个端庄雄劲的大字。正山门东西两旁是八字形黄照墙，分别开有"吉祥"、"如意"二门。山门后壁镶嵌有一块石碑，上刻元代牟献撰文、赵孟頫书写的《玄妙观重修三门记》，不过此碑是近年根据拓本重刻上去的。

三清殿是玄妙观主殿，正面 9 开间，进深 6 间，是目前苏南一带留存的最宏伟、最古老的木结构宫殿式建筑，重檐歇山顶，翘角脊瓦，屋面盖黑色简瓦。殿下筑有高而宽的月台，台上有浮雕人物、飞禽走兽的石刻栏板，其中还有宋代遗作。殿内屋顶有雄健别致的柱斗拱，这种由斗形木块和方形肘木纵横交错地层叠构成的斗拱建筑形式，在国内罕见。三清殿的斗拱既有实用价值，又有装饰效果。殿内高峻宽敞，在 30 根八角形石柱上凿有天尊圣号 180 个。

---

① 参见卿希泰《中国道教》第 4 卷，东方出版中心 1994 年版，第 239 页。
② 同上书，第 240 页。

加上弥罗宝阁中的 30 根八角形石柱凿 180 个天尊圣号，两处合计共 360 个天尊圣号，象征一年 360 天。专家们认为："三清殿是我国道教殿堂中最为宏伟，最为古老的建筑，在古代建筑史上占有重要地位。"①

三清殿内正中是个制作精致的万年台。台上供奉着宋代雕塑的元始天尊、灵宝天尊、道德天尊三清神像，各高 2 丈左右，神态庄重和蔼，垂眸微笑，形貌典雅，衣褶自然。三清神像周围，还供有玉皇大帝、十二天将、六十花甲星宿塑像，造型、神态各异。三清殿中济济一堂的神像，堪称宋代塑像中的精品。

三清殿中还保存有许多文物。大殿檐前高悬的"妙一统元"四字横匾，乃清初太傅金之俊所书。大殿内高悬的"太初阐教"四字横匾，是乾隆皇帝御赐。而那块镶在西墙上的老子画像石碑，更是传世一千数百年的稀有文物。碑上有唐画圣吴道子所绘的老子像，貌极苍古；有唐玄宗为此像作的御赞，由颜真卿手书，宋代张允迪摹刻复制。此碑是我国绘画、书法和雕刻艺术的精品，是重要文物，被誉为"奇踪异状"。

三清殿外东旁还立有一无字碑，碑上原有明初方孝孺所撰的碑文，记洪武四年（1371 年）玄妙观被辟为正一丛林，所属香火田等资产悉充为军饷一事。后来方孝孺因忠于建文帝，被明成祖诛杀十族，碑文亦被铲除，后人遂称无字碑。

另外，玄妙观的道教音乐也值得欣赏。其清纯、低沉、缓慢、刚柔适度的道乐风格，闻名遐迩。一方面，它内涵宫廷音乐成分，这是由于南唐、南宋时期，大量的宫廷音乐流散于民间，被苏州道乐吸收融合；另一方面，它又吸收了昆曲、江南丝竹、吴腔、小调等民间音乐素材；此外，它还受江西龙虎山天师道音乐影响。清代玄妙观著名道士曹希圣集苏州道乐而成的《钧天妙乐》、《古韵成规》、《霓裳雅韵》专辑，已成为研究中国古典乐曲的重要

---

① 杨永生：《中外名建筑鉴赏》，同济大学出版社 1997 年版，第 177 页。

资料。因此苏州玄妙观道乐不仅仅是宗教仪典性质的音乐,而且是宝贵的民族遗产。

4.“玛瑙山居”——葛岭抱朴道院

抱朴道院位于秀丽的浙江西湖北岸、宝石山以西、海拔166米的葛岭上。相传东晋葛洪不惑之年,辞了官职,别了家小,南游至临安(今杭州)时,但见宝石山西部的山岭,林木葱郁,满山都是闪闪发光的碧石,西湖全景犹如天开图画,尽收眼底,就此看中了这岭的灵异和幽静,认为是修身养性、炼丹采药的理想之地。于是结庵隐居。葛洪在此山隐居期间,除修行、炼丹之外,平时不是行医,就是开山通路,以利行人往来,为当地百姓做了许多的好事。人们感激他,把他住过的山岭称为葛岭,在他结庐炼丹处建观奉祀,因葛洪自号“抱朴子”,后人就以他的道号称建于葛岭上的道观为“抱朴道院”。

根据《重修葛仙庵碑记》,抱朴道院在唐初就建有葛仙祠、初阳台石亭等楼阁,祠的匾额题为“初阳山房”,惜元代毁于兵燹。明代再次修建,改名为“玛瑙山居”。抱朴道院现存主要建筑,都是明清时所建的。

从西湖北面上岸入抱朴道院,须经一“灵官亭”。此亭独特之处在于王灵官高居亭梁之上,大概西湖的千顷碧波、白堤的桃红柳绿也感动了这位神仙,使他也想站得高、看得远吧!过灵官亭,拾级而上,不远便到了抱朴道院,但见山门上写有“葛岭”两个大字,门旁一座随山势跌宕起伏的粉墙,宛如一条恣意遨游的黄龙,又称“龙墙”,为院中一大胜景。

抱朴道院由葛仙殿、红梅阁、抱朴庐、半闲堂等主要殿宇组成。其中葛仙殿是道院的正殿,为重檐歇山式木结构的楼阁,内供奉有葛洪、吕洞宾、慈航真人等神像。葛仙殿东侧的半闲堂、红梅阁、抱朴庐,也为重檐歇山式,是典型的江南庭院式建筑。

另外,抱朴道院内还有几处与葛洪生平有关的胜迹,它们是《葛仙庵碑》、炼丹井、炼丹台、初阳台等。《葛仙庵碑》立于明万历四十年(1612年),碑文由刑部尚书姚沈应所撰，凤阳府知府王国桢篆书。碑文记述了葛洪一生的经历以及历代修建这座道院的经过和有关的祀典情况，是研究这座道院的重要资料，被列为道院中的珍贵文物。初阳台地处葛岭山顶部，为一石砌台阁。旭日初升，登台远眺，霞光万道，此景被列为钱塘十景之一，其名曰"葛岭朝暾"。在每年农历十月初一，在此台上还有可能看到太阳、月亮同时高挂天际，即"日月合璧"的奇观。相传葛洪就在初阳台下安炉炼丹，因此炼丹台遗迹就在初阳台之下。炼丹台旁有一口久旱不涸的水井，这就是炼丹井，又名龙井、葛井。据说此井的水流于石上，其色如丹。

如今抱朴道院作为全国道教的重点宫观，杭州市道教协会所在地，其文物古迹得到了不同程度的维修和保护，传统的道教活动也逐渐得以恢复。

5. 闹市中的琼楼玉宇——上海白云观

上海，是中国最大的综合性现代化工商业城市。可就在它的闹市中，有一处远离尘世的琼楼玉宇，它就是立于老西门西林后路的全真道丛林——上海白云观。

清同治十三年（1874年），杭州显真观的全真派道士王明真来到上海，在北门外新桥朝阳楼（今浙江路北海路一带）创建了近代上海的第一座全真道观"雷祖殿"。到光绪八年（1882年），由于马路扩修，令雷祖殿拆迁，这时的雷祖殿由全真道士徐至成主持。徐是一位很有作为的道长，四处活动，募资买下了白云观现址，重建雷祖殿。此后，又相继增建了斗姆殿、客堂、斋堂等殿宇，宫观规模大为改观。光绪十四年（1888年），徐至成进京，得到清廷和北京白云观的大力支持。北京白云观将明版《正统道藏》8000余卷赠予上海雷祖殿，作为"留镇山门"的宝物。从此，雷祖殿改名为"海上白云观"，简称白云观（习惯上称"上海白云观"）。海上白云观袭用北京白云观的规诫，徐至成是第一任监院。当时，增建了玉皇阁、藏经阁和东西两厅。经过徐至成多年苦心经营，海上白云观终于发展成为我国东南地区很有影响的全真派十方丛林之一。光绪十六年（1890年），徐至成"羽化"。此后,由于道众的努力,上海绅商的资助,海上白云观的规模得以继续扩大。光绪十九年(1893年),上海商会会长陈润夫等人发起捐资,又扩建了三清殿、吕祖殿、丘祖殿,使海上白云观发展成为占地14亩以上、上海规模最大的道观。此后,渐趋衰落。近年来,经过修缮,已基本恢复了原貌,观内道教活动也恢复正常。

上海白云观由前殿和后殿组成。前殿又分东、西、中三路,东路为客堂、丘祖殿,西路有斋堂、斗姆殿等,中路有雷祖殿和藏经阁。后殿分南、中、北前后三进殿,南殿为甲子殿,中殿为三清大殿,北殿为四御殿。观内还有救苦殿、玉皇阁、钟鼓亭、吕祖殿等。因此,复修后的上海白云观仍是一座气势宏伟的道教宫观。

上海白云观的建筑样式和供奉神像,与其他道教宫观基本相同。三清大殿是主殿,其独特之处在于:内中供奉有明代铸造的7尊镏金铜像,高1.7米左右,工艺高超。其中,5尊是天将站像,另2尊是张天师站像和许天师站像。光绪二十年(1894年),上海海关查获了一批海上走私之物,其中就有这7尊镏金铜像,当时上海的商会会长兼任海上白云观护法的陈润夫认为,这7尊铜像理应由道观保管,应无条件地交给海上白云观供奉。海上白云观把这些幸免于沦落异国他乡的神像供奉在正殿——三清大殿内,享受人间烟火。有了这番传奇,自然得对这7尊镏金铜像另眼相看了。

此外,上海白云观道乐也令人驻足,曲调优美舒缓丰满优雅,与苏州玄妙观道乐、江西龙虎山天师道乐、江苏茅山道乐一样,是我国主要的道观音乐之一。它汲取了江南——特别是上海一带的民间音乐素材,同时受龙虎山道乐和茅山道乐的影响,形成了容易被当地百姓接受的颇具地方特色的江南道乐。

6. 名园胜境——上海城隍庙

上海城隍庙位于上海市区南面旧校场路一带,由城隍庙殿宇、商场庙市和园林等几个部分组成,迄今是上海唯一集宗教、园林、商场为一体的文化景观。

早在宋代，上海就有城隍庙，名为华亭城隍行殿。现在的城隍庙是明永乐年间（1403—1424 年）建立的，不过当时规模较小。后来屡经扩建和修复，至明末已具相当规模。清康熙四十九年（1710 年），当地乡绅醵资构建，凿池造亭，堆叠山石，修成东园（又称内园），归入城隍庙，使城隍庙庙基扩大到12 亩有余。乾隆中叶，明尚书潘恩之子潘允端所建的豫园，因潘家衰落而荒芜，急于求售，一些豪绅富商以廉价购得，整修成一座有典型江南风格的园林，归入城隍庙作为西园，使城隍庙面积达到 36 亩之多。据资料记载，在乾隆至同治时，上海城隍庙殿宇规模极盛，包括大殿、中殿、寝宫、星宿殿、阎王殿、财神殿、文昌殿、许真君殿、玉清宫、弥罗阁、鄂王庙、刘猛将庙、群忠祠、李公祠、仁孝祠、罗神殿、花神祠、鲁班阁和四司（新江司、长人司、高昌司和财帛司）。在中殿石门内，供奉着上海城隍神秦裕伯，据说秦裕伯拒奉明太祖朱元璋召请，秦死后，明太祖说：“生不为我臣，死当卫吾土。”敕封他为守护上海城池的上海城隍神。城隍秦裕伯在上海市民生活中有相当的影响，在广大道教徒心目中有崇高的地位。几百年来，每逢年节，前来焚香祭祀的善男信女有普通的百姓，也有地方官吏。清代，每年的清明节、中元节、十月朝（农历十月初一）这三个日期，上海城隍庙都要举行出巡，称为“三巡会”，恭请城隍神出巡赈济厉鬼，以使厉鬼不作祟于人间。清末，“三巡会”终止，但城隍庙香火仍旺。

鸦片战争时，侵略军攻陷上海，将城隍庙内部设施抢劫破坏一空。第二次鸦片战争时，英法军队占驻城隍庙，大肆破坏。由于城隍神在民众中的崇高地位，所以毁坏后不久就得到修复，而且将余地出租，造屋设铺，使游人日多，商贸日盛，为今日城隍庙集商业、游览、园林和宗教为一体的文化景观奠定了基础。1924 年，因管理不善，城隍庙遭火灾，大殿等建筑受到很大损失。1926 年，邑庙董事会协同上海滩的黄金荣、杜月笙、张啸林等头面人物捐资重建，建成全部是钢骨水泥的仿古大殿。现在的城隍庙大殿，就是那时的仿古建筑。

　　特别值得一提的是上海城隍庙的庙市,它是上海的一大特色。上海城隍庙的庙市是随着近代上海经济的繁荣而逐步形成的,这里鳞次栉比的店铺,五光十色、无所不有的商品,顾客人群终日摩肩接踵。虽然如今人们对城隍的迷信已大半破灭,城隍庙的神像和殿宇只能作为历史遗迹保存,以供人们游览,但是,城隍庙的庙市所起的历史作用是显而易见的。现在,经过整顿后的庙市,既保留了传统的道教特色,又展现了时代新貌,盛况不减当年。

第六章　文化线路视阈下长江流域道教文化遗产(三):无形遗产资源要素分析

　　根据《文化线路宪章》中识别线路的"特定指标"要求——"线路沿线(或在给定地点)的具有共同起源的文化现象,包括习惯、传统、风俗,以及宗教的、礼仪的、语言的、节日的、烹饪的、或者相似特性的共同应用;在音乐、文学、建筑、艺术品、手工制品、科学进步、技术和科技等方面的相互影响",可将文化线路无形遗产元素分为五个类别:语言、饮食、穿着等传统习惯与风俗;宗教、礼仪、节庆等仪式性活动;音乐、文学、美术等艺术形式;传统耕作与手工技术与工艺、工业科技;建筑风格与形式、城镇空间结构特征①。又根据《文化线路宪章》"文化线路的定义要素"一节中的"内容"部分对基本衍生要素的解释——"任何无形要素必须是赋予不同的文化线路组成要素意义和内涵"——可知,这些"见证了线路沿线相关人群间的交流和对话过程的无形遗产要素"是附着在有形要素之中的。

　　据此,对应长江流域道教文化有形遗产,可以将其无形遗产要素归纳为:长江流域道教文化与民俗、长江流域道教文化与民间节庆、长江流域道教文

----

　　①　参见王建波、阮仪三《作为遗产类型的文化线路——〈文化线路宪章〉解读》,《城市规划学刊》2009年第4期。

学、长江流域道教美术、长江流域道教建筑艺术、长江流域道教音乐、长江流域道教养生术、长江流域道教医药、长江流域道教法术科仪，等等。

一　道教文化在长江流域民俗中的渗透和沉积

鲁迅先生曾说："中国根柢全在道教。"道教文化作为中国土生土长的宗教文化，已深入进中国百姓的传统文化、传统生活及传统思维方式之中。道教在1800多年的发展中，对中国百姓的生活有着深刻而全面的影响。

首先表现在试图祛病消灾的法术方面。古人生了病往往请道士，道士用法术驱逐致病的妖孽鬼祟。这种驱妖的法事场面一般较大，《红楼梦》第一○二回就生动地作了描述，说大观园被查抄之后，园中接二连三地有人生病，说是贾府有白虎精作怪，"贾赦没法，只得请道士到园作法事驱邪逐妖。"书中具体描述的道士驱妖捉鬼的情节在古代社会有典型意义，由此可见道教法术对古代社会生活习俗的影响之大。

近代的民间仍有请道士办斋醮除病患的习俗。民国时期，长江中上游的一些农村由于山高路远水深，普遍缺医少药，就请巫师或道士作法祈祷，有历时一天一夜的，还有多至三天三夜的。还有一些富豪之家，即使无病，也经常请道士设坛作法，不让疾病拢身，就如同现在打预防针一般。

今天，尤其是在体现高度文明的城市，已很少看到在古代社会中普遍存在的道士作法驱逐妖孽、举办斋醮法事了，但在边远偏僻的农村，这种习俗依然存在，只是与旧时的表现形式有所不同而已。笔者曾亲见一个居住在鄂西山区的远房爷爷，请道士为远房奶奶作法治病的场面，大约发生在20世纪80年代初。我的远房奶奶已经病得很重了，五六个道士在她家里设供烧香，打锣唱文，跳来舞去，名曰"打解结"，即解脱病人的冤孽，还在病人的床头挂上"隔符"，使鬼望而却步，不能再来缠扰病人。

道教对民间生活的影响，还表现在丧葬习俗方面。古代，人死后家中要请道士或和尚来做道场"超度"亡灵。在湘西、鄂西和贵州、浙江等地，仍有为亡人"开路"、"打绕棺"和"接煞"等习俗。这"开路"就是请些道士来，在院子里将椅子堆成两堆，中间用一匹白布连着，像一座桥，为了使死者的阴魂顺利地过桥，走上大路，进入阴间，道士们便在"桥"下转来转去，一边念经诵咒，还不停地烧些"纸钱"，求阴间的守路者让死者通过。路既已开通，道士还要把家门上的"门神"用白纸封起来。说是封住门神的眼睛，死鬼才能放心大胆地走向阴间或天堂。出殡的前夜，家里要"绕棺"。"绕棺"是道士围绕棺材且唱且行，家人各执一炷香跟着绕棺而行，也是一种让死者的灵魂顺利到达阴间的仪式。人死后，据说其魂魄还要回家一趟。同来的还有一位解差，叫煞神，相貌异常可怕，必须小心供奉，否则它就要凌辱鬼魂，这就是"接煞"的习俗。道士首先按死者出生年月日和死亡年月日推算，选定接煞日期（大约死后九天至十天）。在接煞时，要摆上供物，道士持剑摇铃，画符扬幡，念诵经咒，如此才能使煞神不凌辱魂魄。

上述受道教影响的丧葬习俗，近半个世纪来逐渐淡化，然而近二十年间有复苏之势。

道教对民间生活习俗的影响，还表现在俗人自己充当举行道教仪式的主角，自己施行某些法术。人生了病，可以自行采取驱鬼之法，比如自己念个咒或将咒语写出来贴在墙上让无意读到的人代咒。如果患了感冒，就贴出纸条，上书："出卖重伤风，一念就成功。"小儿夜里爱哭闹，就贴纸条，上书："天皇皇，地皇皇，我家有个夜哭郎。路过君子念一念，一觉睡到大天亮。"小孩生病，母亲就会求些"香火"（香烧后剩余的下节）带在小孩身上，或求些"仙丹"（香灰）弄给小孩吃。还有的是焚烧一些黄表纸，磕头许愿，送走作祟的鬼神。也有用道教的符箓方术，在病人的床上或家门上贴上黄纸，上写："北方真武玄天上帝斩妖治邪"、"姜太公在此，百无禁忌，诸邪回避"等文字。这些习俗的存在足以说明道教的影响是很大的。但是随着社会文明的发展，如今人们有病还是要找医生来医治的。

另外,道教对民间生活习俗的影响,还表现在民间祭祀祖先之风长盛不衰。人们为表达对祖宗的怀念,有请道士设坛打醮的,但更多的是逢年过节和在先人忌辰进行祭祀,方式是在家中或祖先的坟前,供上佳肴,烧些纸钱,说些祝请的话。此俗在某些偏僻地区至今仍很盛。

二 道教文化与长江流域民间节庆

(一)岁时节令的神灵传说

在中国民间当然也包括长江流域一带保存有各种各样流传已久、相沿成习的传统节日,这些节日及其相关的风俗习惯与道教有千丝万缕的联系。也是各地发展旅游的重要资源基础。现将目前尚存并在民间仍有一定影响的岁时节日中有关道教传说标举如下,从中不难看出道教文化对我们生活的影响。

首先看春节,春节是我国传统节日中最隆重、最热闹、也是最快乐的节日,其间充满了与道教人物诞辰有关的神仙传说和风俗习惯。

正月初五,传说是米神娘娘的生日,不能淘米做饭,将米煮熟是大不敬,此说在湖北农村尤为流行。这一天,还是财神玄坛赵公明的生日,商家和企业财源广进吃好穿好的人们在这一天都要早早起床,以鞭炮、锣鼓和三牲酒席去迎接他的到来。这一天夜里合家要吃汤圆,因为汤圆形似"元宝",又叫"进元宝",据说这象征财神爷恩赐的财宝。

正月初九,是玉皇大帝的生日。道教经典说他历经三千二百劫,"渐入虚无妙道",又经过一亿劫,才修成了玉皇大帝。还说他是元始天尊的后代,是太上老君送到人间去的。因此,对这位"总领宇宙主宰之君"的诞辰谁也不敢怠慢。这一天,各地宫观要举行神仙大会,善男信女纷纷到宫观去叩头进香。

正月十五元宵节,是新年后的第一个月圆之夜,所以又称"上元节"。道教说,天、地、水为三元,又称三官,主管人间的祸福、鬼神的升转,以正月十五、七月十五、十月十五为三官生日，正月十五就是天官大帝的诞辰。这天，道观常常举行斋会，善男信女也要去三官殿堂进奉香火。据清顾禄《清嘉录》云：正月十五这天，江东七子山上的三官行宫，人群奉香火络绎不绝。"归持灯笼，上御'上官大帝'四字，红黑相间，悬于门首，云可解厄。"① 这是否与我们今天过元宵节"燃灯"、"玩灯"、"观灯"活动有一定关系呢？笔者不敢妄断，不过，今天的元宵节又称"灯节"，还有"三十的火，十五的灯"这个说法，无论城市还是乡村都开展以灯为主体的热闹的活动，倒是事实。

正月十五还是厕神紫姑的祭日，人们摆上供物，迎请紫姑，向她占卜蚕桑农事和吉凶祸福。不过，各地祭请紫姑的方式大不一样。江东风俗，正月十五夜晚取来筲箕（淘米的篾器），给它穿上衣服，插一棍子，两妇女扶着，使它在盛以面粉或米粉的盘中画字指点吉凶。有的地方则是以草扎上草人，或给扫帚穿上衣服，当做紫姑祭请。

二月来临，春暖花开，二月初二是土地神的圣诞。这土地神与民众最接近，他能保佑五谷丰登、六畜兴旺、家宅平安、添丁进口。因此每逢二月初二，民众莫不烧香供祀，顶礼膜拜。在清顾禄《清嘉录》中记录乡民庆贺土地神生日的场面："官府渴祭，吏骨奉香火者，各牲乐以献。村农亦家户壶浆，以祝神禧。"这种场面今天是难以见到了，现在，偏远的农村也还保留有这种祭祀习俗。

三月清明是中国的又一传统节日。民俗活动主要是扫墓祭祖、踏青戴柳。在浙江农村，清明节除了祭祖、踏青之外，还要祭蚕神。道教称蚕神为"玄名真人"所化，据说，灵宝天尊悯人间苦乐不均，衣无所得，乃命玄名真人化身为蚕蛾，教民养蚕织衣，村民感德，立祠奉祭。

五月初五端午节来临。关于端午节的起源，众说纷纭，就荆楚习俗和全国

---

① （清）顾禄著：《清嘉录》卷一。

习俗而言，认定端午起源于屈原和纪念屈原者为多。但一些学者考证认为，在《晋书》上未见有关端午节的记载，该节的形成可能与道教祭祀水神或龙神而举行的神祭有关，并举例论证说，江西端午划龙舟比赛前有请龙、祭龙仪式。这种说法虽属一家之言，但至少说明端午节与道教仍有一定关联。

七月十五中元节，又称"鬼节"。三峡地区民间俗称"月半"，"月半"正处农事小闲之时，民间有"年小月半大，鬼神也歇三天驾"之说。中元节是道教神地官大帝诞辰和"赦罪之辰"。这一天鬼魂都会出来，或到人间看望子孙后代，或捣乱给人带来灾异，这是鬼的节日，所以人们要在这一天祭祖、上坟。中元节在民间颇受重视，祭祖、上坟的习俗至今仍在长江流域保留着。

八月十五中秋节，有祭月、拜月、吃月饼之俗。道教徒认为，这天是太阴朝元之辰，应守夜焚香，祭拜月神。在湘鄂西一带至今还保留着一个与道教有关的习惯：即在八月十五晚，在月下看张果老砍梭罗树。传说月亮里长着一棵梭罗树（即月桂树），有一个名叫张果老（即吴刚）的人在不断地砍树，他因学仙时偷看了嫦娥，所以被玉皇大帝贬到月宫里砍月桂，但这树随砍随合，永远也砍不倒。

九月初九是"重阳节"，有出游登高、赏菊、插茱萸、放风筝、饮菊花酒、吃重阳糕等习俗。这一节日的起源传说也与道教有关。据南朝吴均《续齐谐记》，汝南桓景，随道士费长房游学数年。费对桓说，九月初九你家中有灾难，应赶快回去，令家人各作绛囊，盛茱萸以系臂，登高饮菊花酒，祸乃可消。桓听其言，举家登山，夕还，见鸡犬牛羊暴死。后人沿袭成俗，为避免灾祸，在重阳节登高饮酒，遍插茱萸。今日重阳登高已经成为民间一项体育娱乐活动了。

十月十五下元节，是水官大帝诞辰，也是水官解厄之日。是日，宫观建醮解厄，民家则多备丰盛菜肴，享祭祖先、神灵，以祈福禄。

十一月的冬至又称"冬节"，家人团聚，备办佳肴，祭天祀祖。民间至今仍重此节，如浙江杭州等地有"冬至大如年"之说。为什么此节如此受到人们重视呢？原来冬至是道教元始天尊的诞辰，元始天尊是道教最高的神灵，是万神之主，是天地万物的创造者，人们当然不敢马虎。

腊月二十四祭灶节，南方很多地方称为"小年节"，习俗是将灶神送往天上的祭祀活动。传说，灶王爷是玉皇大帝派至人间监督善恶之神，一旦发现令他不满的行为，就暗地里记上一笔账，这账就记在灶间房顶墙壁上。等到腊月二十四他就回到天上，向玉皇大帝作一次总汇报，然后降灾殃于有罪之人。因此人们在这一天要用竹枝打扫"扬尘"，把灶王爷记的账全给它刷掉，让他回天无法汇报。同时还要恭敬小心地买来《灶君马》（画有灶王爷骑马的花纸）和《送灶君上天疏》（写有恭维灶王爷的话）焚烧，在灶间摆上猪头和酒肉烧香上供，还弄点粘牙的麦芽糖哄灶君吃。灶君被糖粘住了牙，就说不出坏话来了。目的只有一个：人们祈愿灶神"上天言好事，下地降吉祥"。

以上是受道教传说影响的岁时节日，通过对它们的考察可以发现：一部分岁时节日本身就是道教的节日，只是因为有了民众的参与，增加了世俗的内容，不再局限于某一神祇的诞辰祭祀活动，从而演变为中国的传统节日了；另一部分传统的岁时节日是因为有了道教传说和祭祀仪式的参与，从而变得更加丰富多彩。

（二）岁时节日的仙风道迹

岁时节日中的仙风道迹，为节日增添了神奇、欢乐和喜庆。一些道教活动仪式和庆典已经演变成一种深层的心理意识沉淀在民间，如今我们在岁时节日中仍然能够看到的燃放烟花爆竹、悬挂桃符、贴门神春联、踏青戴柳、悬艾挂蒲、张挂印符等风俗习惯，实际上都是道教的禳灾祛邪、驱鬼避瘟等法术的体现。

燃放爆竹是在节庆或喜庆的日子里必不可少的仪式，在现代人的眼里，爆竹能增添喜庆，所以为广大民众所欢迎。但究其原始意义却是从一种驱鬼辟邪术而来。据《荆楚岁时记》称："正月初一日……鸡鸣而起，先于庭前爆竹，以避山臊、恶鬼。"① 由于山臊、恶鬼害怕亮光、爆竹声和红色，所以人们利用响声吓退它们，不过这时的爆竹是用竹节放于火中烧裂发出巨响。当临炉炼丹的道士无意中发明了能产生巨大声响的火药之后，就把它应用到驱鬼的法术中，制造出各种各样的爆竹，以代替山竹爆裂而达到驱邪保平安的目的。

挂桃符，贴门神、春联是春节习俗之一。腊月三十或正月初一，各家各户清早起来于门前挂桃符，贴上门神，以及写在红纸上的春联，以求避凶趋吉，室宅安宁，增添节日气氛。

桃符是以两块长约七八寸、宽一寸余的桃木做成，上书除祸降福的吉利语，春节时钉在大门两侧，桃符起源于《山海经》中的神话，据说有辟邪作用。北宋王安石有题新年诗一首："爆竹声中一岁除，春风送暖入屠苏。千门万户瞳瞳日，总把新桃换旧符。"

门神是贴于大门上的可驱鬼辟邪的画像，贴门神的习俗来源已久。《荆楚岁时记》中就载有："正月一日，绘二神贴户左右，左神荼，右郁垒，俗谓之门神。"② 相传神荼和郁垒是东海度朔山上把守桃树的两位神将，能食百鬼，因此民间将神荼、郁垒像画在桃木板或纸上，贴于门上，专门治鬼，他们是我国民间最早描画的门神。尽管唐宋以后，门神为钟馗打鬼的画像和唐太宗的两位大将秦叔宝、尉迟恭持剑执鞭的画像所取代，但新的门神并未完全代替旧的门神，而是新旧同时供奉，这反映出民间信仰的多样性和综合性。

贴春联是由挂桃符演变过来的一种春节习俗。起初，人们在桃符上题一诸如"姜太公在此，百无禁忌"，"有令在此，诸恶远避"等一类压邪话语和符咒。五代时，后蜀主孟昶在桃符上题写联语："新年纳余庆，佳节号长春。"可算是最早的春联，但民间并未普及。据说明太祖朱元璋定都金陵时，不准在桃

---

① （南朝梁）宗懔：《荆楚岁时记》，宋金龙校注，山西人民出版社1987年版，第2—3页。
② 同上书，第5页。

木板上题字，而改在红纸上，并传令公卿士家门上须加春联一副。从此，"春联"之名才通行，贴春联之俗才大兴。现在的春联当然不仅是辟邪物，还是表现人们抒发对现实生活感受和对理想生活愿望的一种特有的民间文学形式了。

戴柳插柳是清明节常见的民风。人们祭祖踏青，归来时折上几根柳枝扎成圆圈或帽子形状戴在头上，或将柳枝插于屋檐和门窗上，这是因为传说柳条有避灾驱毒之效。《燕京岁时记》载："至清明戴柳者，乃唐玄宗三月三日祓禊（一种在水边举行的除灾求福的祭祀）于渭阳，赐群臣柳圈各一，谓戴之可免虿毒。今盖师其遗意也。"① 以后，此俗在大江南北迅速传开。如今江苏沙洲一带，仍以柳枝扎帽而戴，或用柳枝作成柳球玩耍，或采集柳芽与面粉调和后摊饼而食，这都是取柳枝能避灾免祸之意。

每到端午，可以看到村村寨寨、大街小巷不少人家的门前挂有菖蒲和艾条，此俗多见于南方，流传久远。《荆楚岁时记》载："五月五日，四民并踏百草，采艾以为人，悬门户上，以禳毒气。以菖蒲或缕或屑，以泛酒。"② 以现代科学观点来看，农历五月初五，正当初夏，多雨潮湿，细菌极易繁殖，是各种蛇虫猖獗之时，而菖蒲具有提神、通窍、杀菌之功效，艾叶能驱蚊蝇，所以端午各家门前挂菖艾。但在古人的心里，是认为它们具有禳毒驱邪的魔力。"艾旗召百福，蒲剑斩千邪"，这一民间流传的谚语即是最好的证明。

另外，在三峡地区还有贴"端阳符"的习俗。"端阳符"是在黄纸上画五毒——蜈蚣、蛇、蝎子、壁虎、蟾蜍的形状，写上"祛邪扫瘟"四个红字，各家贴于神龛下或大门上，以镇邪去毒，消灾灭病。这一习俗原是屈原故里屈原庙的守庙人，在端午节上午，将"端阳符"送至各家各户，讨个喜钱，结果传至整个三峡民间，但现在已不多见了。

长江流域与道教有关的民俗还有很多，难以详述，恕不列举了。但从上述

---

① （清）潘荣陛、富察敦崇：《帝京岁时纪胜 燕京岁时记》，北京古籍出版社1981年版，第57页。
② （南朝梁）宗懔：《荆楚岁时记》，宋金龙校注，山西人民出版社1987年版，第47页。

的种种节庆民俗活动中的仙风道迹，还是不难看到道教对中国社会生活的渗透和影响。

三　长江流域的道教文学

道教文学是对道教活动的艺术反映，道教文学领域是一个奇诡瑰丽的浪漫天地，是一个有无穷遐思的想象世界。历史上活跃在长江流域的道门人士以及教外人士创作了大量的道教文学作品，包括道教散文、道教小说、道教戏曲、道教诗词四大类文学体裁，在中国古典文学大观园中占有不可或缺的地位。当人们漫步于道教名胜，回味道教文学中仙界地府、腾云驾雾、上天入地、出神入化的道教世界的描绘，一定会感受到道教世界浓郁的神异气氛。

（一）道教散文

道教散文的数量是道教文学中数量最多的一类作品，现存《道藏》五千多卷经书中多半属于道教散文，另外在《四库全书》、《四部丛刊》等书中也收有不少数量的道教散文作品。道教散文按体裁可分为三类：议论散文，叙事散文，赋体散文。

道教议论散文是道门中人宣传教理、教义、教戒的最好形式。早期道教领袖们为宣扬道法、道义而创作的道教议论散文，多属语录体，采取"天师"与"真人"等神仙人物问答的方式，深入浅出地表达道教对自然、社会、人生的看法，令教徒们更易理解和把握。魏晋以后，这种以"语录"为名的道教典籍比比皆是，如《晋真人语录》、《丹阳真人语录》、《无为清静长生真人至真语录》、《三十代天师虚静真君语录》、《盘山栖云王真人语录》等，这些语录体通俗易懂，但结构是松散的。后来，随着逻辑思维的发展，一些道教学者在语录体散文的基础上，减少对话成分，逐渐形成了以阐明教义为主的"畅玄体"散文。它起端于晋代著名道士葛洪，隋唐以后得到大发展。它以"形象"的材料，将深奥的玄理通过文学手法加以阐明，便于道教中人接受。如葛洪在《抱朴子·内篇·畅玄》中对于"玄"的揭示:"玄者,自然之始祖,而万殊之大宗也。眇昧乎其深也,故称微焉。绵邈乎其远也,故称妙焉。其高则冠盖乎九霄,其旷则笼罩乎八隅。光乎日月,迅乎电驰。或倏烁而景逝,或飘泾而星流。或晃漾于渊澄,或雾霏而云浮……"葛洪用一个定义说明"玄"的性质,然后运用排比、对偶,从各个侧面揭示"玄"的功用、性状,以及在时空中的种种关联,读来朗朗上口,人们感知的是"形象"的"玄",而非"云雾"中之"玄"了。

道教叙事散文以记叙描述为主,偶有说理之处。从描述的内容上看,可分为三种类型:一种是记录游历"洞天福地"的游记散文,其中有教内人士的手笔,也有教外人士的撰述。他们在游览道教圣地后,结合自己的感受描述这些名山优美宜人的风景,寄托自己向往自然的理想,文笔优美,读来颇有超越凡俗的精神享受。在《道藏》中,收录有许多这样的作品。如南宋内丹理论家、金丹派南宗五祖之一白玉蟾的《涌翠亭记》,就是一篇将感受融于自然景象之中的佳作,他这样写道:"……山之下而江,江之上而亭。亭曰'涌翠',盖取东坡'人为翠浪涌'之句。……飞翚际天,倒影蘸水。天光水色,上下如镜。烟柳云丝,高低如幕……"① 作者以烘托的笔法,勾勒出涌翠亭赏心悦目的景色,字里行间寄托着"效法自然"的思想情趣。教外人士所写的道教名山游记也汗牛充栋,如田雯的《游桐柏山记》、江锡龄的《青城山行记》,等等,读来也逸趣横生。再一种是记述历史沿革和道教活动的宫观碑志。这类作品虽杂有作者不少的议论或解说,但记叙仍为其主导。如南宋宰相周必大的《临江军阁皂山崇真宫记》,记录了崇真宫的历史和现状,除史料价值外,也有趣味性。又如云南巍宝山青霞观内所藏的《重修巍山青霞观碑记》,在记录宫观历史沿革的同时,又包含了道教故事,渲染了道教神异的气氛。另一种是记叙道士个人生平道绩的功德碑。这类作品以稳重、朴实的笔调,记叙道士一生的基本活

---

① 参见《道藏》第 4 册,文物出版社、上海书店、天津文物出版社 1988 年版,第 751—752 页。

动、主要事迹，对其道绩作出评价。其中多着意刻画道士的传奇细节，因此颇具情趣。如南宋诗人刘克庄曾写过《阁皂山道士杨固卿墓志铭》，在介绍了杨姓氏名讳、籍贯、入道经历和道绩之后，选取了"蓬鬖垢衣"的杨固卿与文士相唱酬的情节，以"酒量春吞海，诗肩夜耸山"的诗句令"众皆骇伏"的生动刻画，使人物形象饱满。

道教赋体散文在道教文学中也居一席之地。赋体散文的一大特点是铺排描写。汉代以后，文人相继作赋。道教中人受此影响，亦采用"不歌而颂"的赋来表达思想、抒发感情，进行文学创作，道教赋体散文应运而生。东汉魏伯阳所撰的《周易参同契》，就深受汉赋影响，有些句式还采用了汉赋中铺叙的手法。道教赋体散文讲究遣词造句的对称，注重错落和节奏感。如一篇名为《擒玄赋》的这样写道："漠漠玄玄，浩浩无边。生自无名之始，发当太一之前。交错施为，作化物之玄母；氤氲含孕，遂结象于先天。"① 这种句式谨严、用语精粹、对仗工巧的文章，对于宣传道教思想无疑是重要的手段。

（二）道教小说

说起道教小说，马上使人想起其中的神仙鬼怪，然而，道教小说也是教内、教外人士抒发道教情感的一种艺术表达方式，是道教信仰与小说体裁的结合。其形成和发展，既与道教的兴盛、衰败休戚相关，也与小说的发展大致同步。概而言之，它经历了魏晋南北朝的志怪体、隋唐至宋的传奇体、宋元时期的话本体和明清时期的章回体这样四个阶段和四种体例。

道教志怪小说，顾名思义就是记载神鬼怪异的小说，大致出现于魏晋南北朝时。"志怪小说"之名出自鲁迅的《中国小说史略》。志怪小说的范围比较广泛，一般来说，它包括那些记载奇闻怪事以及编排神仙故事的小说。比较出名而"道味"较重的代表作主要有张华的《博物志》，托名东方朔撰的《神异记》、《十洲记》，葛洪的《神仙传》、《西王母传》、《汉武帝内传》、《洞仙传》，

---

① 王明：《太平经合校》，中华书局 1960 年版，第 24 页。

干宝的《搜神记》，陶潜的《搜神后记》，陶弘景的《周氏冥通记》，祖冲之的《述异记》，刘义庆的《幽明录》等。这些小说大多内容怪异，使作品有浓烈的神秘性和趣味性，其所记故事有许多作为典故流传下来，如"沧海桑田"就来自葛洪《神仙传》中所记的故事。志怪小说的代表作，首推晋人干宝的《搜神记》。干宝好阴阳术数、卜筮灾异之学，他为"发明神道之不诬"，编著了这本专记民间巫鬼信仰和神仙道教方术的充满道味的小说，许多篇章记载了星宿神明、卜筮占候、仙凡婚配的故事。另一代表作是陶弘景的《周氏冥通记》，反映一个教徒曲折的修道经历，记述了周氏许多梦幻故事。陶弘景在写作时不仅注意了情节的奇异，而且注重对人物形象和心理的描绘，已经具备了小说创作的基本方法和艺术原则。

隋唐开始，在志怪小说的基础上出现了传奇小说。一些道士和奉道文人借鉴传奇小说的笔法，运用道教的神仙思想，在志怪小说的基础上创作出了道教传奇小说。从内容上来看，道教传奇小说分为两个类别。一是直接以神仙道士为题材，讲述道士修道成仙的事迹。如《三水小牍》中的九华山赵知微道士，结庐于凤凰岭，幽夜练志，修成高超道术，能使雨停天晴，能使昏昏黑夜变成朗朗月夜。① 这些故事的情节引人入胜，读后给人一种身临洞天仙境之感。二是以梦幻故事、历史故事、人情世事为题材，借以体现道教的思想观念。如沈既济的《枕中记》、李公佐的《南柯太守传》、唐无名氏的《李林甫外传》，等等，故事的发展曲折复杂，贯穿了荣华富贵转眼空的道教人生观，宣扬了道教法术的力量，有浓郁的道术气味。搜奇述异仍然为唐代道士学者撰写神仙道人传记时所采用，如唐道士杜光庭所撰的《墉城集仙录》，采用鲜明的传奇笔法，专写女仙之神迹。

宋元时期，一些道士和奉道文人除了继续撰写志怪小说、传奇小说以外，还借鉴了这一时期小说家们面向大众而创作的通俗"话本"小说体例，创作出

---

① 参见卿希泰《中国道教》第4卷，东方出版中心1994年版，第28页。

以神仙鬼怪为内容、以道教信仰为宗旨、为民众讲故事的道教话本小说。如《定州三怪》、《西山一窟鬼》、《西湖三塔记》等，都取材于民间传说，极力渲染精灵鬼怪，透出浓厚的恐怖气氛。明代中叶以后，出现了大量模拟小说话本的体例，反映道教生活的拟道教话本小说，诸如文学史上称为"三言二拍"的五部作品，即冯梦龙的《喻世明言》、《醒世恒言》、《警世通言》，以及凌濛初的《初刻拍案惊奇》、《二刻拍案惊奇》，其中的许多篇章反映了道教生活，表现了道教神仙思想。例如《警世通言》第四十卷《旌阳公铁树镇妖》，就是以西山（今南昌附近）玉隆万寿宫的铁树作净明道法的化身，广泛搜罗晋唐以来道门和民间流行的关于许旌阳（许逊）修道传教、杀蛇斩蛟等故事，描述了许旌阳及其弟子为民治病、屡斗"孽龙"的事迹，反映了民众以善制恶的愿望。在"三言二拍"中，还有《陈可常端阳仙化》、《李谪仙醉草吓蛮书》、《一窟鬼癫道人除怪》、《张道陵七试赵升》、《陈希夷四辞朝命》、《吕洞宾飞剑斩黄龙》、《杜子春三入长安》等篇，讲述了道士修道成仙和凡人遇仙的故事，表明只要心诚就能得道。

　　道教话本小说与道教传奇小说一样，大多采撷历史上影响广泛的神仙故事，但比起道教传奇小说来，使用的语言更通俗化、口语化，在驾驭材料、刻画人物、安排情节等方面都更为成功。由于故事情节引人入胜，加之通俗易懂，因而易于流传。

　　明清之际，小说创作更加繁荣，长篇章回体小说占了主导地位。其中有一批是以道教生活为题材，以宣扬道教思想为宗旨，专写妖魔鬼怪、神仙道人的作品，这种长篇章回体小说创作样式又被称之为神魔小说。明代有一批描写仙、佛与精怪、妖魔斗争的长篇小说，鲁迅先生称之为"神魔小说"。[①] 其代表作为流行不衰的中国古典小说名著《西游记》和《封神演义》。《西游记》的

---

① 参见刘仲宇《道教想象力对文学的滋润——略论神魔小说和道法的关系》，《中国道教》1996年第1期。

作者吴承恩，淮安府山阳（今江苏淮安人）。《西游记》虽是以佛教为主题，但一切神、魔、人、鬼都活动在道教观念中的天上、人间、幽冥三界。书中塑造的艺术形象大多出自神仙系统，神魔斗争的方式方法以及由此构成的情节场面也无不染有浓厚的巫觋、方士的法术色彩。特别是主人公孙悟空形象的塑造，可以说几乎全是以道教思想为基础的创造性想象。就连"西方妙相"菩提祖师半夜三更传授给孙悟空的修炼秘诀中，也大讲"精、气、神"谨守勿泄，还有什么玉兔、金鸟、龟蛇盘结、五行相用等，从思想到语言都是道教的东西。至于猪八戒讲"九转还丹"，沙和尚谈"明堂肾水"，女妖们挖空心思摄取唐僧的"元阳"以求长生，等等，更没有多少佛教的气味了。显然，《西游记》的作者所使用的素材主要来自中国固有的巫术、神仙、道教。至于《封神演义》，更是道教小说的代表作。此书作者，旧传为明人许仲琳所作，后经考证，是江苏扬州道士、明代内丹东派开创者陆西星，因此说它是道教小说的代表作也就不足为怪了。该书是以武王伐纣为主题，杂糅各种神仙传说加以展开。作者历叙了纣王、妲己的荒淫暴虐，姜子牙晚年知遇于文王，然后助武王起兵反商的故事。其中人鬼相杂，元始天尊、通天教主、南极仙翁、云飞真人、广成子、杨戬等道教神魔，都成了重要角色。通篇充斥着神仙与妖魔斗法以及凡胎与仙界结缘的描写。

其他诸如《水浒传》、《红楼梦》、《三国演义》等中国古典名著，虽不是宗教作品，但其中某些章节也夹杂着道教的痕迹。如在《水浒传》中，有"张天师祈禳瘟疫"、"宋公明遇九天玄女"、"公孙胜斗法破高廉"等回。在《红楼梦》中，一僧一道形影不离，跛足道人的《好了歌》与甄士隐的解注，都是佛道结合的精心之作。《三国演义》里的诸葛亮能预知吉凶，呼风唤雨，其中的情节起了揭示全书主题的作用，鲁迅也曾说过，"状诸葛之多智而近妖"[①]。

概而言之，离开道教，就无法充分理解中国古代小说的创作。这些道教小

---

① 参见《中国小说史略》，《鲁迅全集》第9卷，人民文学出版社1981年版，第129页。

说都贯穿着神魔相斗的主题，象征性地描写了封建社会各种势力之间的矛盾。它们以广阔的时空背景、大胆神奇的幻想、出人意料的巧妙构思和浪漫主义的激情，深深地吸引着中国民众。

（三）道教诗词

道教诗词是道教文学中最常见、最重要的内容。许多道士撰写道教经籍，采用诗词形式。有些本来就是诗人词客，以诗歌"演道"言志，表达自己对于道教生活、神仙理想以及人生的种种见解。另一方面是许多文人也关注道教活动、神仙故事，甚至崇尚道教达到了迷狂的状态，他们创作的诗歌中多有道蕴。综括他们所创作的道教诗歌，从体裁上看，有游仙诗、步虚词、神仙诗、神仙词、青词与道情等类别。

1. 游仙诗

魏晋南北朝是道教组织逐步壮大的时期，也是诗歌创作达到较高水平的时期。这时道教对文学创作的影响，主要是游仙诗的出现。我国第一部文学作品选集《文选》，首次将游仙诗作为文学体裁之一。

道教的洞天福地、神府仙界被认为是最美丽、最幸福的世界。所谓游仙诗，就是描写漫游仙境的诗，反映修真养性、闲适清静的生活。它本是一种产生于道教的诗歌体裁，后来许多著名的文人也跟着创作。因此，从作者身份来看，游仙诗可分为道人游仙诗和文人游仙诗。最早创作游仙诗的是名道葛玄，其他作游仙诗的名道有江南人杨羲、许谧、许翙、陶弘景等。道外文人创作游仙诗的成就比道内人士要高，如北方的三曹父子、竹林七贤，以及江南人陆机、沈约等。创作游仙诗最有名的，是东晋文学家郭璞，他的作品被《文心雕龙》赞为："景纯（郭璞字）仙篇，挺拔而为俊矣。"他有传世诗作 22 首，尤以其中 14 首游仙诗最为出色，他的游仙诗通过对神仙境界的描述，表现出忧生避祸的心情，写景时清丽如画，写人时焕发有神。我们不妨从他的游仙诗中摘引几句欣赏一下：

吞舟涌海底，高浪驾蓬莱。

神仙排云出，但见金银台。

陵阳挹丹溜，容成挥玉杯。

妲娥扬妙音，洪崖颔其颐。①

这首诗描写的是入海游蓬莱仙岛的情景。郭璞精于阴阳、历算、卜筮之术，又注释过《山海经》、《穆天子传》、《楚辞》等书，因此他写游仙诗的素材可谓信手拈来，得心应手。游仙诗的创作是魏晋南北朝时期文坛的一大时尚，就连梁武帝萧衍也作起游仙诗来，在贪恋尘世的同时抒发仰慕仙界的心理。

从隋代起游仙诗开始衰落，但并未音绝，如有"诗仙"之称的李白的《梦游天姥吟留别》，既是一首记梦诗，又是一首游仙诗，诗中描述自己进入了洞天仙境：

洞天石扉，訇然中开。

青冥浩荡不见底，日月照耀金银台。

霓为衣兮风为马，云之君兮纷纷而来下。

虎鼓瑟兮鸾回车，仙之人兮列如麻。

壮丽的景色，热烈的场面，仙境是多么美好，诗人以夸张的手法描写了仙人降临时的宏伟景象，突出了仙境的迷幻。

对于道书虚拟杜撰的上天仙界、海中仙岛、水府龙宫，无论是道士还是文人都无法实际到达，只能是"神游"，即所谓"游仙"。因此他们创作的游仙诗都表现出"冲举飞升，遨游八极"的奇幻想象。说得如此玄乎，实际上就是现实山水宫观和旅途游览感受的一种超尘离俗的艺术幻化。

---

① 参见《古诗源》，中华书局 1963 年版，第 181 页。

2. 步虚词

魏晋南北朝时期,随着道教斋醮仪式的开展,道门中还注意创作仙歌道词,配乐演唱。道士斋醮时,在音乐伴奏下,喃喃吟唱的歌词就是步虚词,词的内容一般是对神的赞颂和祈祷。步虚词属乐府文学形式之一,唐代吴兢《乐府古题要解》说:"步虚词,道家曲也,备言众仙缥缈轻举之美。"① 步虚词一般为五言十首,演唱时依八卦九宫方位,绕香案"安徐雅步,调声正气",循序而歌,以象征天上神仙绕"玄都玉京山"斋会之情景。几位整理科仪的大师,例如陆修静、张万福、杜光庭、留用光等,多擅长撰写步虚词。杜光庭的《太上黄箓斋仪》卷二八中有一首步虚词,这样写道:

> 宝箓修真范,丹诚奏上苍。
> 冰渊临兆庶,宵旰致平康。
> 万物消疵疠,三晨效吉祥。
> 步虚声已彻,更诵洞玄章。

步虚词与音乐结合得十分密切,所以也为文人所雅好。但与游仙诗成鲜明对照的是,文人作步虚词的很少,出名的只有北周庾信所作的步虚词。步虚词可以吟唱,对后来民间流行的讲唱文学的出现有一定的影响。

3. 神仙诗

神仙诗是指抒发成仙思想的诗。唐宋是神仙诗创作的鼎盛时期,不仅一般能文之道门人士热心诗歌创作,而且许多文人也运用诗歌体裁以咏道事。唐宋时期产生了大批光耀千秋的诗人,他们的众多诗作回旋着一股股仙风道气。如在长江流域有影响的道士叶法善、吴筠、陈抟、杜光庭、施肩吾、张继先等,都是能写神仙诗的道人。其中吴筠最为著名,吴筠是上清派天师潘师正的门

---

① 参见卿希泰《中国道教》第 4 卷,东方出版中心 1994 年版,第 30 页。

生，陶弘景的四传弟子。《全唐诗》中收有其诗作 128 首，其中有 50 首属神仙诗作，融合了俗情与道味，歌颂了广成子、庄子、列子、洞灵真人等为道教所崇奉的神仙人物，展现了修道的生活情趣，昭示了道徒通过修持可成仙的理想。①

许多文人因受道风熏染，或者观察体验了道教生活之后，也创作了一些此类题材的诗歌作品。据黄世中著《唐诗与道教》统计，在唐代诗人中，除有道士、女冠诗人 40 余人外，在科第之前或中举以后受箓入道、或受道教思想影响而崇道的诗人有 64 位。② 诗名最著者，有初唐的王勃、杨炯、卢照邻、王绩、骆宾王，盛唐的宋之问、孟浩然、张九龄、李白，中晚唐的白居易、李贺、李商隐等，其中最具代表性的当属天才诗人李白。

在唐代的重要诗人中，没有一位像李白那样受到道教那么深刻的影响，这大概与他的人生经历有关。他自小就生活在道教活动非常活跃的蜀地，受蜀地道教的影响而"志尚道术"，年轻时漫游巴山蜀水，访道求仙。出蜀以后，顺江而下，寻访道山名观，结交了许多方外之士，如司马承祯、吴筠等著名道士都是他的朋友。由于仕途失意，除在长安三年外，李白一生不是漫游名山大川，就是隐居学道，足迹遍于江南、江北。他在济南紫极宫请北海的高天师授了道箓，正式入了道。由于这陈陈相因的关系，李白的诗较多地引用了神仙典故、道教教义，与超凡的想象力相结合，有飘逸豪放、清高傲岸、浪漫不羁、超然物外的艺术风格。如他的一首《怀仙歌》云：

> 一鹤东飞过沧海，放心散漫如何在？
> 仙人浩歌望我来，应攀玉树长相待。
> 尧舜之事不足惊，自余嚣嚣直可轻。

---

① 参见黄世中《唐诗与道教》，漓江出版社 1996 年版，第 7 页。
② 同上书，第 76—81 页。

巨鳌莫载三山去，我欲蓬莱顶上行。

　　此诗挥洒自如，有狂狷傲岸的气势。李白也有专门描写自己所熟悉的道人生活的神仙诗题材，颇具生活情趣，意象飞动。如《江上送女道士褚三清游南岳》、《元丹丘歌》、《题随州紫阳先生壁》等，其中道人形象都有独特的艺术表现。

　　神仙诗在道教界以及社会上影响很大，其诗意妙境别有一番风味，是大众欣赏的佳作。

　　4. 神仙词

　　词是宋代文学的主要形式，宋词创作与道教也有不解的因缘。在宋词中，有些词牌及其内容皆有道蕴，我们称这部分词为神仙词。

　　首先看词牌名。不少词牌都源自道教故事，例如《凤凰台上忆吹箫》，取自王子乔吹箫引凤的故事；《解佩令》，取自《列仙传》中江妃二女解佩与郑交甫的故事；《瑶池宴》，因西王母宴请周穆王于瑶池的故事而取名；《潇湘神》，因诗人刘禹锡歌咏湘妃而取名；《天仙子》，取自"刘郎此日别天仙"；《华胥引》，取自黄帝昼寝，梦游华胥之国的故事。其他如《望仙门》、《金人捧露盘》、《献仙音》、《月宫春》、《鹊桥仙》、《惜分钗》、《女冠子》、《茅山逢故人》、《迷仙引》等，无不与道教神仙故事相牵连。据清康熙五十四年刻印的《钦定词谱》所罗列的词牌作分类统计，出于神仙故事或与道教活动有关的词牌至少有42种，足见词的诞生与道教确有不解之缘。①

　　再看内容。两宋时期出现了许多专门吟咏道教的神仙词，诸如词坛高手苏轼、黄庭坚、晏殊、柳永、范祖禹、晁补之、晏几道、秦观、周邦彦等，都有此类作品传世，融会了神仙故事、道人神迹，蕴含着深刻的道教思想。如苏轼的《鹊桥仙·七夕》："缑山仙子，高情云渺，不学痴牛呆女。凤箫声断月明

――――――――――

　　①　参见詹石窗《道教文化十五讲》，北京大学出版社2003年版，第321页。

中，举手谢，时人欲去。客槎曾犯，银河微浪，尚带天风海雨。相逢一醉是前缘，风雨散，飘然何处。"这首词将缑山仙人传说与牛郎织女传说相结合，以银河之微浪象征行程的艰难，而且"鹊桥仙"这个词牌本来就出自"七夕"故事，词牌与神仙的主题、道教的内容在这里完全契合。

5. 青词与道情

在道教的诗词天地中，"青词"与"道情"不可漠视。

青词，又称绿章，是道教进行斋醮仪式时献给天神的祈祷词，词语骈藻华丽，是一种特殊的诗体。因道士们常用朱笔书于青藤纸上，故得名"青词"。青词虽是道士们上表祈福、荐亡时所用，但唐以来诸多文人也使用这种诗体，元明时期更加流行。明代，有几位大臣依靠撰写青词而爬上了相位，如顾鼎成、袁炜、夏言、严嵩等，先后以撰青词获得皇帝宠信，时人称为"青词宰相"。特别是严嵩，独霸朝政 20 年，他写得一手好青词，又碰上了一个佞道荒政的明世宗，也可说是"天生我材必有用"了。但青词的功用因人而异，有的青词是抒情之作，有振奋人心之效。清代诗人龚自珍的一首青词就是催人奋进、脍炙人口的佳作，诗曰：

> 九州生气恃风雷，
>
> 万马齐喑究可哀。
>
> 我劝天公重抖擞，
>
> 不拘一格降人才。

这首为《乙亥杂诗》的青词选自《龚定庵全集类编》，诗后自序云："过镇江，见赛玉皇及风神、雷神者，祷词万数，道士乞撰青词。"

如果说青词是道士们上章用的一种正规文体，那么道情就完全相反，它是游方道士手持渔鼓和简板在村庄、街市演唱的一种通俗文学样式。按明代朱权的一本专记唱曲门类的书《太和正音谱》的分类，道情与步虚词并列，属散曲之列，为乐府歌词之一种。其言辞通俗易懂，道士们可用它宣传教义，传达自己的修道感受。邋遢道人张三丰就曾利用"道情"，将玄奥的修真理论化为脍炙人口的曲词，在《张三丰全集》卷三中收有《道情歌》1首，《无根树道情》24首，《四时道情》4首，《青羊宫留题道情》4首，《五更道情》25首，《九更道情》9首，《叹出家道情》7首，《天边月道情》9首，《一扫光道情》12首。[①] 现择《无根树道情》一首，以窥道情这种通俗易懂的体式之一斑：

> 无根树，花正孤，借问阴阳得类无？
>
> 雌鸡卵，难抢雏，背了阴阳造化炉。
>
> 女子无夫为旷女，男子无妻为旷夫。
>
> 叹迷徒，太模糊，静座孤修气转枯。

张三丰以雌雄、夫妻的浅显道理说明阴阳相抱的深奥理论，道徒修炼时不能孤修性或命，必须性命双修。如此说唱，易于为民众所接受。

关于道情的演出场面，我们在有关的古装电视、戏剧里还可以看到。近代作家阿英在他《夜航集》中对道情有细致的描述：

> 上海已是不多见了，内地还是常见的。一个作道士装束，有时，戴着道帽的人，手里拿着"渔鼓"和"简板"，挨门逐户的歌唱乞求。当他停留在你门前的时候，先把"渔鼓"敲起，"简板"响起，然后来上一阕呜呜咽咽的所谓"道情"。唱完了，等待你的施与，先是沉默，后是催促，最后继之以谩骂。你施与了，如果他嫌少，那脾气坏的，就会一怒而扔

---

① 参见卿希泰《中国道教》第 4 卷，东方出版中心 1994 年版，第 33 页。

诸地。满意时，也不拿手去取，用"简板"的下端把钱拨到"渔鼓"里去。①

（四）道教戏曲

道教的神仙超凡入圣，他们能上天入地，自由自在。元始天王、西王母、赤松子、鬼谷子、张天师、许真君、陈抟老祖以及八仙等，都是人们熟知的神仙人物，围绕他们演绎出一个又一个超凡入圣的神仙故事。后来这些神仙故事被人们搬上舞台，成为戏曲的一个特殊品种——道教戏曲。

在我国文学史上，元曲与唐诗、宋词并列为三座高峰。元曲分为散曲和杂剧两种，散曲属于清唱的诗歌形式，而杂剧则是在舞台上演出而兼有"说、唱、演"的综合功能。道教戏曲就包容在杂剧之中，它以神仙、道士为主人公，表演神仙度脱、飞升或道士修道的故事。明代戏剧家朱权《太和正音谱》将元杂剧分为12科，其中第1科"神仙道化科"和第2科"隐居乐道科"基本属于道教戏曲。②

据钟嗣成的《录鬼簿》载，元代的杂剧剧目有400余种，其中以神仙人物为主角、反映道教生活的作品约有40种，占杂剧总数的1/10左右。现存的元代道教戏曲，根据隋树森《元曲选外编》等书的统计，尚有17种之多，包括著名元曲大师马致远的《西华山陈抟高卧》、《邯郸道省悟黄粱梦》、《马丹阳三度任风子》、《吕洞宾三醉岳阳楼》，吴昌龄的《张天师断风花雪月》，谷子敬的《吕洞宾三度城南柳》，王子一的《刘晨阮肇误入桃源》，岳伯川的《吕洞宾度铁拐李》，贾仲名的《铁拐李度金童玉女》、《吕洞宾桃柳升仙梦》，史九敬仙的《老庄周一枕蝴蝶梦》，宫大用的《严子陵垂钓七里滩》，范子安的《陈秀卿误上竹叶舟》，杨景贤的《马丹阳度脱刘行首》，关汉卿的《望江亭中秋切鲙》，

---

① 参见阿英《夜航集》，上海良友复兴图书印刷公司1935年版，第240页。
② 参见卿希泰《中国道教》第4卷，东方出版中心1994年版，第34页。

无名氏的《萨真人夜断碧桃花》、《汉钟离度脱蓝采和》。①

从上述 17 种道教剧目所表现的题材和思想来看，道教戏曲可分为四种类型：第一类是传道度人，宣扬道教神仙观念，代表剧作是马致远的《邯郸道省悟黄粱梦》，表现的是全真道祖师钟离权通过梦的形式来度化吕洞宾。第二类是点化精怪的故事，精怪在经仙人点化之后也能成为人或仙，代表剧作有《吕洞宾三醉岳阳楼》，说的是吕洞宾到岳州的岳阳郡点化柳树精和梅花精，转世投胎为人。第三类是神仙断案的故事，宣传道教的天条戒律，代表剧作有《张天师断风花雪月》，该剧写书生陈世英得了相思病，张天师如何作法审理桂花仙子犯天条戒律的事。第四类表现道人隐居修真生活，宣扬道教的"清静"、"寡欲"，代表剧作有《西华山陈抟高卧》，演述华山道士陈抟不贪名利、专心修行的故事。

道教戏剧所表现的最终目标是超凡入圣，剧中的神仙、道士都有一套了不起的本领，如吕洞宾能让人起死回生，还能点化精怪。就连仙术略逊的张天师也能捉拿害人的桂花仙女，把她发配远方。试看《张天师断风花雪月》中的一段：张天师一击令牌，这样吟道："一击天灵，二击地灵，三击五雷，速变真形，天圆地方，律令九章，金牌响处，万鬼潜藏。"

张天师用的是请神弄鬼的办法，生生地将桂花仙子捉了出来，本领确实高强。

元代道教戏曲作者多是受歧视的汉族知识分子，他们对废除科举制强烈不满，宣泄心中的愤懑，因此在元代道教戏曲中对人世的宦海悲剧也多有揭露。如《西华山陈抟高卧》中陈抟唱道："三千贯二千石，一品官二品职，只落得故纸上两行史记，不过是重茵卧列鼎而食，虽然道臣事君以忠，君使臣以礼，哎！这便是死无葬身之地，敢向那云阳市血染朝衣……"

宦海的沉浮，君臣的虚伪，通过陈抟之口作了无情的揭露。

---

① 参见卿希泰《中国道教》第 4 卷，东方出版中心 1994 年版，第 51—52 页。

明代道教戏曲创作仍有发展，著名的有：朱有墩撰的《紫阳仙三度常椿寿》、《东华仙三度十长生》、《群仙庆寿蟠桃会》、《张天师明断辰钩月》、《南极星度脱海棠仙》、《吕洞宾花月神仙会》、《瑶池会八仙庆寿》等，特别是他编的《瑶池会八仙庆寿》剧目，系统整理了八仙故事，人物形象活跃生动，情节波折起伏。该剧流传至今，依然为民众所喜爱。

总而言之，道教文学作品集知识性、趣味性、历史性、民俗性、审美性为一体，表现了道教以及名山道观的幽雅超绝、梦幻迷离，为景点平添玄妙色彩，为山河增辉，使大自然多了一分神韵，让自然景观有了灵魂，更让人迷恋向往。

四　长江流域的道教美术

道教美术，作为一种具象性的艺术门类，在道教产生的早期就已被道门中人及崇道人士作为宣传道教教理教义或为修道生活服务的一种手段。道教刻意通过美术的手段，将其教理教义、神仙信仰等转化为艺术形象来感染、影响大众，进而深化人们的宗教情感。长江流域的道教美术作品凝聚了历代道门人士、艺术大师以及能工巧匠们的智慧和汗水，刻意追求仙风道骨、仙情雅趣，具有很高的艺术审美价值和历史价值。

倘若你走进道观，经山门入大殿，从大殿到偏殿，从前殿转后殿，七转八绕，一定会见到每个殿里都有神仙塑像、壁画和水陆画等，一派仙风道骨，这就是道教的美术作品。另外，一些道士和文人画家以道教内容在纸或绢上作的文人画，以及散见于道教庙宇和名山的道教始祖、神仙鬼属的石刻造像，也是道教的美术作品。一般来说，道教美术作品分雕塑和绘画两大类。

（一）道教塑像

道教是多神教，信仰的神灵很多，有的高居天界，有的潜隐水府，能上天入地，乘龙飞腾，能呼风唤雨，驱邪降瑞，抚育众生……他们的经历和神威是人们祭祀和崇拜的依据。道教赋予各路神仙与其经历和神通相适应的各种相貌，有的威严凛肃，有的慈眉善目……由此而形成了人格化、典型化的神像。

据文献记载，早期道教是不供奉神像的。认为道教的神至高无上，变幻无方，人们无从见到他们的真容，所以不供奉神像。这样固然玄妙，但不利于民众祭拜崇奉，也就不利于道教传播。大约在南北朝时，道教借鉴佛教的作法，开始供奉神灵图像或塑像。唐宋时期，得以大盛。

道教神像的塑造都有一定的格式，对于不同地位的神有着不同的要求和规定。据道书《洞玄灵宝三洞奉道科戒营始》规定，造像必须"依经具其仪相……衣冠华座，并须如法"。如塑天尊，须"披以九色离罗或五色云霞、山水杂锦、黄裳、金冠、玉冠"，而"不得用纯紫、丹青、碧绿"来装饰；真人"不得散发、长耳、独角，并须戴芙蓉、飞云、元始等冠"，左右二真"皆供献或持经简，把诸香华，悉须恭肃"，金刚"按剑持杖，身挂天衣飞霞、宝冠，足蹑巨山、神兽、诸鬼之上，立作杀鬼之势"等等。[①] 道教认为造像时如不依定式，或有不恭之处，就会"鬼神罚人"。可见，造像工程本身也成了一种对神仙信仰的方式。

道教塑像还要求形神兼备而尤重传神，要显示神像的神性，神的威严，反映道教的宗旨，表现内在的美质和神通。例如各道观供奉的玉皇大帝像，这位天界的君主被塑造成面貌雍容和善，却又端庄严肃，双目下视，头戴平天冠，身着朝服，显示出无上的权威。

道教塑像采用了写意夸张手法，如供奉于道教山门的护法神王灵官，被塑造成身披金甲、手执金鞭、足踏风火轮立于云端，竖眉立眼，脸有三目，眼球突出，脸部肌肉紧张，要使一切鬼神望而生畏，是一位威力无边的"神人"。

道教塑像作品主要包括两大类：道教宫观造像和摩崖石刻造像。

长江流域各地宫观所存的泥塑彩绘神像和铜铸神像，难以计数，也难以一

---

① 《道藏》第24册，文物出版社、上海书店、天津古籍出版社1988年版，第662页。

一述及，仅列举一二加以介绍和分析。

四川青城山常道观（天师洞）三皇殿三皇造像。三皇指我国上古传说中的伏羲、神农和轩辕黄帝，道教中尊为天皇、地皇、人皇。这三尊石雕像为唐开元十一年（723年）雕造，是唐代造像精品。造像各高约1米，伏羲、神农须发卷曲，身穿用树叶缝制的披肩、围裙，伏羲手抱一八卦太极图，神农手握一枝草药。黄帝像则头戴冠冕，身穿帝服，长髯，目光平视，一手扶膝，一手握腰带，坐于石座上，神态端庄，气宇轩昂，俨然一副后世帝王的形象。

四川梓潼文昌宫铁铸神像。正殿文昌殿中的文昌坐像高约4.7米，重约30吨，是最大的文昌铁铸像。其余神像高约2米，重约万斤。这些神像体态匀称，面形丰满，彩饰金身，工艺精湛，毫无瑕疵，实属罕见。这些铁铸神像造于明崇祯元年（1628年），为研究古代的冶铁工艺提供了宝贵的实物资料。

武当山各宫观庵堂供奉的数千尊道教神像。唐宋以来，武当山各宫观庵庙曾供奉过数以万计的道教神仙塑像，明末以来，由于历次兵火之灾和政治运动的毁坏，许多神像被毁坏。据1980年6月武当山文物普查组调查，全山存有宋元明清各代塑像1504尊，其中真武神像127尊。[①] 这些神像大致有三个来源：一是历代皇帝和官僚贵族铸造斋送上山的，二是历代道士在山建殿塑像或募缘铸造神像请回本山供奉的，三是民间信士施财在山塑造成形后斋送上山的。这些道教神像体现了古代雕塑艺术的发展水平和时代特色，是中国古代造像艺术的精华和瑰宝。如太和宫金殿供奉的真武大帝等五尊神像，是明初铜鎏金艺术的精品。真武大帝坐像端坐于金殿正中的铜制宝座上，高1.86米，披发跣足，着袍衬铠，丰姿凛然，表现出一种宁静超然、威严睿智、雍容大度的神圣气度。侧侍金童玉女、水火二将像。金童拿着文簿，玉女托着宝印，拘谨恭顺；水火二将执旗捧剑，勇猛威严。又如明代铸造的张三丰坐像，原供奉在

---

① 参见中国武当道教网《武当道教神像的来源及价值》，http：//www. longquanzs. org/articledetail. php？id=17774，2011－04－08。

遇真宫，今奉在榔梅祠中，像高 1.415 米，头结发髻，身着道袍，大耳圆目，脸庞丰润。该造像铸于明永乐年间，是现存最早的张三丰造像。陈少丰著《中国雕塑史》中这样评价："这件作品塑造了一个正襟危坐、面容慈祥的儒雅长者，仿佛他在蕴蓄着无尽的沛然真气。衣纹的妥帖、流畅更像有一股潜在的雄风隐然充溢于内。这件道教雕像是永乐十五年（1417 年）内官监铸造，确实可以代表当时高度发达的金属铸像艺术水平和工艺技术水平。"①

苏州玄妙观三清泥塑像，是宋代的道教造像。元始天尊、灵宝天尊、道德天尊三清神像高坐于三清殿内正中精致的万年台上，三清神像各高 2 丈左右，泥塑妆金，神态庄重和蔼，垂眸微笑，形貌典雅，衣褶自然。三清神像周围，还供有玉皇大帝、十二天将、六十花甲星宿塑像，造型、神态各异。三清殿中济济一堂的神像，堪称宋代塑像中的精品。

道教摩崖石刻造像是指在山崖开凿的洞窟内外所作的雕塑，这是道教仿效佛教开凿石窟、塑神像的做法，于南北朝时开始盛行。现存的道教石刻造像在长江流域一带主要分布于四川和重庆境内。四川绵阳西山观下的老子石刻像和四川青城山天师洞石刻伏羲、神农、黄帝三皇像，均系唐代作品，为长江流域现存最早的道教宫观石刻造像。四川、重庆现存有 100 余处摩崖造像，其中道教造像占 28 处，分布于大足、绵阳、剑阁、安岳等 10 多个县中，尤以大足石刻和安岳石刻最为知名。

大足石刻，位于重庆市西北 200 公里处，被誉为我国石刻艺术的宝库。在这个宝库中，也有一些道教石刻造像，大多是南宋时期的作品。主要造像有三清、三皇、玉皇、炳灵、东岳、紫微、斗姆等，刀法熟练，是典型的道教石刻造像。如大足石篆山的太上老君像，脸型圆长，头挽发髻，面有髭须，宽袖大袍，手执拂尘，神情庄重，表现出一种宁静、飘逸的风度。

在大足石刻不远处的安岳石刻，共有道教造像 1000 余躯，主要是三清、

_____

① 参见陈少丰《中国雕塑史》，广州岭南美术出版社 1993 年版，第 620 页。

真人、武士造像。三清尊神头着芙蓉冠，身穿道袍，银须飘洒，神态恬然。真人像立于莲台，身躯修长，身着道服，头挽髻，庄严肃穆。武士头戴铁盔，身披金甲，下着战袍，腰间束带，或抱剑，或持叉，令人望而生畏。据碑记，这些石刻开雕于开元十八年（730年），前后经过19年，直到天宝七年（748年）才竣工。这是盛唐时期的道教石刻，是留存较早的道教艺术珍品。

（二）道教绘画

中国画随着佛教、道教的发展，出现了佛、道画种，始于晋，盛于唐宋。其间，涌现出一批专工佛、道的画家，他们在佛、道寺观中绘壁画，或用纸笔作文人画。他们绘出了飘逸高雅的神仙画像，生动的神话传说和历史故事，以及时代风情。

道教壁画是在道教宫观墙壁上或石窟内的石壁上绘制神像、神仙故事用以宣传教义，表达道教神学思想或积善行德思想的一种重要形式。如江苏常州的白龙观的山墙上绘制的"百孝图"，人物栩栩如生，再现了中国民间所传的各种"孝"的故事，吸引了众多道徒和游客前去观看。道教壁画采用白描、工笔重彩、勾勒平涂、水墨写意、沥粉贴金等技法绘制。所用颜料多是石青、石绿等矿物颜料，图画色彩鲜艳，可经久不变色。道教壁画的作者们驰骋笔墨，发挥艺术想象，留下了众多壁画佳作。其绘画风格是自然粗犷、似梦似幻，特别是对天庭仙境的绘制引人入胜，给人一种飘飘欲仙的"升天"之感。

留存至今最有名的道教壁画在北方，兹不细述。在长江流域各宫观内，没有像北方那样驰名的壁画巨作，但从六朝隋唐以后长江流域也涌现出一些善画道观壁画的画家和一批壁画佳作。如绘于南宋的苏州玄妙观弥罗阁壁画，所绘洛神、刘海蟾像灵动如生。而绘于明初的武当山紫霄宫壁画《八仙降福图》、《琴高跨鱼图》、《太子修仙图》、《二十四孝图》等，构图严谨，色彩艳丽，造型生动，笔力遒劲。又如绘于清代的武当山磨针井祖师殿内的壁画《真武修真图》，共有八幅，描绘了真武从辞别父王到武当山修道、飞升成仙等系列过程，每幅画都布局有序，构图巧妙，人物形象古朴，鸟兽灵动雄杰，不愧是清代道教壁画的佳作。近些年来，在一些道教宫观内加绘了一些反映道教故事的壁画，如武汉长春观太清殿两壁的《老子讲经说法图》和《老子过函谷关图》、《老子炼丹图》等，但其历史、艺术价值不及上述宫观壁画。

文人道画始于东晋大画家无锡人顾恺之，人称之为"才绝、画绝、痴绝"。他崇尚老庄，喜画象征老子的云龙，附会了老子犹龙的说法。此后，若隐若现的云龙画就成为道画的特色之一，在中国众多的龙画中独树一帜。顾恺之还精于神话性的飞禽走兽图和神仙图像画，他绘的道画有《云台山图》、《水府图》、《列女图》、《洛神赋》等。并撰有论述道画的专著《画云台山论》，书中叙述了他绘张陵道祖故事画的内容和构思，为中国道画奠定了理论和技法基础，是重要的绘画史资料。

唐代名画家吴道子擅画佛教人物和道教神仙，但现存他的道作极少。所画太上玄元皇帝像（太上老君像），后来刻石于苏州玄妙观，得以传世。唐代另一知名画家张南本奉唐僖宗之命所画的《天神地祇》、《三官五帝》、《雷公电母》、《岳渎神仙》及蜀中诸庙120余帧，千怪万异，轰动一时。唐宋时期，还有阎立本兄弟和武宗元所画的道画，俱知名。元代文人画家因不满异族统治多对道教有感情，故元代画家善画道画者居多，元代长江流域有一批道画高手，如赵孟頫、颜辉、邹复雷、张渥等。颜辉的传世之作《李仙像》，所画铁拐李侧坐石上，神情肃穆，笔法精劲。明清两代长江流域文人画家工道释画者不多，但仍不乏名家，如明代画家倪端、吴伟、戴进、谢时臣等，清代扬州画派的金农、黄慎等，都精于佛画、道画。吴伟所作《北海真人》像，画中仙者悠然泛海，昂首天外。谢时臣所作《武当南岩霁雪》、《武当紫霄宫霁雪》，构图奇特，选景别具一格，表现了道教仙山的神韵。金农所作的张天师像，以古拙的笔墨趣味，展示了超凡脱俗的雅趣。近代画家张大千早年寄居青城山中，留下了王母、麻姑、陈抟、纯阳和张陵等道教人物画。

在众多的道画中，还有许多作者本人就是道士。唐五代道士张素卿居青城山常道观，好画道画，所绘道门尊像，天帝星官，笔纵洒落，不落俗套。史载画有《老子过流沙图》、《五岳朝真图》、《九皇图》、《五星图》等。前蜀主王建修青城山丈人观，请他在真君殿上画五岳四渎真形、十二溪女，并树木、山林、溪沼诸神及岳渎曹吏，所画笔迹遒健，神采欲活。张素卿被尊为"一代画手"，宋元道观无不将其画作奉为典范。他既师吴道子之长，又潜意创新，可以说对道教美术的发展起了承前启后的作用。此后，长江流域出现了一批知名道士画家，宋代有王显道、丁野堂、欧阳楚翁、叶子瑞等，元代有黄公望、倪瓒、王蒙、张彦辅、马臻、方从义等，明代有张宇初、张宇清、王国舜、吴孺子等，清代有朱耷、王恒、汤谦、卞赛等。他们创作的作品，或飘逸舒展，或古拙洒脱，多为传世之作。如常熟人（一说浙江杭州人、湖北新洲人等）全真道士黄公望，按照道教崇尚自然、清静无为的审美思想，以描绘真山水为本，其重要作品《富春山居图》，画面峰峦起伏，丘壑结构复杂但井然有序，江水平静，风和日煦，村居野屋，疏落有致，时有垂钓者放舟于江心。看似描绘富春景色，实则为黄公望心中世外桃源的艺术再现。全图用墨淡雅，山和水的布置疏密得当，对后世画风影响极大，被称为中国十大传世名画之一。黄公望被尊为"元四家"之首，在中国绘画史上独树一帜。又如江西龙虎山上清宫道士方从义，擅画云山墨戏，笔致跌宕，意境苍茫，人称"高旷清远"，传世之作有《云山深处图》、《东晋风流图鉴》，笔极沉着恣肆。

在道教绘画中还应值得关注的是版画。道教版画包括的范围较广，如道经插图、神像、年画、镇宅灵符、修真图、名山导游图等。道经中的许多插图都是极其珍贵的版画艺术品，如《正统道藏·洞玄部》中的《许太史真君图传》2卷，就是关于净明道供奉的许逊真君神话故事的连环画，共有版画64幅。

道教美术作品具有极高的观赏价值，其内容和技法对中国民间美术有深刻而广泛的影响，至今仍然可以在壁画、版画、年画等艺术形式中看出。道教美术因其观赏性而可以以展览等形式直接成为很好的道教文化旅游资源。

五　长江流域的道教音乐

道教音乐又称"法事音乐"或"道场音乐"，汲取了中国古代宫廷音乐和民间音乐的因素，有鲜明的民族风格和精湛的艺术造诣。

（一）道教音乐的产生和发展

渊源于古代巫术的道教，很早就继承了"巫以歌舞降神"的原始舞蹈动作和韵律祝辞，在斋醮活动中又不断吸收融合宫廷仪典音乐、民间祭神音乐，逐渐形成了具有浓厚宗教色彩的道教音乐。葛洪在《抱朴子·道意篇》中有"……撞金伐革，讴歌踊跃"的记载。撞金伐革即击钟鼓，讴歌即歌咏踊跃，即舞步。这是道教音乐较早的书面记载。此后经北魏寇谦之、刘宋陆修静改革制定斋醮仪式，步虚韵调广为流传，步虚是配上音乐和舞蹈在道场上赞颂表演，其旋律大多舒缓悠扬，平稳优美，犹如众仙缥缈轻举步行于虚空。在陆修静的《太上洞玄灵宝授受仪》中有步虚多首。不过在早期科仪中，道教音乐的资料留存极少。

唐代，道教成为皇室宗教，道教音乐盛行一时。高宗开其流，曾令乐工制作道调。笃信道教的玄宗扬其波，令道士、大臣进献道曲，还亲自研究道教音乐，亲自谱写了《霓裳羽衣曲》、《紫薇送仙曲》等斋醮乐曲，亲自教道士"步虚韵调"，并诏天台山道士司马承祯制《元真道曲》，茅山道士李会元制《大罗天曲》，工部侍郎贺知章制《紫清上圣道曲》。当时各民族文化大融合时期，道教音乐也吸收了民间音乐、西域音乐、宫廷音乐的成分来发展、提高自己。"却到瑶坛上头宿，应闻空里步虚声"，这类诗句就是对唐代道教音乐的真情赞许。

五代十国，道教音乐继续发展。《玄坛刊误论》载："广陈杂乐，巴歌渝舞，悉参其间。"《新五代史·前蜀世家》亦云：蜀主王衍"尝与太后太妃游青城山，宫人衣服皆画云霞，飘然望之若仙，衍自作《甘州曲》，述其仙状。上下山谷，衍常自歌，而宫人和之。"①

宋代，道教音乐更为完备。北宋时出现了《玉音法事》，这是现在能见到的最早的道教音乐谱集，它以曲线记谱法汇集了从唐至宋的道教曲谱共 50 首，记有曲调符号，其中有琼步虚词、金阙步虚词、空洞章、奉戒颂、三启颂、启堂颂、敷斋颂、大学仙颂、小学仙颂、焚词颂、山简颂、白鹤颂、玉清乐、太清乐、散花词等②。南宋时，道教音乐更加悦耳动听，因为重视了声乐和器乐的配合。据《元上黄箓大斋立成仪》卷五七载："时俗……工习音以为悦。"

金元时，随着全真道、正一道的形成，全真道乐和正一道派的音乐亦适应科仪的需要派生而出。特别是龙虎山的正一道乐，随着正一道地位的提高而发展完善。由元及明，朝廷常举行大醮，所以正一道乐不论在数量上还是在种类上，都称得上相当丰富。它主要由经韵音乐和曲牌音乐两大部分组成，在唱奏时既有神秘的宗教气息，又有民间流行的说唱表演、歌舞表演和器乐表演。道教音乐对民间乐曲和地域文化起到了一定的影响，如赣剧曲牌和弋阳腔曲调即源于正一道音乐。

明代，道教音乐更加规范和统一，进入它的定型时期。其时，全真道、正一道的斋醮仪范不仅规范齐备，而且有了新的发展，与斋醮并存的全真道乐和正一道乐，既承袭了唐宋元之旧乐，又吸收了南北曲音乐新制的道曲，甚至直接采用了民间音乐的素材。洪武年间，还出现了一本专门的道教音乐谱集——《大明御制玄教乐章》，录有道曲 14 首，采用传统的工尺记谱法记谱，从中可以看出，明代道教音乐的艺术水平已高于前代。这部由明成祖"御制"的道教音乐谱集，既代表了明代官方对道乐的整理，也表现了宫廷高雅的祭祀音乐的特点，后收入《正统道藏》，成为研究明代道乐的珍贵资料。

清代以来，民间道教活动仍很流行，正一、全真两大道派音乐基本上承袭

---

① 参见卢世菊《紫气清风——长江流域的道教》，武汉出版社、中国言实出版社 2006 年版，第 180 页。
② 《道藏》第 11 册，文物出版社、上海书店、天津古籍出版社 1988 年版，第 120—132 页。

明代的传统。甚至到 20 世纪 40 年代，道教斋醮仪式在南方农村中仍很流行。

中华人民共和国成立后，有关音乐舞蹈的研究部门曾在长沙、苏州等地搜集、整理道教音乐，编印了《湖南宗教音乐》、《苏州道教艺术》等谱集。近 30 年来，随着道教文化研究的深入，学术界、道教界大力开展对道教音乐的收集整理工作，尤其是对武当山道教音乐和龙虎山正一道乐作了系统的搜集整理。武当山道教音乐在明代曾遵宫廷礼乐惯例，配置 400 名乐舞生。至中华人民共和国成立前夕，武当山道场历经兵火，宫观毁其半，道众锐减，但仍有执乐的道士 80 余人。1980 年后落实宗教政策，湖北省文化厅和武汉音乐学院着手抢救、挖掘、整理行将失传的武当道教音乐，辑成并出版了《中国武当山道教音乐》等专著，还录制了磁带，使武当道教音乐资料得以完整地保存下来。为了抢救龙虎山正一道乐，1993 年 8 月，武汉音乐学院道教音乐研究室和龙虎山道教协会联合发掘整理出版了《中国龙虎山天师道音乐》，收集道教乐曲 106 首，采用现代方法记谱，对不同曲牌和道曲作了分类，使正一道音乐更加规范化。

（二）道教音乐的形式和特点

因为道教相信音乐能"感动群灵"，能"极乎天而蟠乎地，行乎阴阳，而通乎鬼神，穷高极远而测深厚"，因此在各宫观举行的斋醮仪式中，必须诵经奏乐、乐伴经奏、经和乐诵。乐舞生衣冠楚楚，执乐持经，高冠披蟒，带剑作法，踏罡布斗，一招一式，一唱一念，均须随道乐节奏，殿堂内经韵缥缈，乐声悠扬。

这一套繁杂的道教音乐演出场面，从音乐形式上看，有声乐和器乐两类，声乐形式有独唱、齐唱、散板式吟唱，是斋醮音乐的主要组成部分。器乐形式有鼓乐、吹打乐以及器乐合奏等多种，常用于斋醮仪式的开头和结尾、唱曲的过门、前后口诵的衔接、经师列队的变化以及高功踏罡步斗的禹步等场面。从声乐体裁上看，道教音乐可分为颂、赞、步虚、偈等样式。道教斋醮活动名目繁多，有禳灾、祛瘟疫、悼亡、延寿等各种法事。根据法事情节的需要，可串联组合成各种颂、赞、步虚、偈等道曲。法事不同，音乐的组合也随之变化。特别是正一道乐，在斋醮法事中的组合串联形式多种多样。这种音乐形式的频繁更换和灵活组合，使整个斋醮过程实际成为宗教仪式的演出，恰如其分地表现出镇煞驱邪、庄严威武的雄风，召神遣将、飘拂飞翔的神态，祈盼风调雨顺、家和人安的心情，清静无为的缥缈意境。在长期演出过程中，道教音乐日益丰富。20 世纪 50 年代以前，在南方各省看法事欣赏道教音乐如同看戏一般，仍是农村文化生活的盛事。

道教音乐的诵唱和演奏，都由道士充任，他们手执法器（铃、鼓等打击乐器，边唱边打而演奏管弦乐者不诵），这就不仅要熟悉道教经卷、斋醮仪式，而且有演唱道曲、演奏乐器、吟表（类似戏曲的念白）、禹步等艺术素养。只有在唱、念、做、奏等方面才能出众的道士，才有资格在斋醮法事中担任"都讲"、"高功"等较高的职务。所以，江南民间流传着一句谚语："出一个秀才容易，出一个好道士难。"正一派道士学道，从小就要花费大量时间学习唱、奏基本功，如近代戏曲科班习艺。由于严格的训练，近代南方各省的正一派道士，大多有初级的艺术水平，还涌现出一批著名音乐家。大家非常熟悉的民间音乐家瞎子阿炳，童年至青年在无锡雷尊殿做道士，经过长期的道教音乐熏陶和道教音乐实践，他的《二泉映月》已家喻户晓了。

道教音乐是一种有地方性、群众性的宗教音乐。南方的语言、音乐因地而异，千差万别。不同地域的道教，把道教斋醮与地方风俗、地方音乐结合起来，以便为群众接受。同一旋律的音乐，各地有不同的演奏风格。例如同一首步虚曲调，苏州与上海不同。苏州腔古朴而严谨，上海腔缓慢庄重，而起伏连绵。正一派音乐，在祖庭龙虎山天师府吸收了江西民歌小调和曲艺、赣剧的不少成分，在苏州玄妙观则与苏南吹打乐一脉相承。全真派道乐中，川西道乐和武当道乐的旋律也不一样，川西道乐吸收了四川清音、扬琴以及川剧高腔音乐的风格，武当道乐则明显含有南北音乐混融的色彩。

南方诸省正一派道教的斋醮仪式，除少量在宫观中举行外，绝大多数是在民众集会和信徒家中举行。能否"感动群灵"，只有天知道，民众是否喜爱才是主要的。道教音乐的地方性、群众性特点，正是在顺应各地风土人情以及欣赏习惯的条件下，发展和积累起来的。

还需说明的是，道教音乐使用的乐器称为法器，主要以钟、磬、鼓等打击乐器为主，后来又增加了吹管、弹拨乐器和拉弦乐器。正一道乐和全真道乐，各自使用的法器颇有区别。正一道乐是以丝竹管弦伴奏为主，如龙虎山天师道道乐一般有二胡、洞箫、笛子、小唢呐、长号、海螺，另有小堂鼓、大小钹、云锣等；全真道乐则是以打击乐器为主，加入丝竹管弦之乐，如在武当道教音乐中，有钟、鼓、磬、铙、钹、云锣、铛子、木鱼等打击乐器，另有笙、管、笛、箫等吹奏乐器。

道教音乐在长期发展中所形成的音乐理论、优秀乐曲和声乐器乐技巧，给历代音乐家的创作以广泛的影响。不少音乐家创作了深受道教音乐影响的作品，如唐代的《霓裳羽衣曲》，南宋的《庄周梦蝶》，明代以后的《羽化登仙》、《逍遥游》、《八公操》、《颐真》等曲。时至今日，道教音乐在中国民族民间音乐方面仍占有重要地位。尤其是云南丽江的纳西古乐，以道教洞经音乐为主干，近几年来已闻名遐迩了。在道教景区建设时，如果把道教音乐这一要素用活、用好，可以为旅游活动增添许多意蕴与活力。

六　长江流域的道教建筑艺术

道教徒进行长期修炼、供奉祭祀神灵、举行斋醮祈禳等仪式，都需要专门的活动场所，这个场所就是道教的宫观庵堂等建筑。伴随着道教的发展，其宫观建筑也有一个历史发展过程，逐步形成了一种为其信仰宗旨服务的、反映道教思想特点的建筑风格。作为一种建筑群体，道教建筑不仅具有使用价值，而且充分体现了道教的艺术风格，成为我国文化史、建筑史上一笔宝贵的财富，也成为今天正在开发的极富魅力的旅游资源。长江流域的名山福地和城镇乡村分布有许多道教宫观建筑，如前所述，著名的有青城山常道观、成都青羊宫、梓潼文昌宫、武当山太和宫、龙虎山天师府、茅山九霄万福宫、苏州玄妙观、上海城隍庙等，这些道教建筑或规模宏大、雄伟壮丽，或形制奇特、精巧别致，其独特的艺术魅力和审美价值为世人敬仰，驻足流连。

（一）从静室到宫观

张陵在巴蜀创立五斗米道时，设有"二十四治所"。在治所里，天师、祭酒让信徒跪拜思过，饮符水治病，念经奉道。这种治所被称为"静室"、"靖"或"草屋"等，取其安静、摒除干扰之义。从其名称可以看出，治所的建筑和设置很简陋，用途单一。《要修科仪戒律钞》卷十引《太真科》称："立天师治，地方八十一步，法九九之数，唯升阳之气。治正中央，名崇虚堂，一区七架六间十二丈，开起堂屋，上当中央二间上，作一层崇玄台。当台中央，安大香炉，高五尺，恒焚香。开东西南三户，户边安窗。两头马道。厦南户下飞格上朝礼。……崇玄台北五丈起崇仙堂，七间十四丈，七架，东为阳仙房，西为阴仙房。玄台之南，去台十二，又近南门，起五间三架门室。门室东门南部宣威祭酒舍，门室西间典司察气祭酒舍。"[①] 这一记述，把当时称为"天师治"的道教建筑说得颇为详细。所谓堂、室、间、架等都是指木架结构为主的中国传统建筑，早期道教的生活修炼和进行宗教活动的房舍，都是此类传统建筑。至于这一道教建筑中关于"崇虚堂"、"崇玄台"、"阳仙房"、"阴仙房"等的命名，显而易见是对道家、道教神仙思想的直接宣扬。

三国时期，江浙一带有与静室相类似的被称为"精舍"、"庐"、"馆"的道室。《三国志》中载有，琅琊道士于吉，"往来吴会，立精舍，烧香读道书制作符水以治病，吴会人多事之。"[②] 此精舍当与儒家的书斋、学舍以及佛家的云房等同类。居山修道者，住在山洞中，在洞旁筑馆舍，如许翙就曾居方隅山洞

---

① 《道藏》第 8 册，文物出版社、上海书店、天津古籍出版社 1988 年版，第 437 页。
② 《三国志》第 5 册，中华书局 1959 年版，第 1110 页。

园馆中，还有道士李宽的道室称为庐，道士杜明的道室称为治。

魏晋南北朝时，南方陆修静、北方寇谦之分别整顿改革道教，创立了新的南、北天师道，受到了统治者的欢迎。就长江流域来看，南朝的很多崇道皇帝纷纷延纳道士，为他们在都邑建修道的场所。如刘宋建崇虚馆、南齐建兴世馆、萧梁建朱阳馆等，这些道教建筑已有相当规模。

唐代，全国各地大建修道场所，奉祀老子。唐初仍以"观"统称道教的宗教场所，"宫"还是皇帝居处的专用名词。玄宗时，视太上老君为先祖，视道士为宗族，因而道教供奉老子的场所也沿用皇族所居的"宫"字了。道教"宫观"之称基本定型。此后，道教建筑规模较大者称"宫"，规模较小者称"观"。当时的道教宫观规模和工艺都达到了相当成熟的程度。唐玄宗曾下令免除茅山紫阳观附近 200 户百姓的租税，令其专管观中洒扫之事，可见道观规模不小。宋代，更建起了大量宫观，宋太宗曾令全国遍修宫观，造像祭神。宋真宗敕建玉清昭应宫，工程夜以继日，7 年乃成，共有殿宇 2610 余间，备极壮丽。

唐宋时期，道教宫观的形式和格局深受儒、佛建筑的影响。各地宫观建筑虽不相同，但都是由供奉神仙的殿堂、斋醮祈禳的坛台、修炼诵经的静室、生活居住的房舍和供人游览憩息的园林建筑等部分组成。这种建筑格局和形式都为后世道教宫观所承袭。

元明以后，全真道扩展到南方，因其主张出家清修，因而对宫观制度加以改革，仿照佛教禅院，建立了子孙庙和十方丛林系统。所谓子孙庙，即道长去世后，由嗣法弟子接管，犹如家产的子孙继承。所谓十方丛林，不招收弟子，只为各小庙推荐来的弟子传戒。如武当山各宫观，就有丛林堂与子孙庙之分。

清末以来，道教江河日下，加之天灾人祸，很多精美的道教建筑遭到毁坏和废弃，这对于研究道教宫观的沿革和中国古建筑都是重大的损失。

（二）独特的建筑风格

道教宫观建筑与佛教建筑以及其他外来宗教建筑相比，世俗气息与人伦情调浓郁得多。从建筑结构上看，是以中国传统的木构架建筑为主，每座建筑以"间"为单位构成单座建筑，再以单座建筑组成庭院，进而以庭院为单元组成各种形式的建筑群，充分吸收了中国传统院落的风格。

但由于道教宫观的功能主要是供奉神灵、道士修炼、举办斋醮等仪式的场所，因此其形制和布局仿效天象，按五行八卦方位确定主要建筑位置，其风格和结构体现出道教的教义与哲理，颇具神秘色彩。

1. 天地阴阳、五行八卦的形制和布局

道教宫观建筑一般讲究天地阴阳、五行八卦的形制和布局。从总体布局看，道教宫观一般都坐北朝南，体现天南地北、乾南坤北的思想，以子午线为中轴，将道教尊神的殿堂建在中轴线上，前后递进，分二进、三进或四进院落。大型宫观还根据日东月西、坎离对称的原则，分左右两路建造供奉诸神的殿堂。中轴线两侧，则是道士膳堂和房舍等一类附属建筑。这是按中轴线前后递进、左右均衡对称展开的传统建筑手法。如正一祖庭龙虎山上清宫，山门以内，正面是主殿，两旁是灵官殿、文昌殿，沿中轴线上设有规模大小不等的玉皇殿、三清殿、四御殿等。

按阴阳五行的说法，东方七宿（角、亢、氐、房、心、尾、箕）组成龙象，色青，称"青龙"；西方七宿（奎、娄、胃、昴、毕、觜、参）组成虎象，色白，称"白虎"；南方七宿（牛、鬼、柳、星、张、翼、轸）组成鸟形，色红，称"朱雀"；北方七宿（斗、牛、女、虚、危、室、壁）龟蛇合体，色黑，称"玄武"。共四灵，合为四方四神二十八星宿。道教以四灵二十八宿神是护卫神，而且由于二十八宿代表整个天宇，因此，用二十八宿的运动描摹天象的周行不息的观念来建造宫观。如成都青羊宫三清殿，整个大殿共有 36 根大柱，其中木柱 8 根，石柱 28 根。木柱 8 根，代表着道教的八大护法大王；石柱 28 根，代表着天上的四灵二十八宿。整个建筑仿效天象，体现法天象地思想。

按八卦方位建筑的宫观也很多，有的甚至直接以八卦命名。如张天师分设 24 治，其中分为上八治、中八治、下八治，就与八卦对应。龙虎山天师府的道教建筑大堂、灵芝园、留侯家庙、万法宗坛等都是围绕着天师起居之地——三省堂，周边按八卦位——一对应排列。三省堂正处在八卦布局的中心——太极上，天师居此，沟通人神、控制阴阳，指挥四象五行。又如江西上饶三清山的道教建筑群是在山谷小盆地边沿，按八卦方位排列八大建筑，南有雷神庙，北有天一水池，东有龙虎殿，西有涵星池，东北有王祐墓，东南有詹碧云墓，西南有演教殿，西北有飞仙台，它们都围绕着中间的丹井和丹炉。这组建筑不仅合于阴阳五行学说，而且体现了道教丹鼎派取人体小宇宙对应于自然大宇宙，同步协调修炼"精气神"的思想。

2. 顺应自然，回归自然

道教的宫观建筑还明显体现出道教崇尚自然、顺应自然、返璞归真这一基本思想。为便于修身养性，这些宫观大多建于幽静秀丽的被称为洞天福地的名山之中，巧妙地利用地形地貌，或依山傍水，或见水筑桥，或就洞修宫，或因高建殿，就地取材，灵活布局，构建出许多超凡脱俗、出神入化的道教建筑，形成一种以自然景观为主的道教园林艺术，刻意突出一种成仙或清修的意境。如武当山、青城山的道教建筑就是非常典型的因山就势而建的建筑，既保存了自然山水的壮伟秀丽，又突出了道教宫观的幽静神圣，体现了自然山水与道教建筑结合的风格。明成祖朱棣就武当山建金顶围墙专门下诏："敕隆平侯张信驸马都尉沐昕：今大岳太和山大顶，砌造四周墙垣，其山本身分毫不要修动。其墙务在随地势，高则不论丈尺，但人过不去即止。务要坚固壮实，万万年与天地同其久远。故敕。永乐十七年五月二十日。"[①] 强调的就是不要大规模开掘山体，要顺应自然之势来修建围墙。武当山紫禁城也因此成为体现"天人合一"、"顺应自然"的典范之作。

道教认为，高耸入云的山顶离天庭最近，是天地交汇之处，神仙真人出没之所。那里最容易见到神仙，因而修炼成仙的机遇就多一些。不少宫观被修在

---

① 杨立志点校：《明代武当山志二种》，湖北人民出版社 1999 年版，第 24 页。

高山的顶峰，如武当山的金顶就是在山巅砌城，城上修金殿，其高超的建筑技术令今人亦叹为观止。道教还认为，远离尘世喧嚣的山洞，也是神仙真人修真养性的洞天福地，那里不仅幽深，利于静修，说不定还会受到神灵的启示，跻身仙班呢。因此许多宫观筑于洞内或洞旁，以洞名观。如青城山的天师洞号称第五洞天，著名的古常道观就建在天师洞前；浙江楠溪江的陶公洞号称天下第十二福地，其文昌阁、广福灵真宫、胡公殿等就建在洞内。

就连建造在闹市中的道教宫观，为了使自己更接近于自然，也尽量在宫观内栽树种草，营造园林假山，展现道士热爱自然的情趣。如成都的青羊宫、武汉的长春观、苏州的玄妙观，就称得上是闹市中的洞天、人海中的丛林。

老子《道德经》指出："人法地，地法天，天法道，道法自然。"我国的道教建筑充分展示了这一思想，道法自然是我国道教建筑的一个突出特点，它为当今的园林设计和世俗建筑提供了很好的借鉴。

3. 鲜明地反映了追求吉祥如意、延年益寿、羽化登仙的思想

为了反映道教追求吉祥如意、长生不死以及羽化登仙等观念，道教建筑还在殿堂楼阁的门窗、墙壁上，以壁画、浮雕等形式进行装饰。如描绘"鹤鹿松猴"，象征高官厚禄；描绘日月星云、山水岩石，寓意光明普照、坚固永生；描绘扇、鱼、水仙、蝙蝠、鹿作为善、（富）裕、仙、福、禄的象征；以松柏、灵芝、龟、鹤、竹、狮、麒麟、龙、凤等造型或图案，分别象征友情、长生、君子、辟邪和祥瑞等。有的干脆直接使用福、禄、寿、喜、吉、天、丰、乐等字作装饰图案用在窗棂、门扇、裙板及檐头、斜撑、梁枋等建筑构件上，表达人们的生活愿望和追求，希求吉祥如意、福寿康宁、乐天超生、长生不老……这一切都使人感到平易、亲切，更接近于现实生活。

而且，道教的这些建筑构件以及所反映的吉祥如意、长生不老等思想，已经远远地超越道教的范围，深入到千家万户的各类建筑装饰甚至日常生活用品中，对中国建筑及民间民俗文化产生了深远的影响。

总之，这些独特秀丽，风格卓越的洞天福地和宫观园林承载了先人的智慧

和勤劳，凝聚着自然的鬼斧神工，体现人们对美好事物的追求，成为现代人们旅游的首选去处。

七　长江流域的道教养生术

生死问题是古今中外人人都十分关心的问题，在中国传统文化中是一个永恒的主题。中国有儒、佛、道三者都看到了生命的短暂和死亡的不可避免，先后提出了自己的生命学说。儒家认为死生有命，富贵在天，人无力过问，也无法主宰，暂且"守死善道"吧。佛教认为"苦海无边，回头是岸"，人生充满了烦恼和痛苦，只有皈依佛法，修成正道，方能摆脱苦难，进入西方极乐世界。他们一个重视现世却不能把握自己，一个轻视现世专为超脱作打算，那么，道教又是如何看待生与死的呢？

道教高扬"仙道贵生"的旗帜，以生命的永恒作为最高理想。他们希望走通由凡夫俗子变成神胎仙骨的道路，这条道路被称为"仙道"，可以达到精神与形体的永存。但他们深知，"仙道贵生"只是一种主观愿望，人的精神和肉体都受着不可抗拒的自然规律的支配，都要经过生老病死这一过程，因此，他们提出：通过一定的修炼，广积阴功，可以打破这一规律，寿命不仅可以延长，甚至可以长生，直至脱胎换骨，超凡为仙。他们满怀信心地喊出："我命在我不在天！"大有人定胜天之慨。

东晋时期，道教的第一个大理论家葛洪在《抱朴子·黄白》中说："我命在我不在天，还丹成金亿万年。"其意是说，人的年寿长短决定于自身，并非决定于天命。人只要注意自身修炼，安神固形，便可以长生不死。为此，道教研究、继承、实践出一系列修炼精神和形体的养生方法，包括：静功养性，动功健身，气功疗病，房中益寿，药物延龄，内丹长生等。

（一）静功养性

静功，道教中人又称为性功。道教金丹南宗大师白玉蟾认为神即性，气即命。可见，修心炼神即性功。

道教继承道家思想，认为人的心神性情最易受世事的骚扰，诸如功名利禄，情恨仇欲，都会造成气血亏损、生命短促。相反，如果能心静思净，就能使神足、气旺、精固。《庄子》中的"心斋"、"坐忘"，就是这种静养术的最早记载。在《庄子·人间世》里，孔子曾回答颜回提出的"心斋"问题，这"心斋"就是清除心中欲念，使心志纯一。在《庄子·大宗师》里，颜回则回答了孔子提出的"坐忘"问题，这"坐忘"就是"静坐而心忘"。这种功夫能忘记自身肢体的存在，能去除心智，同"大道"混同相通。《庄子》里关于"心斋"、"坐忘"的记载，虽说叙述的是儒家"心斋""坐忘"功夫，但却无疑应归于道家、道教名下，因为这是被作为道教经典的《庄子》披露的，或许是道家借儒家之口来展示自己的发明呢。在被奉为道教经典的《庄子》里叙述的这两种静功，为以后的道教徒们的静功修炼提供了最初的理论。

在此基础上，道教徒们经过长期的探索，逐渐形成了诸如"守一"、"存思"、"内视"、"存神"等静功修炼法术。所谓"守一"，即在身心安静的状态下，闭目静思至高无上的"一"（即道），使它进驻自己的身体，以求得长生。此养生方法在东汉时颇为流行，它所积累的经验，为后世内丹术所吸收，成为内丹修炼的一个重要环节。

所谓"存思"，则是在高度入静的情况下，闭合双眼或微闭双眼，将意念存放在体内或体外的某处，以求长生。"存思"往往根据存思的对象不同而有很多区别，最常见的有"内视"和"存神"两种。存思中以意念内观自身脏腑，经过修炼，据说可以闭目清清楚楚地看见自己体内的五脏六腑，这就是"内视"。"存神"就是存思体内各部分都有神灵居住，能与神合一就可登临仙界了。"存思"这种静功修炼术虽有许多神秘、虚妄之处，但在集中意念、调动内气从而达到健身等方面，对我国古代气功学的发展起了不可忽视的作用。唐末以后，渐为内丹术所吸收和取代。

以静功养性的修炼方术，大致盛行于魏晋南北朝以前。当时许多道教养生大师承前启后，撰成了许多重要的养生著作。在长江流域一带，如魏伯阳的《周易参同契》，张鲁（一说张陵）的《老子想尔注》，葛洪的《抱朴子·内篇》，魏华存的《黄庭经》，陶弘景的《养性延命录》，等等，既为道教的长生久视观奠定了比较完整的理论体系，也为追求生命之树常青的"仙道贵生"旗帜织出了最初的经纬。

（二）"动功健身"

动功，源于古代的导引术。导引术是一种宣导气血、伸展肢体的活动，它本是我国古代一种将肢体运动与行气、按摩、漱咽相配合的治病健身术，类似于现代的柔软体操。

古人认为，如果能够引导内气使身体和畅，伸展肢体使之柔软，便能收益寿延年之效。导引的渊源很古，我国最早的中医学经典《黄帝内经》就将导引与按跷（按摩）合在一起，列为五种基本的医术之一，可见早在此书产生之前，先人已经在用导引术祛病健身，并出现了将导引和行气相配合进行养生而致高寿的人物。先秦时代生于楚地的彭祖，相传活了 800 岁，史载他有一套保养身体、延年益寿的办法，其修炼方法之一就是坚持"导引行气"、按摩与漱咽相结合，当然，这是类如神话的传说罢了。葛洪《神仙传》载：彭祖"常闭气内息，从旦至中，乃危坐拭目，摩搦身体，舐唇咽唾，服气数十，乃起行言笑。其体中或疲倦不安；便导引行气，以攻所患。"说得如此细致，分明是葛洪伪托之辞。1973 年长沙马王堆汉墓出土的帛画《导引图》，绘有 44 个演炼导引动作的人物图像，图中人物多着庶民衣冠，男女老少都有，表明导引术在汉初已普及于社会了。

后来，导引术与方仙术发生关系，并为道教所继承，成为道教养生的主要功术之一。道教认为，导引可以调和气血，活动筋骨，祛风散邪，预防病痛。不过，道教导引术更强调吸气锻炼，在导引中配合行气、漱咽、内视、按摩等内容，所以现代气功学把它归入动功。

道教导引术在长期的发展中形成了众多的门派，创造了丰富的功法。《道藏》中就收有上千条导引功法，而且各宗各派还有秘传的功法。其中彭祖导引法、王乔导引法、赤松子导引法、宁封子导引法、华佗五禽戏、钟离权八段锦、吕洞宾小成导引法、张三丰武当拳等，成了千古流传的优秀功法，至今仍为人们所习用。特别是五禽戏、八段锦、武当拳，都是在大江南北广泛流行的著名功法。

五禽戏的编创者是著名道士、医学家华佗。华佗引述《吕氏春秋·古乐》"户枢不蠹，流水不腐"作为导引原理，认为人的身体要经常摇动，才能使浊气排除，血脉畅通，他模仿虎、鹿、熊、猿、鸟五种动物的活动形态创造出了一套完整的导引功法。不过如今的五禽戏几经传承，已经不是华佗传出的原样了。

八段锦最初大约出现于南宋，它依据《周易》中八卦的原理，分为八段，是把肢体运动、意念锻炼，按摩和内气运行相结合的导引法。据说只要经常习练八段锦，便能轻身健体，灾病俱除。八段锦流传至今，虽有一些改进，但变化不大。

由传奇道人张三丰创造的武当内家拳，把导引与武术结合起来，他提倡内气修炼，以静带动，以柔克刚。现在民间流传的太极拳、形意拳、八卦掌等，都是从内家拳演化而来的。

道教徒们创编导引术、修炼动功的目的，主要是为了祛病延年，以至长寿成仙。不过，从古到今未见有导引成仙者，导引健身治病倒是行之有效的。实践证明，道教导引术在剔去浓厚的神秘外衣之后，仍然是祖国医学、养生学的宝贵财富。

（三）气功疗病

静功注重内心的"静"，动功注重肢体的"动"，气功则是动静结合，但其核心在于"气"的呼吸锻炼。

道教继承了道家的气功养生理论和锻炼方法，加以改进和提高。道家宗师老子在《道德经》中说："抟气致柔，能婴儿乎？"意思是聚集体内的真气，能达到像婴儿那么柔弱而纯真的状态吗？老子实际上在说：大人通过气功的锻炼，也能达到婴儿般的状态。道家不但从婴儿身上悟出气功养生的原理，而且也在方法上得到启迪，从而提出了胎息、吐纳等炼气形式。这些，都为道教所继承和发展。

所谓胎息，是仿效胎儿在母腹中不通过鼻子而通过肚脐来呼吸的一种炼气方法。道教认为人通过修炼，调节呼吸，可以闭住口鼻之气，使气通过脐眼与外界联系，犹如胎气。如果人有了胎息的功夫，就可以返璞归真、返老还童，跳出生死局限之外了。

就现有的资料来看，最早懂得胎息的养生家当推传说人物彭祖。《神仙传》中说他"常闭气内息"，"内息"就是胎息。此后，据称颇有通胎息之高人。如传说生活在周幽王时代的异人章震，道门称之为"玉子"，他能闭气达百日。[①]汉代以后，胎息之法被道教所吸收，成为重要的仙术之一，在道门中秘传，有不少道士学过胎息。据说，三国时的吴人葛玄，胎息功夫极深，酷热难当时，他能潜入水底躺上大半天，太阳偏西了才钻出来。《历世真仙体道通鉴》载，唐代杭州有一道人马湘，"醉于湖州，堕云貉，经日而出，衣不湿，坐于水上"[②]。

胎息是道门人修习气法所追求的一种高深境界，其宗旨是要恢复到婴儿于母腹中的自然呼吸状态，这功夫可不好练。据说看胎息是否练成功，只要用鹅毛在他鼻子下试验，柔毛不动，表明他呼吸之气确不从口出。宋元以后，胎息演变为内丹功法的一个重要环节。

吐纳即吐故纳新，把胸中的浊气从口中呼出而吸进新鲜空气的呼吸调节法。古人认为，气为生命之本，人体之气与天地之气相通，如果经过不断吐出故气、吸纳新气，就可延年长生。道教继承并发展了这一理论。认为吐纳即吐

---

① 《道藏》第 5 册，文物出版社、上海书店、天津古籍出版社 1988 年版，第 163 页。
② 同上书，第 308 页。

出死气，吸取生气，可以与天地齐年，与日月同寿。据说活了160多岁的大医学家、道教理论家孙思邈，在他的《存神炼气铭》中说："气为神母，神为气子，神气若俱，长生不死。"

道教吐纳术有一个发展过程，早期强调以呼吸外气为主，有"服六气"、"餐霞"等具体功法，这大概是受道家"餐风饮露"一类能让人成仙的气功术影响。战国时，不少人相信有吸清风、饮露水、乘云驾雾的神人存在。屈原在《远游》中就设想自己能够服食天地精华之气，成为仙人。到两汉时，已经有人提出应以练内气为主，反对以外练为主的做法。到隋唐时，吐纳术主要倾向于服内气、元气。宋元以后，吐纳被内丹术所吸收。

作为动静兼容的气功流派，并不仅限于胎息与吐纳。道教气功术在发展过程中形成了上百种功法和流派，诸如行气法、淘气法、咽气法、调气法、节气法、炼气法、闭气法、委气法、布气法、六气法、服气法、治病气法、散气法等。经验证明，适当的气功对人体健康是有好处的。

（四）房中益寿

正一道士可以结婚生孩子，所以"张天师"能世代相传至今。正是在这种背景下，道教的房中术应运而生。房中术源于战国秦汉时期的神仙修炼术。班固在《汉书·艺文志》中评介说："房中者，性情之极，至道之际。……乐而有节，则和平寿考。及迷者弗顾，以生疾而殒性命。"可见，房中术本来是讲房中节欲、禁忌和男女性卫生的修炼术。据说，彭祖十分讲究房中术，商王曾亲自向彭祖请教性生活的知识，彭祖认为性生活如水火，用之适当有益健康，用之过度反成祸害。先秦时期，不仅有讲究房中术的人，而且有关房中养生的专著实繁有徒，《汉书·艺文志》中著录房中书《容成阴道》、《务成子阴道》等8家共186卷。① 1973年长沙马王堆汉墓出土的大批帛书和竹木简中，有医学著作15种，其中有5种为房中术著作。

---

① 参见詹石窗《道教文化十五讲》，北京大学出版社2003年版，第258页。

因为古代的房中术讲究的是房中养生、"和平寿考"，这恰好与道教的延年益寿的心理需求相应合，所以当传授房中术的方士转身为道士的时候，房中术自然也成为道教方术的一部分，并且受到了一些道教信徒的推崇。张陵最早创立的五斗米道重视养生，讲究生育之道，所以把房中术作为一种长生修炼术，乃至发展成一种集体修炼的宗教仪式，号为"男女合气之术"。道教认为此术可以爱精固气、求得"还精补脑"，健康长寿。葛洪《抱朴子·遐览》中的《素女经》，陶弘景《养性延命录》中的《御女损益篇》，《隋书·经籍志》中的《素女方》，孙思邈《千金要方》中的《房中益寿》等等，都对房中术有所论述。他们指出：男女阴阳不交并不符合天地阴阳之道，禁欲是违反自然规律和人性的，因此会有损健康长寿；但情欲也不可放纵，要爱气保精。他们相信房中修炼术与导引行气相结合，就能还精补脑。他们还特别指出，要懂得有关的卫生常识。如《素女方》、《养性延命录》中都指出，大风恶雨，地动雷电，霹雳交加，大寒大暑，春夏秋冬之节气转换日，以及喜怒忧愁悲哀恐惧之时，皆不宜行房事，否则会损身折寿①。道教的这些房事禁忌等要求，体现了道教养生长生思想。道教房中术所包含的这些有益的、科学的、合理的主张，迄今仍不无可借鉴之处。

至于道教房中术的一男御多女以"采阴补阳"等主旨，则是糟粕，既为社会道德所不容，亦为道门中有识之士所反对。北魏寇谦之改革北天师道时，将其斥为"三张伪法"，予以废除。及至宋代，理学家倡言"存天理，灭人欲"，房中术便成了众矢之的。加上当时有人专事张扬房中术的糟粕，把房中术变成肆行淫乱的手段。于是，房中术逐渐被社会和道士所唾弃，而成为暗流。

（五）药物延龄

道教是乐生、重生、重术的宗教，其核心信仰之一就是追求长生不老。其实，人总是要死的，长生不老只是人的一种美好愿望。但在道教中，孜孜以求

---

①　参见詹石窗《道教文化十五讲》，北京大学出版社 2003 年版，第 259 页。

的就是长生不老。有没有一种方法使人长生不老呢？道教告诉你：有。炼制外丹以供服食就是他们采用的一种具体的、主要的长生方法。

在道教产生之前，就已出现炼制外丹的萌芽。早在春秋战国时期，人们为追求长生不死，就兴起了各种延年益寿之道。当时的人们想：人的正常死亡，主要是由于生病，如果不得病，是否就可以不死？医药可以治病，那么是否有一种包治百病的好药，使人不得病，从而长生不死呢？神仙能够长生不死，一定是服食了不死之药，那么，和神仙搞好关系，就能得到他们的不死之药，有福共享了。于是，在战国时代，不断有方士前往燕齐滨海的蓬莱、方丈、瀛洲三座神山寻采不死之药；在南方，据《战国策》和《韩非子》记载，亦有人向荆王献"不死之药"。此后，秦皇、汉武不惜血本，大规模地寻仙祀神，以求不死之药，其结果可想而知。不死之药是否存在？人与神仙之间真的能彼此沟通吗？

这时，人们注意到一些草药既可以治病，在一定程度上甚至还可以延年益寿。我们今天知道，草药可治病，是因为它们杀死了人体中的病菌。但在古人看来，服药就是把药物的性质转移到了自己身上。如有人吃了九牛二虎，就有九牛二虎之力。这就产生了最早的、未经炼制的丹药。时间一长，人们发现服食草药的效果并不那么明显，噢，原来草药放久了就干枯朽败，下锅还可以煮烂，架火烧可成灰，自己都不能不"死"，如何能让人不死？于是，人们又去寻找一种本身就具有"不死"性质的药物。找来找去，他们发现了丹砂、铅、汞、黄金等几种物质。

丹砂是一种红色固态矿物，汞（即水银）就来自丹砂，可汞一烧炼又还原成丹砂。这在今天看来是科学常识，但在古人那里却是不可思议的，他们对丹砂、汞这种物质本性不变而形态可变的神奇性状不可理解，联想到神仙会变来变去，但自身依然存在。因此，古人赋予丹砂极其浓厚的神秘色彩，推崇备至。方士们不再入海访仙了，人们也不再以服食草木药求长生了，转而安炉置鼎，利用丹砂等矿物炼丹服食。于是原始的炼丹术思想萌芽了。

从文献上看，大约到汉武帝时，就有了炼丹砂成黄金的记载，又传说淮南王刘安召集了一批方士架鼎制丹，所炼的丹成熟了，自己和家属服下仙丹后，立即白日飞升上了天庭，而他家养的鸡呀狗呀，也因吃了刘安倒在地上的药渣，一下变成仙鸡仙狗，也跟着主人上了天，这就叫"鸡犬升天"。虽是传说，但从中可推知当时炼丹术的发展已有一定规模了。东汉一代已有许多炼丹的著作在社会上流传，著名的有东汉炼丹道士会稽上虞人（今属浙江）魏伯阳著《周易参同契》，这是世界最早的炼丹著作，对后世影响深远，被称为"万古丹经王"。

道教创立后，对人的生命表现出了最大的关注。道教徒在举行祈神降福、驱鬼避祸仪式的同时，也在寻求健康长寿的方法乃至长生不死的途径。方士们炼丹的实践和理论启发了道教，于是，道士们直接继承了方士们的炼丹遗产，从此开始了道教炼制外丹的艰难历程。从魏晋到明清，炼丹炉旁不断有道士们忙碌的身影。炼丹术主要流行于魏晋迄于两宋，而以唐代为全盛。

魏晋南北朝是炼丹术的发展期。晋代出现了一位炼丹大师——葛洪，力倡金丹服食，认为此乃学仙修道第一要术。以他为代表，形成了道教的一大派别——丹鼎道派。他对以前流传的丹经作了系统的研究、整理，同时根据自己多年的炼丹实践，著成《抱朴子·内篇》一书，该书集中反映了他的炼丹成就。后世尊之为"金丹仙翁"。南北朝时，许多皇帝大臣向往服食金丹以求长生，由此出现了一批炼丹的名道。如齐梁名道陶弘景曾为梁武帝萧衍炼丹，据《南史·隐逸传》载，"弘景既得神符秘诀，以为神丹可成，而苦无药物。帝给黄金、朱砂、曾青、雄黄等，后合飞丹，色如霜雪，服之体轻。及帝服飞丹有验，益敬重之。"陶弘景在茅山进行了长达 20 年的炼丹实践，获得了丰富的炼丹经验，撰《集金丹黄白方》、《合丹药诸法式节度》、《太清诸丹集要》等炼丹著作多部，进一步弘扬了炼丹术。

唐代是炼丹术发展的高峰期，上至皇帝下到普通的文人骚客，几乎都卷进了炼丹、服丹的热潮。唐朝大力推崇道教，以至于追求长生不老蔚然成风。当时国家富强，有雄厚的财力让炼丹道士们在炉鼎中折腾。基于此，唐代炼丹十分兴盛。这不仅表现为炼丹的方法、设备和炼丹矿物的种类上日臻完善，而且涌现出一批著名的炼丹家，如孙思邈、陈少微、张果等。孙思邈既是医学家又是炼丹家，他著有外丹术专著多种，如《太清真人炼云母诀》、《烧炼秘诀》、《太清丹清要诀》等。陈少微著有《修伏灵砂妙诀》、《九还金丹妙诀》等。张果是内、外丹兼修的道士，外丹著作有《丹砂诀》、《玉洞大神丹砂真要诀》等。①

唐代还出现了一部划时代的外丹术著作——《石药尔雅》，由四川的道教矿物学者梅彪撰写，这是一部专门注释金石药名的著作。

长期以来，炼丹道士们为了保密，故意把配方和药名弄得稀奇古怪，使用隐名暗语，如非名师口授，绝难弄懂。《石药尔雅》收集了炼丹术士常用药物名有 150 种之多，将各种药物的隐名注于该药通名之下，如"汞"之下注有隐名、别名达 21 种，从而成为炼丹道士们的重要工具书。

丹药大多有毒，唐代服金丹者既多，中毒致死的惨剧也不断发生。唐代皇帝中因服金丹中毒而死的竟有 6 个之多，为历代仅见，其中包括著名的"英主"唐太宗李世民。他们服食丹药后，毒性发作，弄得喜怒无常，不久便死去。最惨的还是五代梁太祖朱全忠，吃下金丹急性中毒，眉毛头发突然脱落，头上背上发痈疽溃烂致死。炼丹家们将这种因服丹中毒而死解释成"尸解"，即人已成仙而去，仅留下一个躯壳。这类解释被染上了浓厚的道教信仰色彩，可是服丹中毒而死的往往是帝王将相，因服丹中毒毙命的痛苦和惨烈又是活生生的现实，无论怎样巧舌如簧的神话掩饰，人们对服丹长生还是产生了怀疑——金丹吃不得！宋代以后，虽然烧炼者还不少，但敢于尝试金丹的人已不多了，兴盛了几百年的以服食丹药长生为目的的外丹术衰落下来。从此，重视自身修炼的内丹术蔚然风行，外丹则被斥为旁门邪道打入冷宫。但是，不可否

---

① 张晓敏等：《道教十日谈》，安徽文艺出版社 1994 年版，第 164 页。

认，外丹术在道教养生术的发展史上是一项有影响的客观存在，而且在客观上对中国古化学史和古医药史产生过相当大的影响。[①]

（六）内丹炼养

内丹是相对于外丹而言的。炼外丹需要丹房、炉鼎，需要铅、汞等药物，需要燧人钻木之真火，并要掌握适当的火候，才能炼出"仙丹"，这一切都是在人身体之外进行的，所以称为外丹。炼内丹则是将人的身体作丹房，以心肾等器官为炉鼎，以体内的精、气、神为药物，以自己的意念为火候，借鉴烧炼外丹的理论、术语等进行自我生命炼养，其效果就像服下"仙丹"一样，所以称为内丹。可见，内丹术是道教徒们炼精、气、神的生命炼养之道，为"仙道贵生"的生命旗帜抹上了浓浓的异色。

1. 渊源和发展

从先秦至魏晋，是内丹学说的形成期，一般称作早期内丹。先秦道家养生学说的守一、行气等修炼方法，可说是此派学说之源。东汉魏伯阳的《周易参同契》，既讲外丹烧炼，又讲内练气法，此书号称"万古丹经之祖"，是我国炼丹史上公认的圣典。此书虽论述了炼养内丹的理论和方法，但尚无内丹之名出现，所述内练气法只是内丹雏形。魏晋南北朝时期，内炼方术和外丹炉鼎之术分头发展，既出现了《抱朴子·内篇》这类侧重外丹炉鼎之术的著作，也出现了《黄庭经》这类专重内炼的著作，表明道教炼养内丹学说已基本形成。但此时内丹之道似乎隐而不彰，大概还未引起道教徒们足够的重视。

隋唐五代至宋元是内丹的鼎盛期，又称中期内丹。陈国符考证，第一个将"内丹"这一称号传播开来的是隋代道士苏元朗。隋开皇中，苏元朗隐居修道于罗浮山时，见弟子"竞论灵芝"，乃著《旨道篇》示之，从此道徒才知有内丹了。苏氏长于内、外丹，撰有《龙虎金液还丹通玄论》，主张"归神丹于心

---

① 参见卿希泰《中国道教》第四卷，东方出版中心 1994 年版，第 91 页。

炼"，其内丹理论大量借用外丹的学说和术语，开了唐宋内丹学说风气之先。从此，内丹学说逐步兴起。

进入唐代以后，与外丹术兴盛的同时，修内丹的道士也逐渐增多。如道士张果、罗公远、叶法善、吴筠等，修炼内丹卓有成效，并各撰有专论内丹的著作。但在唐代外丹大盛的映衬下，内丹地位仍然不显。

晚唐至五代，大概由于盛行数百年之久的外丹服食成仙实验的多次失败，以及服气一类炼养术的深化发展，内丹术开始盛行。对后世影响巨大的钟吕金丹派就形成于这一时期。钟、吕即八仙中的钟离权和吕洞宾，以内丹著称，被宋元内丹各派奉为始祖。钟吕金丹派在内丹理论上有一套较为完整和系统的论述，主张渐次修炼三乘丹法。吕洞宾的密友陈抟也是修炼内丹的高道。陈抟隐居武当山 20 余年，可说是长江流域道教的代表。他有多种内丹著作传世，如著名的《无极图》较系统地阐述了内丹修炼的全部过程。他主张性命双修，其"顺则生人，逆则成丹"的学说成为宋元内丹理论的核心，奠定了宋元内丹理论的基础。

正是在五代钟、吕、陈等人的思想影响下，进入南宋以后，金丹派南北二宗相继出现了。金丹派南宗的创始人张伯端继承陈抟学说，著《悟真篇》。张伯端及其弟子，再传弟子石泰、薛道光、陈楠、白玉蟾等，被奉为内丹"南五祖"。以王重阳为代表的北宗，传马钰等 7 人，称为"北宗七祖"。在南北二宗的推动下，内丹术遂成为道教内炼派的主要方术。

明清时期是内丹的成熟期，又称后期内丹。在这一时期，先有陈致虚合并南北二宗，发表了承前启后的内丹著作《金丹大要》；后有内丹术的融会贯通，集道教炼养功夫如守一、存思、导引、吐纳和胎息、房中术等各种方法之大全，从而使内丹流派孳生繁出，内丹术内容也丰富了。

2. 内丹修成，不知身何在

内丹是道门中最精微的炼养术，正因为其精微，习炼时须有内行指点，须有系统的理论指导，否则就会出现丹家所称的"走火入魔"，那是十分危险的。

在长期的发展过程中，已经形成一套相当玄深的内丹修炼理论和系统完整的修炼方法。

内丹修炼主要以《周易参同契》、《悟真篇》为理论基础。认为《老子》所讲的"道生一，一生二，二生三，三生万物"是顺行，修内丹则要逆天地——生命生成之序炼精、气、神返归本元，即归三为二，归二为一，返回虚无，便可结丹长生。"三"指精、气、神，"二"指神和炁（先天之气），"一"指圣胎、金丹。

怎样修炼？内丹学又引《周易》的阴阳五行、八卦理论和中医经络说等进行讲解，说精、气、神是三味药，称人体的上、中、下三个穴位为三丹田，下丹田（脐下一寸三分处）称为炉，中丹田（在心窝处）和上丹田（在头部）称为鼎。修炼内丹，要求用神（意念）的力量把精、气、神三味药送到三丹田这个炉鼎中去烧炼，经过一定的烧炼过程，使精、气、神凝结不散而成为金丹。

具体的炼丹过程因内丹派别不一、功法五花八门，而大相径庭。现以金丹派南宗之炼丹过程为例，作一介绍。

此派丹法主张性命双修，先命后性，把整个炼丹过程分作四个阶段，即筑基、炼精化炁、炼炁化神、炼神还虚，前三个阶段为命功，后一个阶段为性功。这与全真道的步骤刚好相反，全真道是先性后命。

第一步筑基阶段，就是驱病补亏，打好练功的基础。认为人生在世，劳心费力，精、气、神多有亏损，因此为了给炼丹打好基础，使以后几个阶段能顺利进行，就必须补全精、气、神。补亏的方法主要是以神运气，即用意念调动精、气沿任督二脉上下运行。经过一段时间的筑基补亏，达到精、气、神"三全"后，开始进入第二步的炼精化炁阶段。第二阶段的主要任务是使精、气互化互凝，结成先天之气，称为"大药"。方法仍然是以神调动精、气沿任、督二脉上下运行，在上丹田和下丹田中反复烹炼，精、气就可凝成大药了。第三步炼炁化神阶段，此时精、气已结成大药，主要任务是烧去大药中的阴质，使之成为纯阳。方法是让神和大药只在中、下丹田升降烹炼，到一定时候，阴质渐尽，元神与元气渐凝为一，成为金丹（圣胎）。至此，命功阶段算是完成了。最后，进入第四步炼神还虚阶段，主要任务是沐浴温养，达到虚寂无为、清静之极，以至于最后大彻大悟不知身何在了。

由于内丹术是以先天的精、气、神为修炼对象，丹经中的"炁"指的是先天之气，其口诀旨圭，隐秘难懂，所以一般人士很难掌握，仅在道门中秘传。加上内丹修炼是在人体内进行，看不到摸不着，所以目前仍很难对它作出清楚的科学说明，也难以恰如其分地对它作出评价。但有三点是可以肯定的：一是它的一整套修炼功法对开发人体的潜能、祛病健身确有作用；二是内丹学关于人体生命的独特理论，对于中国的气功、医疗、人体科学等方面，都有广泛的影响和启发作用，值得我们今天认真研究和发掘；三是其中不无迷信、虚妄的成分，难免被别具用心者借以欺世惑众。

总之，道教徒为了达到长生不死的境界，不仅提出了理论，而且勇于实践。尽管至今没有发现一个成仙的实例，但道教对"仙道贵生"矢志不渝的追求，增进了人们对生命的向往和热爱，包含了科学精神，为人类增加了不少生命科学的有益资料。正如李约瑟在《中国科学技术史》中所说："道教思想从一开始就有长生不死的概念。而世界上其他国家没有这方面的例子。这种不死思想的追求对科学具有难以估计的重要性。"[①]

八 长江流域的道教医药学

道教的基本教义是乐生、重生、贵生，认为人与天、地、道同等重要，人的生命是无价的。唐代的孙思邈在《备急千金要方》中有一句至真至信的名言："人命至重，有贵千金。"长期以来，伴随着道教的发展，一代又一代的道

---

① 李约瑟：《中国科学技术史》，科学出版社、上海古籍出版社 1990 年版，第 154 页。

士们从既为自己长生又为了替人治病自己积德的双重动机出发，特别注意探索生命的奥秘，不仅研究修炼方法，而且研究医道，为人诊病，创建了独具特色、自成体系的道教医药学。

（一）道教医学实践

"三千功满，八百行圆"，功行圆满，才能成为神仙。道门人士把全部炼养方术叫做"功"，他们认为在练功修丹过程中，要保养自己的身体，还要多行善事，广积"阴功"，这被称为"行"。一部分道教徒，从宗教道德出发，把施舍药物、为人治病看做积"阴功"。葛洪在《抱朴子·内篇》中说："为道者以救人危，使免祸，护人疾病，令不枉死为上功也。"孙思邈在医书《备急千金要方》的序中叙述书名的由来说："人命至重……一方济之，德逾于此，故名也。"

从道教创立时开始，学医、行医在道门中几乎成为传统，出现了许多高明的医家，其中在长江流域颇有影响的是葛洪、陶弘景、孙思邈等。

晋代的葛洪是"道医"的第一位代表人物。他生活于巫风盛行的江浙等地，极力批判那些妄说祸祟、专以祭祷问卜为业的巫祝小人，讥讽那些不懂疗病的平庸道士。他精心选用民间验方、秘方和偏方，著《肘后备急方》等医著，希求"必可以救人于死者"，为祖国的医学作出了突出的贡献。

继起的齐梁陶弘景，广泛收集民间良方，分之为"累世传良"、"博闻有验"、"自用得力"三大类，体现了他对医疗的高度责任心。他对"尸瘵"（肺结核病）、痧黄病（急性黄疸性肝炎）、恶脉病（急性淋巴管炎）、恶核病（急性淋巴结炎）、瘰病（颈淋巴结核）的病因、症状、治疗方法，都有详细的论述。他对肺结核病的认识，比欧洲学者要早 700 年左右。

唐朝的孙思邈被称为一代"药王"，虽然其活动的足迹主要在北方（至今陕西的耀县还有药王山、药王殿），但从 9 世纪起，大江南北许多村落都有供奉他的庙宇。他在入道以后，就为自己确立了"救疾济危"、"人命至重"、"无欲无求"的行医准则，期望以医术行善积德成仙。他身体力行，曾先后到峨眉山、太白山等深山老林采集药物。在治病之时，不怕脏臭，不怕传染，不求名利，一心一意为病人着想。只要是病人，他"不问其贵贱贫富，长幼妍蚩，怨亲善友，华夷愚智"，"普同一等"。

善医道士，代不乏人。唐末五代以后，不少名医高道继承先代济世救人的优良传统，被后人称扬。近代，全真道龙门派的十九代传人陈撄宁曾在上海行医治病。虽然他们的治病救人多是在宗教道德驱使之下，但其高明的医道和高尚的医德，仍不失为医家典范。

（二）道教医学著作

名医高道们悬壶济世，既注重医学实践和医德，更重视医学的理论研究。经过长期的临床经验，他们总结撰述出有影响、有价值的医学著作。上述几位名医高道都有医著传世。翻阅他们的医著，我们会发现这样一个共同的现象，即他们的医著都以"备急"、"肘后"为名。所谓"备急"，就是专为应付紧急病症或有病一时难寻医生而做的准备。所谓"肘后"，犹如如今所说的"袖珍"，因为古人衣服没有口袋，随身小物件就放在袖中，用意在于提供日常常备的药方，随时带在身边准备应急。

葛洪主张医学应着眼于乡村广大民众，医术、医药要经济适用，简便易行。他早年曾广泛搜集民间的医疗经验，辑集成《玉函方》一百卷。后来，他深感这部书内容繁杂，卷帙浩大，普通百姓难以抄录或购买。于是，他再搜集历代诸家的备急方书，撮其最紧要者，撰成《肘后备急方》3卷，共计86篇。既然是应急，方法就以简易为上，药物则以价廉为上。如他的用疯狗脑敷治疯狗咬伤方，用松节油治疗关节炎，用雄黄、艾叶消毒，用韭汁、半夏、菖蒲、皂荚、桂屑等捣成粉末并用细管子吹进患者鼻中应付中风、休克，用青蒿治疗疟疾等，都是易学易行的应急方法。其中有的被证实是特效药，今天仍在采用，如以青蒿制取的一种新型的高效、速效、低毒的植物类抗疟新药，仍在广泛使用。而他在《肘后备急方》中关于沙虱热的阐述是世界上有关恙虫病的最早记载，关于治风毒脚弱痹满上气方的记载是世界上把脚气病作为一种独立疾病来认识的最早记载。①

陶弘景从事本草学的研究卓有成效，曾撰有《效验方》5 卷。后来见到葛洪的《肘后备急方》，虽然觉得对病人十分有益，但深感葛洪旧方已经过了约 200 年，"阙漏未尽"。于是进一步采集补阙，在《肘后备急方》86 方基础上，增补为《补阙肘后百一方》，成为上承东晋、下启隋唐道教医药学发展的桥梁。

在道门医士中，对医学贡献最大的，当推孙思邈。其医学著作甚多，主要的有：《备急千金要方》30 卷，《千金翼方》30 卷，《神枕方》1 卷，《医家要妙》5 卷，《千金髓方》20 卷等。其所著《备急千金要方》30 卷，将医德置于首位，第 1 卷中《大医习业》和《大医精诚》两篇，阐明医生必备的不求名利、一心赴救的精神，还有应该具备的学识上的素养。此书收录 5000 余方，全部是以论带方，中肯允当，可供广大平民用。他所介绍的许多治病方法简便易行，如用含碘丰富的柳须治甲状腺肿大，用谷白皮治脚气病，用兔肝、鸡肝、羊肝、猪肝等治夜盲症，用葱管导尿，等等，不胜枚举。他将道教中的许多方术加以总结，著进医书，使不少养生疗疾成果由秘而显，走出宗教家的洞天福地，体现出道教为民服务的精神，这种精神在今天看来依然是发人深省的。

在中国医学历史上，这些出自道门或具有道教信仰的医学家们的医学实践和医学成就具有举足轻重的地位。

九　长江流域的道教法术、科仪

基于"仙道贵生"的理念，道教不仅建立起了一套医学养生理论，而且形成了一套道法秘术系统。道教认为，人要长生，除自身不断修炼外，还需找到通神的门径，制服捣乱作恶的鬼怪。因此，他们针对现实生活中困扰人们的疾病、灾祸、贫困等苦难，利用弥漫在社会上的鬼神思想，企图运用各种法器，

---

①　参见贺圣迪《古树新枝——道教与中国科技文明》，上海辞书出版社 2007 年版，第 14—15 页。

举行一定的仪式，在想象中控制鬼神，进而达到祛病延年、消灾纳福的目的。

翻开道士的笔记，乃至一般的笔记小说，关于道士施行法术灵验的记载不胜枚举。道教的法术真有那样的奇效吗？让我们从道士们最常用的驱鬼敬神、祛病禳灾的法术和宝物中探个究竟吧。

（一）符箓——沟通人神的媒介

符箓是符和箓的合称。符本是古代帝王下达命令的凭证，是人间权力的象征。道教兴起以后，说天神也有符，天神的符在天空中以云彩向人们示意，有时像一张图，有时类似篆文，道士把它在纸、帛上描录下来，变成似字非字、似图非图的符号、图形，于是便有了天符、神符。道教认为天符、神符是天神权力的象征，道士掌握了天符、神符，便能沟通人、神。所谓"箓"，即记录之意，是指记录在诸符上的神名、灵号和奉道者的名册。奉道者怀揣着它，上面所录请的天神就会在冥冥中对自己多加关照，保佑平安。如《太上三五正一盟威箓》中有这样一张"箓"："某法箓弟子（某乙）命属北斗某星君……谨赍香信诣（某）法师门下求受太正一仙百鬼召箓。受佩之后，应有召问立至，不得妄有干犯，急急如律令。"①后面写上种种神将、使者、功曹的名号。道门人士说，有了这"箓"，就等于有了神祇的保护，跟"符"一样，也能沟通人神。

因此，符箓合起来作为天神的文字，实际上是道士们用来传达天神意旨、驱役鬼神、镇服邪魔的一种法术。

符源于巫术，始于道教创立之前。《后汉书·方术传》说，有一位叫费长房的小官吏，跟随神仙壶公学道，壶公授予费长房一符，于是各种鬼怪精魅都服服帖帖，听从费长房调动。后来费长房不小心把符给弄丢了，于是为众鬼所杀。

五斗米道曾大量制造和使用神符，以造作符书和符水为人治病来吸引信徒。他们认为，把符图佩带在身上，或把符水吞入肚中，即有"灾害不能伤，

① 转引自葛兆光《道教与中国文化》，上海人民出版社1987年版，第100页。

魔邪不敢难"的效果。魏晋南北朝时，造作符箓之风更盛，连葛洪也很重视符箓，认为以丹书符字订于门中的梁柱上，可以辟邪；佩符入山，可以辟虎狼。所以他在《抱朴子·登涉》中有入山符的说明："有老君黄庭中胎四十九真秘符，入山林，以甲寅日丹书白素，夜置案中，向北斗祭之以酒脯，各少少。自说姓名，再拜受取，内衣领中，辟山川百鬼万精、虎狼虫毒也。"此外，他还专门画了十多幅符以供使用。

魏晋南北朝以后，符箓术一直是天师道、正一道的主要修习方术。张陵子孙以符箓为业，世传不替。阁皂山灵宝派、茅山的上清派也都以符箓斋醮作为修行成仙的重要手段。唐末至宋初，形成"三山符箓"。这时，符箓道法仍是道教的主流。金元以后，全真道内丹在北方兴起，擅长符箓的正一道仍在南方与之抗衡。全真道历代祖师也频繁参加斋醮活动，而斋醮是离不开符箓禁咒的。可见，符箓术的发展与道教发展相始终。

道教在长期传习符箓术的过程中，创造了名目繁多的符箓道法。有命令神将听从调遣的"召将符"，有带在身上卫护自己的"护身符"，有用来驱逐鬼魅的"驱邪符"，等等，不可胜数。《正统道藏》的洞真部、洞玄部、洞神部中的神符类、灵图类以及正一部内，载有很多神符宝箓。这些符箓纷繁复杂，千奇百怪。卿希泰在《中国道教》中把它们归纳为四类[①]：

第一类，复文。用通常文字重叠构成符字，用符字合成符书。如北宋皇帝赐给茅山、元符宫的都将符（至今仍是茅山镇山之宝的驱邪符、镇心符），就是由"合明天帝日"五字构成。其中，"明"字由四个日字构成，与通常写法不同。古人认为，鬼物属阴，怕阳光，"天帝"和"日"合在一起大放光明，邪鬼都逃得远远的，因此它是张驱邪符。鬼逃远了，人就可以安心睡觉，所以它有镇定心神的作用，又称镇心符。见右图。

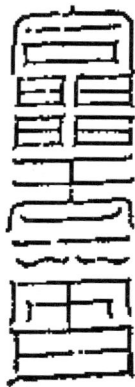

都将符

---

① 参见卿希泰《中国道教》第三卷，东方出版中心 1994 年版，第 306—307 页。

第二类，云篆。"云"指由云气结成，"篆"指字体是模拟战国以前的篆文。为显示符文系天空云气变幻形状而结成，符中的线条屈曲缠绕，文字难以辨认，这便是"云篆"。见下图。

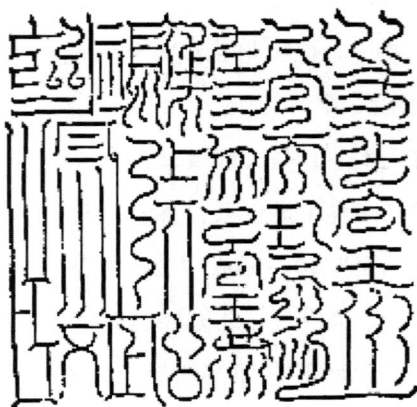

云篆构成的符

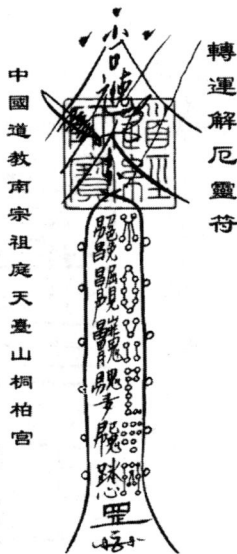

第三类，灵符、宝符。这是一种使用最广、数量最多的符箓。是由更为繁杂的圈点线条构成的图形，其中除屈曲笔画外，常夹有一些如日、月、星、敕令等字样的汉字，以增加其神秘的气氛。见左图。

第四类，符图。这是一种比灵符更怪异、更神秘的符箓，由天神形象与符文结合在一起。见下图。

画上鬼神形象的符

另外，笔者曾到鄂西山区访老道，请求画符，有九龙水符、化瘰疬病符、隔符、催产符等，其中有字，而多变形，怪异莫名。

这些如同草宫迷圈一般的符箓如何解读呢？由于符箓被认为是道士沟通人神的秘宝，那文字也只能由道士自创，那读音和含义也只有他们自己知道了。有的道士在符字旁注出读音和意义，我们可以由此略知一二。但他们绝大多数把画得稀奇古怪的符箓看成秘宝，其音义只在师徒之间口耳相传，不肯轻易外露。几经传授之后，鲁鱼亥豕，往往连道士也不知符的读音和含义了，只一味地相信这些密码是神仙传下的"法宝"，具有非凡的法力。

尽管这些符箓在一般人看来弯弯绕绕，似乎是胡乱涂鸦所致。然而，道教有一套专门书写符箓的方法，所谓："画符不知窍，反惹鬼神笑；画符若知窍，惊得鬼神叫。"说的就是这个道理。道教强调画符箓要注意两点：一要心诚。诚则灵，不诚则不灵。二要运气书符。书符者要内炼精气，书符时发放精气于笔端。据载，张天师画符之前要先沐浴更衣，焚香祷告，再闭目静思，最后挥笔而就，一面盖印，一面诵念各种经咒，据说此方有灵验。

道教符箓使用十分广泛，常和禁咒一起被道士们用来治病疗疾、驱鬼镇邪、救灾止害，等等。用于治病者，则将丹书符箓烧化成灰、冲水喝下，或将符箓缄封，令病人揣于怀中。用于驱鬼镇邪者，则将符箓或埋在门前窗下，或贴在墙上，或佩带在身上。用作救灾止害者，则将符箓投河堤溃决处，或书符召神将解除旱灾等。而道士在作斋醮法事中，更离不开符箓，诸如上奏天神、请神杀鬼，超度亡魂，都要书符通神见鬼。

说符箓术能召神劾鬼、驱邪祛病，自不可信。符箓是人造的，与虚幻的鬼神世界无干。法术施行后，没什么反应是正常的。偶尔也有称法术灵验者，可能是人信服符箓，意念放松，造成一种鬼已驱去、病已脱身的心理态势，从而调动防御机制克服了疾病，类似于现代医学上的心理疗法。再者，现代气功已经被证明能治某些疾病，这种以符载气治病的方法，可能对部分病人起作用。

（二）镜、剑、印——驱邪避鬼的宝物

镜、剑、印是与符箓相类似的能避邪驱鬼的宝物，是道教为人祈福禳灾的重要法器，道教认为它们有神秘的功能。

镜被古人当做天意的象征，汉代的纬书把镜喻为帝王的权柄，说是失去了镜，就会失去天下。所以《尚书·考灵曜》中有"秦失金镜，鱼目人珠"的谶语。而得到了镜呢？《文选》卷五五中说，"有人卯金刀，握天镜"，所以刘氏得了天下。① 这大概是人们从镜可鉴物的物理特性上想象出来的，认为镜乃"金水之精，内明外暗"，因此帝王靠它能辨识忠烈奸佞，巩固王权。

道教正是借助镜的这种权力象征，把镜看做是有灵威力的法具。镜可以照妖，一切加害于人的精怪都不能在它面前隐匿。葛洪在《抱朴子·内篇·登涉》中说：妖精鬼怪能变化人形，捉弄世人，但"惟不能于镜中易其真形"，即在镜子里就会原形毕露。所以入山修炼的道士，在背后悬挂一块九寸明镜，"则老魅不敢近人"。如果途中遇人，可持镜鉴别：若是神仙或凡人，则现人形；若是鸟兽鬼魅，则现原形。由是，可安然修炼。

道教有照妖镜或称神鉴，进山修炼时，炼丹作法时，都挂上它。《抱朴子·内篇·登涉》记载了这样一则传说：从前有两人修道于云台山上，忽有一人前来攀谈。两人持镜一照，镜中显出鹿形，来人变鹿逃奔而去。此后的道书和笔记小说中，记录了镜的种种灵验的故事，有些在社会上流传开来。就连医学家李时珍亦受感染，在他的《本草纲目》中给镜蒙上了一层神秘的色彩："镜乃金水之精，内明外暗。古镜如剑，若有神明，故能辟邪魅忤恶，凡人家宜悬大镜。"也许正是李时珍从医学的角度肯定了镜的辟邪性能，一些不知其来历的人也知道高悬明镜于堂前或门上以避邪了。小说《西游记》中对"照妖镜"降妖伏魔特异性能的描写，更使得悬镜避邪的习俗在民间广为流传。

剑为利器，与镜同样是神旨和威力的双重象征。汉高祖刘邦曾挥剑斩白

---

① 参见葛兆光《道教与中国文化》，上海人民出版社 1987 年版，第 105 页。

蛇，起兵得天下。传说在西晋愍帝时，这把斩蛇剑变化成龙，飞腾穿屋而去，不知所往，晋朝不久便大乱。由宝剑的得失对应天下的得失，可见剑在人们的心目中，已从常规的杀伤武器引申为有制鬼降神功能的神秘武器了。因此，道教承袭过来，作为法物，用于驱鬼避邪。

不过，并不是什么剑都可以避邪驱鬼的。《洞玄灵宝道学科仪》中介绍了制作宝剑的方法，要斋戒百日，选好吉日，严格按尺寸铸剑，剑身和剑背上要以金银镂字，铸好的剑要"恒置所卧床头上，栉被褥之间，使常不离身以自远也"。就寝时，还要祝呼剑名，这样才能"神金晖灵，使役百精，令我长生，百邪不害，天地相倾"。《抱朴子·内篇·登涉》也说，如果佩带了以五石炼铜制剑法制的剑，"则蛟龙巨鱼、水神不敢近人也"[①]。因此，古代的不少道士，喜铸好剑，佩好剑。陶弘景即如此。江南正一派道士更是以剑作召遣神将的法宝。

就连小说中也有不少道士仗剑作法的故事，如《三国演义》中诸葛亮设坛建醮借东风的仪式中，令在坛上"后左立一人，捧宝剑"，呼唤神灵。《水浒传》第五三回"入云龙斗法破高廉，黑旋风下井救柴进"，记有公孙胜以龙泉剑向天一指，口中念念有词，喝一声"疾"，瞬间便乌云蔽日，狂风大作，飞沙走石，暴雨倾盆。足见剑为法器，有防身祛害、呼神调将、劈空斩鬼等神异性能。

印在中国古代也是权力的象征。皇帝用玉玺可作发号施令的凭信，官府用大印可作治理一方的凭信，就连普通老百姓也有一颗私章作为交往的凭信。道教仿照官府之印的形式，刻上种种天神地祇的名称，作为镇妖驱邪的凭信。关于道教的印的来历，《上清灵宝大法》称："中古以降……正道日晦，邪伪交驰，上下返覆，于是出法以救其弊，表章以达其忧，付降印篆以为信志。故用印之义近同世俗，亦道运因时损益者也。"

---

① 参见葛兆光《道教与中国文化》，上海人民出版社1987年版，第106页。

道教的印种类多种多样。《上清灵宝大法》记载了通章印、神虎总印、黄神印和越章印、"灵宝大师法印"等，其他还有什么"北极杀鬼印"、"北极丰都召鬼神印"、"太上老君敕令印"、"北极驱邪院印"等。留存至今著名的法印则有：张天师世代相传的镇山之宝"阳平治都功印"和茅山九霄万福宫的镇山之宝"九老仙都君印"。

不同的印有不同的威力，或招神镇鬼，或擒鬼驱邪，或替代药物治病疗疾，神不可言。《抱朴子·内篇·登涉》论述了黄神印、越章印的用法和神秘的性能："古之人入山者，皆佩黄神、越章之印，其广四寸，其字一百二十，以封泥着所住之四方各百步，则虎狼不敢进其内也。……不但只辟虎狼，若有血食恶神能作福祸者，以印封泥，断其道路，则不复能神矣。"戴上黄神越章印，不仅能避虎狼，还可招神驱邪，可见印的威力是很大的。《灵宝净明九老神印伏魔秘法》中所描述的印，更为神奇："辟除妖怪，书事用印，贴本处安镇，如肢体伤折者，贴印于疼痛处；时瘟疟疾者，贴于前后心……鬼忤恶梦者，或佩或吞；目疾者，净水浸印洗之……"①

至今在坛醮仪式中，法印仍是重要的法器之一，科仪中的章表奏申、关牒符檄，都要用印。

镜可照妖，剑可斩怪，印可辟邪，道教利用这些法器应付现世的种种问题。从小处看，可以消灾避祸，让人岁岁平安；从大处看，则可以使人得道成仙。道教思想的迎合民众和影响社会即此可见一斑。

（三）斋醮——祈求神灵的仪式

斋醮是道教特有的一种宗教仪式，即供斋醮神，俗称做道场或打醮。通过祭告神灵，达到与神灵沟通，祈求神灵保佑消灾赐福。

斋醮，包含有复杂的内容，首先要清洁身心、食斋、供斋或进行心斋，接着设坛摆供、焚香、化符、念咒、上章、诵经、赞颂，并配以音乐、灯烛和禹

---

① 参见葛兆光《道教与中国文化》，上海人民出版社 1987 年版，第 105 页。

步等程式，这一套内容复杂的斋醮仪式，是经过长期发展充实才定型的。其实，斋的原意是指祭神前使自己身心清洁、言行规整，以示虔诚；醮的原意是指一种祷神的祭礼。道教吸收了这种斋和醮，创造出自己的祭祀程式。早期道教是把斋、醮分开的，并未连称。谈及斋，多指祭祀之前的斋戒，斋仪的主角是为祈福禳灾而敬神建斋的俗人，道士只在一旁主持仪式，辅助斋主找到通神见鬼的门径。谈及醮，则主要是道士们祭祀各种天神地祇的仪式。

早在张陵创五斗米道时，就出现了最早的道教斋仪，现知有两种，即"指教斋"和"涂炭斋"，其形式和内容都很原始、很粗糙。如修涂炭斋时，"以苦为功"，方法是斋人"以黄土泥额，被发系着栏格，反首自缚，口中衔璧覆卧于地，开两脚，相去三尺，叩头忏谢"，一连 36 天，天天如此。[①]

五斗米道创立时还构造了自己的天地神灵系统，创造了自己祭祀"天、地、水"三官的仪式，这就是早期道教以"三官"为主祭神的"三官醮"。此后，随着道教神灵的增加，专门祭祀、供养诸神的醮仪也增多了。

刘宋时陆修静对斋醮进行了第一次整理，制定斋醮科仪百余卷，使斋仪由粗到精，趋向完备。陆修静制定的斋仪包括上清、灵宝、涂炭三大类，并规定了各个斋仪的特定对象和目的。就连步法、经诵、时间、仪仗、挂像等，也都一一作了严格规定。

大约到了唐代，斋、醮二字普遍连称，凡求福免灾、设坛祭祷的仪式都被称为斋醮。

唐代，帝王常召请大批道士建醮，为自己和国家祈福禳灾。在他们的倡导下，道教斋醮活动十分盛行，斋醮的名目、内容也花样翻新了。如盛唐时流行的斋法不过七八种，晚唐五代时则达二十七八种之多。过去祭神不过用糯米、玉璧、薄酒和三牲，这时的大斋醮却还要绢、巾、衣、金环、盐、钱、纸、

---

① 参见葛兆光《道教与中国文化》，上海人民出版社 1987 年版，第 84 页。

墨、笔、砚、水果，甚至还要各式的灯、仪仗、牌位、玉简、金龙等①。斋醮仪式也越来越烦琐和复杂。《三国演义》中诸葛亮借东风一节关于设坛建醮、呼唤神灵的描写，读来颇引人入胜：

"令军士取东南方赤土筑坛，方圆二十四丈，每一层高三尺，共是九尺。下一层插二十八宿旗：东方七面青旗，按角、亢、氐、房、心、尾、箕，布苍龙之形；北方七面皂旗，按斗、牛、女、虚、危、室、壁，作玄武之势；西方七面白旗，按奎、娄、胃、昴、毕、觜、参，距白虎之威；南方七面红旗，按井、鬼、抑、星、张、翼、轸，成朱雀之状。第二层周围黄旗六十四面，按六十四卦，分八位而立。上一层用四人，各人戴束发冠，穿皂罗袍，凤衣博带，朱履方裾。前左立一人，手执长竿，竿尖上用鸡羽为葆，以招风信；前右立一人，手执长竿，竿上有七星号带，以表风色；后左立一人，捧宝剑；后右立一人，捧香炉。坛下二十四人，各持旌旗、宝盖、大戟、长戈、旄、白钺、朱幡、皂纛，环绕四周。孔明于十一月二十日甲子吉辰，沐浴斋戒，身披道衣，跣足散发，来到坛前。缓步登坛，观瞻方位已定，焚香于炉，注水于盂，仰天暗祝。"

这是明代作者所描述的斋醮仪式，完全是以明代道士设坛打醮、祷神祈雨仪式为蓝本，道士斋醮仪范的繁复由此可知其大概。

内容繁杂的斋醮科仪从类别上区分，大致有两类，即清醮与幽醮，或称阳事与阴事。清醮、阳事是指祝国迎祥、祝寿庆贺、祈雨祷晴、祈福谢恩等太平醮；幽醮、阴事是指超度亡魂等活动。从结构上区分，斋醮仪式是由各种独立的科仪组成，每个科仪又由若干有独立意义的仪式元组成。例如晚唐五代道士杜光庭《太上黄箓斋仪》卷一所记黄箓斋三日仪②：

第一天清晨的"清旦行道仪"：包括列队执仗，唱诵思神，颂《华夏赞》，

---

① 参见葛兆光《道教与中国文化》，上海人民出版社1987年版，第89页。
② 同上书，第90页。

念启堂颂、入户咒,上香,鸣法鼓二十四通,发炉,长跪,再鸣法鼓,上启,各称法位,礼方,步虚缭绕,三启三礼,念出户咒等仪式元。

第一天中午的"中分行道仪":包括入户,存念,鸣法鼓,各称法位,读颂,礼方,忏悔,步虚,三启三礼,发愿等仪式元。

第一天黄昏后的"落景行道仪":包括入户,存念思神,鸣法鼓,各称法位,读颂词,礼方,忏悔,步虚,三启三礼,发愿,复炉等仪式元。

这种早、中、晚三道仪式共持续三天,就构成了有一定规模的斋醮法会。正一道派比较注重斋醮仪式,龙虎山、阁皂山、茅山等时常设醮。特别是张天师,更频繁主醮。唐肃宗、懿宗时,曾先后命十五代、二十代张天师建醮。北宋末天师张继先多次为徽宗"建醮内廷"。元成宗、仁宗也多次命天师张与棣、张嗣成建醮,规模宏大。明朝更是频繁地命天师修斋设醮,其中有些场面极为宏大。自唐至明,斋醮在民间也很流行,主要是为祈雨解旱、消灾避祸、超度亡灵、求平安长寿。明代以后,道教衰落,但斋醮活动仍流行于民间。

无论是封建帝王,还是普通老百姓,延请道士设坛打醮,目的无非是祭祷神灵保佑诸事顺心遂意,求得精神上的寄托和心理上的慰藉。

虽然,对道门中人来说,道教法术和科仪作为向自己信仰的神明倾诉情感的形式,是十分神圣的、严肃的,但从教外人士的立场来看,道教法术是道的一种功能化象征,道教科仪就像是一场精彩的戏剧"演出"。那精心布置、流光溢彩的坛场,那身着法服、头戴冠帽的法师和道众,那身处玄冥、肉眼凡胎所不能见的高高在上的众多高尊大德,那由锣鼓喧天的奏乐和虔诚跪拜的芸芸信众所营造出的神秘而神圣的演出氛围,那在诚惶诚恐的祷求中所未知的神意安排,都使道教法术和斋醮科仪的演示具有极强的吸引力和感染力。

第七章 多元与蕴厚:长江流域道教文化线路遗产价值分析

长江流域道教文化线路遗产跨越不同历史时期,是一条见证我国悠久文明史的古老长河,是众多文化积累和沉淀的历史产物。它留给我们的价值更是多层面的,最主要的包括历史文化价值、教育价值、生态伦理价值和旅游价值。

一 历史文化价值

无论何种文化遗产,都是特定历史的沉淀物,都带有鲜明的时代印记和特征。当历史尘埃落定,一切归于沉寂之时,唯有文化以物质和非物质的形态留下来。它不仅是一个民族自我认定的历史凭证,也是这个民族的延续,满怀自信走向未来的根基以及智慧、力量之源。

道教,中国唯一土生土长的宗教,初创于东汉中后期的顺帝、桓帝年间,至今已有 1800 多年的历史。它源远流长,起伏跌宕,并和长江紧紧地联系在一起。伴随着历史的车轮,它不断地壮大与发展,推陈出新,包罗不同地域文化,吸收众多文化领域的精髓,其深厚的历史文化价值是不言而喻的。

(一)认知价值

所谓认知价值并非说某一种文化事象本身是科学的,可以给人们提供真理,而是通过展现某一文化事象，使得人们认识了解这一文化事象。简单的说就是保存住"现在"就等于保存住一份可以获得对"过去"认知的"标本"。① 作为这样一个"标本"价值，道教文化线路遗产给我们提供了丰富的历史资料。

首先，长江流域道教文化线路遗产承载了多种地域文化。道教最早的产生地，一是长江流域的巴蜀，时被称为五斗米教，由张陵在东汉末建立；二是中原大地，时被称为太平教，亦创立于东汉末年。太平教因东汉末黄巾军大起义的失败很快湮灭，而五斗米道则在长江流域不断发展壮大，最终形成规模宏大的道教。因此道教与长江流域的巴蜀文化、楚文化、吴越文化有更为亲密的血缘关系，它吸收了长江流域楚文化圈内产生的哲人老子和庄子的道家哲学理论，继承了巴蜀、楚越盛行的祭祀山川、日月、星辰、鬼神的巫术仪式和相关风俗。如《国语·楚辞》指出，巫、觋是那些品格纯正、智慧超卓，而又有"明神降之"的人。巫师用各种神秘的方法如占卜、祭祀、祝咒等一些法术通神见鬼，这就是巫术。巫和巫术的流行是古代巴、蜀、楚、越等地的一种文化现象，这正是长江流域道教的主要源头之一。所以道教文化线路遗产为认识这些地域文化提供了很好的史实资料。

其次，伴随着道教发展遗留下来的各种物质或非物质文化遗产又是世人对道教历史的认识凭证。道教矢志不渝地追求得道成仙，他们认为洞天福地多在名山之中，因此对山有着特殊的感情，似乎不进山便绝了升仙之路。东汉末张陵创立五斗米道，先后到过几座山，他曾炼丹于江西龙虎山，受道书于四川鹤鸣山，传道于四川青城山。他为传道而设立的 24 治，也大多设在名山之上。葛洪曾明确指出，要炼制长生不老药，必须隐居山林。而且，不少道经都藏于名山。只有进山修行，才有可能得其真传。所以道士们开凿了不少道教名山，建立了各式各样的宫观圣迹。长江流域的道教名山、祖庭、宫观胜迹如繁星点缀，灿若星河，为我们今天留下了许多可供瞻仰的道教文化资源。同时，道教

---

① 参见杨晓新《关于文化遗产的属性、价值及保护的文化思索》，《殷都学刊》2011 年第 2 期。

文化体系涉及哲学、文学、艺术、音乐、化学、医学、冶金学、药物学、养生学、气功以及民俗等诸多方面，成为我国珍贵的文化遗产。鲁迅先生曾有一段关于道教的精彩议论："人往往憎恨和尚，憎尼姑，憎回教徒，憎耶稣徒，而不憎道士。懂得此道理，懂得中国大半。"①

（二）科学价值

道教文化本身是人类不断发展过程中智慧的结晶，凝聚着人类探索自然和社会的科学力量。在道教千年传承的历程中，为人类科学的发展前进开辟了一条又一条的道路。

首先，炼丹术成为化学实验的先驱。道教是乐生、重生、重术的宗教，其核心信仰之一就是追求长生不老，炼制外丹以供服食就是他们采用的一种具体、主要的长生方法。因此炼丹术被道教用得炉火纯青，并在炼制丹药过程中创造了各种奇迹。炼丹术士们不仅积累了关于物质变化的具体知识，例如他们设想贱金属可以变成金银，水银可以变成黄金，用各种金石药物配起来可以合成或分解成新的物质，这在人类史上是前所未有的奇想，其合理内容也是和近代化学吻合的；同时还不断摸索着制造金丹的原料和配方，以及操作方法，特别是加热的程序、温度的控制，这一切，正是原始的化学实验。炼丹术对人类最大的贡献除了实验化学的先驱外，就是道士们在炼丹药的过程中不自觉地发明了火药。有一部大约在唐代中期问世的托名郑思远所撰的炼丹书《真元妙道要略》记载说，有人用硫黄、雄黄、硝石与蜂蜜合在一起加热，结果火焰腾起，烧伤了手和脸，连房子也烧成灰烬。此书还告诫人们说："硝石……生者不可合三黄等烧，立见祸事。"这是历史上第一次用文字揭示火药的发明与炼丹术有密切的联系。英国科技史专家李约瑟说，在任何一个文明国家中，最早提到火药的，是一部题为《真远妙道要略》的道教炼丹著作。② 可见，道教的

---

① 参见《鲁迅全集》第 3 卷，人民文学出版社 1981 年版，第 532 页。

② 参见卢世菊《紫气清风——长江流域的道教》，武汉出版社、中国言实出版社 2006 年版，第 201 页。

炼丹术给中国乃至世界带来的科学影响是不可小觑的。

其次,在历代道家、道教的著作中,还留下了诸如存思、守一、外丹、内丹、导引、呼吸、服饵、咽津、服气、房中等养生修炼的大量资料,很多已作为我们现代养生的科学依据。如道教的动功。动功起源于古代的导引术,道教认为,导引可以调和气血,活动筋骨,祛风散邪,预防病痛。道教动功在长期的发展中形成了众多的门派,创造了丰富的功法。《道藏》中就收有上千条导引功法,而且各宗各派还有秘传的功法。其中华佗五禽戏、钟离权八段锦、张三丰武当内家拳等,成了在大江南北广泛流传的优秀功法。实践证明,道教动功在剔去浓厚的神秘外衣之后,是祖国医学、养生学的宝贵财富。

自然,道教文化留给后人珍贵的科学瑰宝远不限于这几方面,还有更多的文化知识已被广泛采纳吸收,并渗透到了人们生活学习的方方面面。

(三)审美价值

博大精深的长江流域道教文化中囊括了丰富的艺术类文化遗产,这些艺术文化遗产精彩纷呈、各具特色,为我们带来了视觉和听觉上的双重享受。

道教为了与佛、儒争胜,除直接宣扬道义外,还广泛调动了诸如绘画、雕塑、音乐等多种艺术手段以弘扬道教。道教塑像艺术要求神形兼备而尤重传神,要显示神像的神性,神的威严,反映道教的宗旨,表现内在的美质和神通,同时贯以夸张手法。如供奉于道教山门的护法神王灵官,被塑造成身披金甲、手持金鞭、足踏风火轮立于云端,竖眉立眼,脸有三目,眼球突出,脸部肌肉紧张,要使一切鬼神望而生畏。壁画则采用白描、工笔重彩、勾勒平涂、水墨写意等技术绘制。道教音乐又称“法事音乐”或“道场音乐”,吸取了中国古代宫廷音乐和民间音乐的因素,有鲜明的民族风格和精湛的艺术造诣。道教相信音乐能“感动群灵”,当然能否“感动群灵”只有天知道,但是当游客眼见耳听道士执乐诵经、一唱一念,殿堂内经韵缥缈、乐声悠扬的时候,一定会被浓郁的道教氛围所震撼。道教音乐在长期的发展中所形成的音乐理论、优秀乐曲和声乐器乐技巧,给历代音乐家的创作以广泛的影响,创作出了深受道教音乐审美观影响的作品，如唐代的《霓裳羽衣曲》就是一个最典型的例子。

（四）生活价值

长江流域道教文化对人们最大的影响就是将烙印深刻地印在中国人生活习俗的方方面面。在传统节日中，在居家旅行的日常生活中，在生老病死的人生驿站中，无不有道教文化的斑斑痕迹。

中国民间保存的传统节日中，很多都源于道教的传说，甚至纯粹是道教节日。如正月十五元宵节，这一天是新年之后的第一个月圆之夜，所以又称为"上元节"。道教说，天、地、水三神为三元，又称三官，主管人间的祸福、鬼神的升转，以正月十五、七月十五、十月十五为三官生日。正月十五就是天官大帝的诞辰。这天，道观常常举行斋会，善男信女也要去三官殿堂进奉香火。道士直接参与的民众庆典活动主要有城隍出行活动，不定期举行的驱灾去疫的斋醮仪式以及中元节的夜放河灯等。如今我们仍然能看到的燃放烟花爆竹、悬挂桃符、贴门神春联、踏青戴柳等风俗习惯也都是道教的驱灾祛邪、驱鬼避瘟等法术的体现。

二 教育价值

长江流域道教文化线路遗产拥有深厚的历史底蕴，丰富的文化内涵，这使得它成为中国历史上的一朵奇葩。它的价值也体现在多个方面。除了历史文化价值外，其教育价值更是不容忽视。文化本身是一个习得的过程，具有一定的传承性和延续性。道教，作为中国土生土长的宗教，更是中国文化的具体体现和延续，它所带来的教育意义更是多方面的。

（一）爱国主义情怀的教育价值

中国是一个多民族多宗教的国家，盛行有四大宗教，包括佛教、基督教、伊斯兰教、道教。其中除道教是中国土生土长的宗教外，其余的都是外来宗教，所以作为中国四大宗教的代表之一，道教无疑被奉为代表中国宗教最典型的一员。道教所包含的一切文化都源于中国本土文化，对道教文化线路遗产的保护与传承就是对中国文化了解的不断深入，就是培养爱国情怀最本质的途径。

如，道教文学领域是一个奇诡瑰丽的浪漫天地，是一个有无穷遐思的想象世界，道教文学描绘的仙界地府，腾云驾雾，出神入化，天上一日，世上千年……让世人不可思议。但正是这些看来不可思议的道教世界，给我们留下了丰富的遐想空间，让我们了解到了中国文化的独到奇特。明代中叶以后，出现了大量模拟小说话本的体例，反映道教生活的拟话本小说，诸如文学史上称为"三言二拍"的五部作品，即冯梦龙的《喻世明言》、《醒世恒言》、《警世通言》，以及凌濛初的《初刻拍案惊奇》、《二刻拍案惊奇》，其中的许多篇章表现了道教的神仙思想。其中里面有一卷是以西山玉隆万寿宫的铁树作净明道法的化身，广泛收罗晋唐以来道门和民间流行的关于许旌阳修道传教、杀蛇斩蛟等故事，描述了许旌阳及其弟子为民治病屡斗孽龙的事迹。在"三言二拍"中，还有《陈可常端阳仙化》、《李谪仙醉草吓蛮书》、《一窟鬼癞道人除怪》、《吕洞宾飞剑斩黄龙》、《杜子春三入长安》等，讲述了道士修道成仙和凡人遇仙的故事。这些都是流传至今，令人津津乐道的惩恶扬善的仙鬼故事，让我们深刻体会先人卓越智慧和丰富联想，了解到华夏灿烂多元的奇特文化，心中顿生敬仰之情，越发增添了对自己民族的那份眷恋之情和自豪之感。

再如，道教中人为求"长生"孜孜不倦地盘旋于丹炉前，夜以继日地炼制丹药，最重要的是在不知不觉中他们竟成为化学实验的先驱，能鉴别不同的物质，掌握加热的方法，并在意外中发明了火药等一系列壮举，可谓是人类科学上历史性的一大进步。这种勤劳智慧、勇敢无畏的精神，无不令人嘘叹折服，这亦是我们民族精神的一种具体体现。

道教作为一个独特的、系统的大型宗教，作为一个广采博收而融汇百川的大型宗教，不可能对中国古代儒、墨两家的思想视而不见。因此道教在理论建设中，除吸收老、庄的思想外，对儒、墨两家的思想也有所继承和发展。如把儒家的伦理纲常思想吸收过来，发展成自己的"天地君亲师"的信仰。这样一种兼容并蓄，容纳百川的广博的胸襟与情怀，令后人无不为之动容。

看到这些，难道还不为我们能生在这样文化底蕴丰厚的国家而骄傲而自豪吗！道教文化凝聚着先人的智慧，迸发着中华民族的团结友爱、锐意进取、宽广博大的精神，这不正是我们热爱这片土地最好的理由吗？长江流域道教文化线路遗产留给我们的，远远超越了它所展现的符号现象本身，更重要的是，遨游在道教文化的浩瀚海洋中，增强了我们的民族认同感、亲近感，激发了强烈的爱国主义情怀。

（二）创新精神的教育价值

文化创新是一个民族文化活力的标志，长江流域道教文化线路遗产本身蕴含着创新精神。在道教 1800 多年的跌宕历程中，其文化内容和形式不断推陈出新，与时俱进，创造了缤纷绚烂、不拘一格的文化体系。这样一种革故鼎新、与时俱进的精神财富时时教育着后人，激发我们不断创新的意识。

我们知道，长江流域道教源于古代巫术，因此很早就继承了"巫以歌舞降神"的原始舞蹈动作和韵律祝辞，并且在斋醮活动中不断吸收融合宫廷仪典音乐、民间祭祀音乐，不断发展创新，逐渐形成了具有浓郁宗教色彩的绚烂多姿的道教音乐。这样的道教音乐还显现出明显的地方性和群众性。同一旋律的音乐，各地有不同的演奏风格。例如同一首步虚曲调，苏州与上海不同。苏州腔古朴而严谨，上海腔很缓慢庄重，而起伏连绵。还有正一派音乐，祖庭龙虎山天师府吸收了江西民歌小调和曲艺、赣剧的不少成分，苏州玄妙观则与苏南吹打乐一脉相承。全真派道乐中，川西道乐和武当道乐的旋律也不一样，川西道乐吸收了四川清音、扬琴以及川剧高腔音乐的风格，武当道乐则明显含有南北音乐混融的色彩。这些正是顺应各地风土人情以及欣赏习惯的条件下，发展和创新起来的。

还有武当三丰派的创始人张三丰，开创了武当内家拳。暂且先不说他熠熠生辉、扑朔迷离的丰功伟绩，仅就他对道教宗师坚持的三教合一学说及内丹修炼思想的创新之处，已令人敬仰。他认为，三教只是创始人的不同，没有三教的区别，佛、道都讲的是修身利人。儒家修的是人道，仙家修的是仙道，但修仙道首先修人道。无论达官贵人还是市井小民，只要积善累功，忠孝信诚，达到人道的境界，那么离仙道也就不远了。他还非常巧妙地把道教提倡的内丹修炼与儒家的道德学说融合在一起，认为人只要正心修身，那么真精真神就能聚其中，大才大德才能出其中。他还别出心裁地把儒家倡导的仁义与道家炼丹的铅、汞画上等号，说仙家铅、汞即仁义的种子。同时，他还将千百年来道教玄奥晦涩的修炼理论用通俗易懂的歌词体裁展现出来，即脍炙人口的《无根树》。

道家、道教的学者们，常常会让自己的思想自由飞翔，突破经验的局限，产生出各种各样的奇思妙想，比如老子就突破人们天长地久的认识，设想还有一种先天地而生的更古老、更根本的要素，他称为"道"，"道"生天地万物，他在《道教经》中提出了天生万物的一个简洁模式："道生一，一生二，二生三，三生万物；万物负阴而抱阳，冲气以为和"，这是对宇宙演变和结构认识的一种创新。其后，道家、道教学者继续从事宇宙学说的创新，进一步提出了天地如何从混沌中生成的学说，到了魏晋以后，道教学者更发展成系统的宇宙演化学说，认为宇宙是一个从生存到存在，由发展至毁灭的过程，这个过程称为劫，宇宙就是劫劫相承的无限的发展过程。正是道教的这种对宇宙的不断开拓创新的认识，使它发出更大的光明。道教的开拓创新精神，还表现在天文学、地学、生物学、物理学、化学、数学等领域。[①]

从上述长江流域道教文化的创新之处可以看出，道教为了传承与发扬，不断开拓、与时俱进。道教的这样一种与时俱进、开拓创新的精神时时鼓舞教育着我们，前进的步伐不能停止，历史的文明仍需革新创造。

（三）审美教育价值

长江流域道教文化线路遗产所蕴含的文化之美是五彩斑斓的，无论是音

---

① 参见贺圣迪《古树新枝——道教与中国科技文明》，上海辞书出版社 2007 年版，第 120 页。

乐、舞蹈、绘画、戏剧、文学还是有关的建筑、工艺品都渗透着华夏儿女对美的向往、追求、渴望和热爱，体现着独特的美的意趣和境界的最佳结合，给人以美的享受和心灵震撼，对人有强烈的审美教育意义。我们既可以从这些文化的形式和技巧的理解上提升审美的能力，也能从它的内容和表达的主题上拓宽审美认知。

例如，道教的宫观建筑体现出崇尚自然、顺应自然、返璞归真这一基本特点，它们多建于幽静秀丽的名山之中，就地取材，灵活布局，形成一种以自然景观为主的道教园林艺术，刻意突出一种成仙或清修的意境。道教建筑还在殿堂楼阁的门窗、墙壁上以壁画浮雕等形式进行装饰。如描绘"鹤鹿松猴"象征高官厚禄；描绘扇鱼、水仙、蝙蝠、鹿作为善、裕、仙、福禄的象征；以松柏、灵芝、龟、鹤、竹、狮、麒麟、龙、凤等造型或图案，分别象征友情、长生、君子、避邪和祥瑞等。又如，道教壁画多采用白描、工笔重彩、勾勒平涂、水墨写意等技术绘制；道教赋体散文讲究遣词造句的对称，注重错落和节奏感；道教小说洋溢着以广阔的时空背景、大胆神奇的幻想、出人意料的巧妙构思和浪漫主义的激情……这些都是美的体现。

对于道教文化蕴含的审美教育价值的挖掘既能开启我们的心智，陶冶我们的情操，更能提高我们的审美能力，培养我们深刻的传承和保护道教文化线路遗产的意识。只有通过审美教育，开拓我们的审美视野，培养我们对美好事物的爱慕与崇敬，才能对传统艺术做出理性选择，在选择的过程中也提高了自身的审美能力。

三　生态伦理价值

我们知道，宗教是一个有机的整体，它既包括有形的文化遗产或文化设施，又蕴涵无形的哲学思想及信仰的核心。除了有形的载体和形式之外，道教还创造了独特的教理教义体系，其中所包含的很多有价值的生态伦理观念，无论是在理论上还是在实践中，都对净化人心、保护生态环境有着特别的积极引导作用。

（一）"道法自然"蕴涵人与自然的生态伦理价值

在人与自然的关系上，道教认为，人及人类社会既然来自自然，人类的活动理应遵循自然规律，与大自然融合共存，这是道家道教"天人合一"思想的要害。道教的最高尊神老子说："人法地，地法天，天法道，道法自然"（《老子·二十五章》），就是说人以地为法则，地以天为法则，天则以道为法则，而道只有以自然为法则，别无所法。老子又说："道之尊，德之贵，夫莫之命，而常自然"（《老子·五十一章》），强调"道"其实就是遵循自然的规律，突出"道"的顺乎自然的本性。在道家道教的眼里，如何理解人和自然的关系，并非是一个纯粹抽象的哲学命题，而是一种提高生命质量的生存之道。因此，人与大自然的融合共存，不仅是后天的必要，更是先天的决定。道教还认为人道应遵从天道，顺应自然，方能"无为而无不为"。在道教看来，应以自然无为的态度遵循自然万物生长、发展的规律，采取符合生态规律的行为，人不应该因自己的需要而人为地干预、随意违反自然之本性。如果人类能自觉地"辅万物之自然，而弗敢为"（《老子·六十四章》），就能保持良好的生态环境，获得持久发展的生存空间，体现生命的真正价值。正是这种道法自然、自然无为的思想定式，唤起了道教中人热爱自然、尊重客观规律的美好情操。

（二）"三才相盗"揭示人与天地万物的生态伦理价值

道教的重要经典《黄帝阴符经》提出了一个以"三才相盗"为核心的天人理论，即天地、万物、人互相盗取、彼此利用。"天地，万物之盗。万物，人之盗。人，万物之盗。"（《黄帝阴符经》）万物盗取天地之精华而生成；万物又为人所盗取、利用，以养活自己；但人如沉沦于声色犬马之欲，为外物所驱使，则人反而为万物所盗。[①] 这是三才相生相克的基本状况，也是大自然运行

---

① 参见张继禹《道法自然与环境保护》，华夏出版社 1998 年版，第 17—25 页。

的客观规律，道教站在宇宙观的高度从总体上揭示了天、地、万物与人类的统一性、相互依存性。在这个三才相盗的天人结构中，唯有人最具备道德的主体性，在面对自然、三才互盗的环境中，人可以主动地驾驭自然，积极参与万物的运化。因此在利用万物、改造自然的过程中，人类道德水准的高低，有着至关紧要的作用。"观天之道，执天之行，尽矣。"（《黄帝阴符经》）强调圣人在盗万物、取天机的过程中，在充分发挥主观能动性的同时，应尊重客观世界的规律，效法天道自然之静，因为无论什么时候，人的生存与社会的发展，都必须在大自然这个先天决定的环境中，别无选择。道教这种天人并生、物我为一的生态观念，与现代的人与自然协同发展保护生态的思想有异曲同工之处，也表明了现代人们产生对和谐环境向往的心理需求的必然。

（三）"返璞归真"体现人生生活方式的生态价值

"返璞归真"是道家道教提倡的一种修炼方法和生活方式，意为学道者通过修炼性命、摒弃情欲和伪性，返归纯朴天真的本性，如同赤子一般，与道同一。人处在一个纷繁芜杂的社会里，如何避开尘世，达到返本归原、返璞归真呢？对此，老子提出：一要"清静无为"，（《老子·第十五章》），即人要正确地立身处世，保持"柔弱不争，清静寡欲"的处世之风；二要"见素抱朴，少私寡欲"（《老子·第十九章》），即人要从内心观看事物的本真面目，返朴还淳，对身心、外物都随因循理，不生私意，放弃名利和各种私欲。为此老子提出了"返璞归真"的修炼方法，即"慈"、"俭"、"不敢为天下先"（《老子·第六十七章》），主张慈善、节俭、谦让，反对毫不节制的消费观和铺张浪费。返璞归真、恬淡自守的生活方式一直是广大道教徒的生活信条，而清静寡欲、纯朴素然的生活方式，正是人类对自然纯朴、宁静的精神家园的向往。

（四）"仙道贵生"尊重生命的生态伦理价值

"生"指生命，道教的宗教理想是修道成仙，长生不死，因此非常重视"生"的问题。从《老子》所强调的"摄生"、"贵生"、"自爱"和"长生久视"，《庄子》所说的"保生"、"全生"、"尊生"，《吕氏春秋》所说的"贵生重己",到《太平经》主张的"乐生"、"重生",以及其他的道书如《抱朴子内篇》、《度人经》等,始终贯穿着仙道贵生的思想传统,形成了一个系统的有生态伦理学意义的生命观。认为生命既然来源于自然,并与自然构成有机整体,人对待生命的正确态度就应是"贵生",人应该使各种生物各尽天年。并且,在道教看来,人类财富的多寡,并不是以拥有多少金银珠宝为标准,而是以自然界的生命兴旺与物种多少为评判。《太平经》中的《分别贫富法》里明确指出,所谓"富",是指万物备足,生命各尽其年,物种延续发展而不绝。这种尊重生命、强调保护物种的思想,早在 1800 余年就被提出,不能不说是道教对于维护生态平衡、保护环境的一大思想贡献。正是基于这种认识,道教要求人们爱及昆虫草木鸟兽,爱及山川河流,爱及日月天地,不要无辜伤害任何生命,"举步常看虫蚁,禁火莫烧山林……勿登山而网禽鸟,勿临水而毒鱼虾"(《文昌帝君阴骘文》),规劝人们改变自己的不良行为,多一些爱心,使万物得以生存,使生命得以保护,使人类生存的环境更加美好。① 道教所至爱、所营造的物种繁茂、和谐共荣的大自然正是现代人们苦苦追寻的健康生存空间。

总之,道教的"天人合一、道法自然"等生态伦理思想的理论和实践,体现了道教对自然环境的深刻理解,对山川大地的无限崇拜,对人类作用的清醒思考,对所有生命的至诚热爱,对万物共生共荣的神圣憧憬,对自然淳朴的精神家园的向往。这些玄妙而深邃的生态伦理思想,给现代人开发旅游、保护生态环境、促进社会的可持续发展提供了一些有价值的借鉴和有益的启示。

四　旅游价值

(一) 独特的"旅游"思想价值

道教以"道"为最高的信仰,以神仙思想为其理论的核心,追求一种超越

---

① 参见张继禹《道法自然与环境保护》,华夏出版社 1998 年版,第 25 页。

常态的人生，祈求达到生命的超越和永恒。为此，修道者们莫不以"得道成仙"为目的，以"求仙问道"、"寻仙"、"游仙"为手段，由此产生别具特色的道教"逍遥"旅游思想和云游访仙的实践活动。

道教的旅游是"逍遥游"。庄子讲"逍遥而游"，有"乘天地之正，而御六气之辩，以游无穷"，"乘云气，御飞龙，而游乎四海之外"，"游心于物之初"，"得至美而游乎至乐"等独特的美感体验，追求的是一种蕴含"天人合一"，"上下与天地同流"的趋于极致自由的审美体验和宗教性的内心体验。① 徐复观认为，庄子追求精神的自由，而"精神的自由和解放"是以一个"游"字来加以象征的②，"游"和"逍遥"二词应该是《庄子》书中最有特色的词。③ "游"可谓《庄子》之通义，逍遥而游是庄子追求的最高人生体验和境界。"游"的主体是人的心灵，所游之处不仅是"尘垢之外"、"无何有之乡"，更是一种趋于极致的大美，一种体悟得"道"后获得的绝对精神自由。后来的道教更尊庄子为"南华真人"，继承庄子的思想，并以"游"来象征道教的宗教精神品位，即指一种摆脱功利观念，带有纯粹精神观念的精神境界和追求。这给予超越的"道"和渴望超越的人们以宗教上的合理解释，并得到信众的认同。魏晋南北朝时期出现了"游仙诗"这种抒写神仙漫游之情的诗歌，就是证明。

道教的旅游是"仙游"。道教自古就有求仙云游的实践活动。道教徒们坚信神仙可学、仙境可寻、仙药可求。于是，寻仙活动频繁出现。它有两大主流，一是方士鼓吹，由帝王发起，以方士的活动为主干，以成仙为目的的寻仙活动，如齐威王、齐宣王、燕昭王、秦始皇、汉武帝等帝王均发起过这样的活动，对道教的形成有很大的影响。后来的道士们择清幽之处服药、炼丹、修行与游历寻仙可谓与此一脉相承，如高道张道陵、葛洪、陶弘景、陆修静、陈抟、张三丰等，他们无不游历四方，选择具有"仙风道骨"的奇山异水遨游、

① 参见胡锐《道教旅游文化与道教文化旅游辨析》，《宗教学研究》2008 年第 4 期。
② 参见徐复观《中国艺术精神》，春风文艺出版社 1987 年版，第 54 页。
③ 参见刘笑敢《庄子哲学及其演变》，中国社会科学出版社 1987 年版，第 18 页。

炼养，企图长生不死，得道成仙。正是在旅游的过程中，修道者们实践着他们的宗教信仰，旅游成为他们实现宗教信仰的手段之一。[①] 另一支是以文人和哲人为主，以追求神仙意境为目的，带有审美特点的游仙活动。他们更感兴趣的是仙人的人格魅力、生存和生活方式，向往和仙人一样，尤其是在精神上与之一样徜徉纵横。这种向往更多地内化在他们的精神追求中。如信奉道教的唐朝大诗人李白被誉为"诗仙"，其诗仙气横溢，其人也不受约束，在《庐山遥寄卢侍御虚舟》中自称"五岳寻仙不辞远，一生好入名山游"，明确地表明了"游"的目的是寻仙。

道教人性自然化的"逍遥游"、"仙游"之说，显示了中华民族天人合一的旅游审美观，即在旅游中通过静观默察、自觉体悟的审美、参与，以物我相亲、物我同化达到物我两忘、物我合一的状态，用全部身心去体验、感悟自然，从赏玩山水之中直觉地把握自然，把握如自然一样的人生的生命律动，从而悟解天地人生之道，达到自我实现、自我满足。

（二）重要的旅游引导价值

我们知道，道教徒历来重视对洞天福地的探寻，并记录下了这种探寻成果，如葛洪就著有《嶀嵊山记》、《五狱真形图文》、《关中记》，历代道教徒们更是留下了数量惊人的道教山志、宫观志，这些记载保留下了大量的地理学、地质学方面的资料，它们对于现今的旅游活动和旅游开发，起着非常重要的引导作用。例如江苏茅山是中国道教上清派的发源地，《茅山山志》记载了华阳洞的地貌、喜客泉的奇特效应，都在今天成为游客向往之地，为游客增添了游兴。

同时，由于道教"旅游"思想的浸润和引导，使得一部分文人学士对于游历祖国山水产生了特别的偏好。他们畅游名山大川，到人所未到之处，写下了大量的游记、笔记。不仅如此，他们对道家、道教关于地学的论著较为熟悉，

---

① 参见胡锐《道教旅游文化与道教文化旅游辨析》，《宗教学研究》2008 年第 4 期。

所以在旅行中，不是一般地观看山水之美，而是对其作出观察思考，比如对于地貌的成因、地质特点的思索。其中最著名的非徐霞客莫属。徐霞客，江苏江阴人，伟大的地理学家、旅行家和探险家，他的朋友称他有"仙风道骨"，《徐霞客墓志铭》中叙述他年轻时，"又特好奇书，侈博览古今史籍及舆地志，山海图经，以及一切冲举高蹈之迹，每私覆经书下潜玩，神栩栩动。"[①] 足见他的遨游，实起于年轻时的博览群书，其中的山海经图志等，道教早引为同调，被收进道书总集《道藏》；而他的冲举高蹈之迹，则正是道士修仙之所在，或者是传说中的成仙圣迹。正是在科举时代不入正流的那些道家和道教的著作、思想给了他最初的遨游冲动。他的成就在世界地学史上可谓领先时代，他对中国喀斯特地貌的考察成果等，领先世界三个世纪。《徐霞客游记》既是山水文学的佳作，又是世界地学史上的名作。徐霞客的壮举和成就，从某些方面来看，应归于道教"游"的思想的宣扬，道教的修炼指向，以及高道们的著作和行为引导。

（三）极高的旅游开发价值

道教是中国的本土宗教，千百年来，道教创造了浩瀚的经典、神秘的宗教生活，在长江流域开拓出了不少风景秀美的道教名山、恢弘壮丽的道教宫观，造就出了仙情雅趣的道教音乐、逼真完美的雕塑绘画作品、博大精深的修身养性学说。可见，长江流域的道教文化线路遗产资源蕴涵十分丰富，这些都可以成为长江流域旅游资源的特色和优势，具有极高的旅游开发价值。

如前所述，长江流域是道教的发源地之一，其发展演变与长江流域结下了不解之缘，长江流域的道教名山、祖庭、宫观胜迹如繁星点缀，璨若银河。

东汉顺帝年间（126—144 年），中国道教的创始人张陵在四川鹤鸣山建立了中国最早的道教组织——五斗米道，后称天师道。张陵子孙承其业，五斗米道的影响逐步扩大，沿长江流域传至江东、江南一带。从晋以后至唐宋及至明

---

① 参见贺圣迪《古树新枝——道教与中国科技文明》，上海辞书出版社 2007 年版，第 109 页。

代中叶，道教由于受到统治者的崇奉和扶植，道教理论大为发展，道教宗派极度繁衍，涌现出一大批创派道士和有理论造诣的道教学者，仅在长江流域著名的就有：上清太师魏华存、金丹仙翁葛洪、净明祖师许逊、茅山宗师陶弘景、道学冠冕杜光庭、邋遢道人张三丰等。这时，在长江流域相继产生的宗派有：阁皂山灵宝派、茅山上清派、龙虎山天师派等三山符箓，及神霄派、清微派、东华派、天心派、净明道等符箓支派，还有专讲内丹修炼的金丹派南宗，到元代时，这些道派都合并为正一道，与北方道教的另一道派全真道相抗衡。而全真道也渡江南传，势力遍及鄂、赣、江、浙一带。

正是由于道教和道士在长江流域的活动异常活跃，所以长江流域的名山祖庭、宫观胜迹也异常丰富。唐末五代时的杜光庭在《洞天福地岳渎名山记》中，对道教的洞天福地即名山作了详细的记载，包括 10 大洞天、36 小洞天、72 福地，合起来是 118 座。它们分布在中国的 15 个省区，而以长江流域的浙江（27 个）、江西（18 个）、湖南（19 个）、江苏（11 个）、四川（5 个）为多，占了总数的 70％左右。这些洞天福地都被赋予了浓郁的仙境内涵，都有瑰丽的神仙传说和丰富的仙真遗迹。正所谓："山不在高，有仙则名。"名山为修道者提供了栖隐、采药、炼丹、修行的理想场所，道教瑰丽的神话传说和丰富的仙真遗迹则为名山平添了神秘的色彩和迷人的魅力。这些名山至今绝大多数仍是有名的风景名胜地，如云南魏宝山、四川青城山、重庆丰都名山、湖北武当山和九宫山、湖南衡山、江西阁皂山和龙虎山及三清山、安徽黄山、江苏茅山、浙江天台山和烂柯山，等等。

道教是多神教，它的神仙体系异常庞大，道教都无一例外建起宫观供奉他们。为了宗教修行的需要，这些宫观常建于山水胜处，钟天地之灵秀，显道教之神奇。历史上，长江流域的道教宫观比比皆是。从长江上游、中游至下游依次分布现仍声名显赫的道教宫观有：昆明太和宫和金殿、青城山古常道观、成都青羊宫、梓潼文昌宫、武当山宫观建筑群、武汉长春观、南岳衡山黄庭观、龙虎山天师府、南昌西山万寿宫、铅山葛仙祠、茅山九霄万福宫、苏州玄妙观、杭州抱朴道院、上海白云观、上海城隍庙，等等。

这些道教名山和宫观不仅是信徒们的朝觐胜地，而且本身就具有极高的旅游观赏和美术欣赏价值，具备了宗教文化与旅游资源的双重意义。其中的青城山、武当山、龙虎山、三清山已被列为世界遗产，同时青城山、武当山、三清山、黄山、天台山、龙虎山、九宫山等已被列为国务院公布的国家重点风景名胜区；茅山道院、杭州抱朴道院、龙虎山天师府、武当山太和宫及紫霄宫、武昌长春观、青城山古常道观及祖师殿、成都青羊宫早在1982年就被列为道教全国重点宫观，占全国重点宫观总数（21个）的三分之二左右；武当山紫霄宫和金殿、龙虎山天师府、苏州玄妙观的三清殿等已被列为全国重点文物保护单位；其他的道教名山和宫观基本上都被列为省级风景名胜区和省级重点文物保护单位。

道教名山风景秀丽，奇绝秀美，气候宜人，是旅游的理想胜地。道教宫观或掩映在人迹罕至的青山绿水之间，或静卧于隔断尘嚣的闹市高墙内，构成旅游胜地、休憩佳处。而且奇绝秀美的道教名山自然风光和道教宫观往往是珠联璧合，深山藏古观，幽径通殿堂。还有那奇特的殿堂楼阁建筑、令人眼花缭乱的壁画彩饰、飞金流碧的神像雕塑、典雅肃穆的道教音乐等道教艺术，无不昭示着宗教文化的神秘、静谧和祥和。游人游览其间，既能欣赏中华大地的大好风光，又能领略到道教文化的丰富内涵。如层峦叠嶂、标奇孕秀、被誉为"天下第一名山"的湖北武当山，建有号称"万古之奇观"的8宫2观、36庵、72岩庙、39桥、12亭、外加一条长达70余公里的登山神道，为全国最宏伟的宫观建筑。除此之外，武当山的道教武术、道教音乐、道教法事、道教药膳等也蜚声海内外，特别是武当拳更是在国际上享有广泛声誉。又如苏州玄妙观，是苏南一带最古老的大型殿宇建筑。其上檐内槽上昂斗拱的建筑在国内绝无仅有，建筑专家认为，它是我国古代建筑的瑰宝；其三清殿中的老子像碑，系唐代著名画家吴道子画像，著名书法大家颜真卿书丹，唐玄宗御赞，该碑为我国唐宋时期绘画、书法和雕刻艺术之精品；观中的斋醮音乐是我国主要的道观音乐之一,清纯、低沉、缓慢、刚柔适度,久负盛名。

可见,长江流域历史悠久、举世罕见、丰富而珍贵的道教胜迹和遗存,具有极大的旅游开发价值,长江流域具有开发道教文化线路遗产专项旅游的潜力和条件。

总之,长江流域道教文化线路遗产内容丰富多彩,体系博大精深,资源琳琅满目,给我们现代旅游带来了极大的开发空间。思想上,道教所追求的人性自然化的"逍遥游",与我们中华民族天人合一的审美观不谋而合;文学上,受道教思想的影响,道教徒们云游之际创作的众多地理著作又引导后人不断的探访;资源上,神秘丰富的道生活留下的大量遗址遗迹,更是后人了解道教文化最直接的见证。长江流域道教文化线路遗产无疑是开发道教文化旅游最鲜活的资源,最宝贵的内容,其旅游价值是无穷、深远的!

第八章 长江流域道教文化线路遗产资源的
保护与旅游开发

如前所述，道教是中国土生土长的宗教，经过 1800 多年的发展演变，道教不仅创造了高深玄奥的教义，而且开拓了不少道教名山，建造了许多道教宫观，形成了诸如道教建筑、道教音乐、道教绘画雕塑、道教武术等道教艺术。在神州大地上，出现了一种以道教名山为依托，道教宫观为载体，道教艺术为内容的道教文化。他们的出现，为我们今天留下了不少可供观瞻的文物古迹，赋予了我们底蕴深厚的道教文化旅游资源。历史上，道教在长江流域演绎发达，规模宏大，长江流域的道教物质文化遗产资源和非物质文化遗产资源蕴涵十分丰富。今天，我们以文化线路的视角来审视长江流域各地仍保留着的许多珍贵的道教风景名胜和文物古迹：它们首尾相连千百里，形成历史千百年，是一条见证我国悠久文明史的文化长河，是一部展示中华宗教文化的百科全书。这条串联起众多道教遗迹的文化线路，不仅是我国珍贵的文化财富和人类共同的文化遗产，而且在今天仍然发挥着重要的作用。因此，加强对这条道教文化线路遗产的保护，合理地进行旅游开发，既有利于对道教文化遗产集群的抢救，又有利于展示深厚的文化底蕴，集中再现我国道教传统文化的丰富文化内涵。

一　长江流域道教文化线路遗产资源保护：压力与突破

（一）以文化线路视阈保护长江流域道教文化遗产资源的意义

文化线路乃国际遗产保护的一种新理念和新方法，以文化线路的思路或理念（方法）与长江流域道教文化遗产保护的具体实践相结合，对长江流域道教文化遗产的保护具有重要意义。

1. 有利于促进长江流域道教文化遗产的整体保护

长江流域道教文化遗产在空间上是首尾相连千百里，在时间上是形成历史千百年，在资源上是涵盖了自然、文化以及综合资源多种类别，是一条见证我国悠久文明史的历史文化长河，是一部展示中华宗教文化的百科全书。文化线路强调对线路遗产资源的整体保护，将这一理念（方法）运用到长江流域道教文化遗产的保护实践中，既可以有效地扩大长江流域道教文化遗产保护的范围，也可以进一步丰富长江流域道教文化遗产的内涵；既能将长江流域道教文化遗产所涉及的物质文化遗产和非物质文化遗产、人文资源和自然资源等皆纳入到文化线路遗产保护的范围内，又能将一些在流域内可能在价值、代表性不甚突出的道教文化遗产也纳入到保护的领域内。由此，以文化线路为视野，既有利于促进"点"状的道教文化遗产的保护，更有利于促进长江流域道教文化遗产的整体保护。

2. 有利于促进长江流域道教文化遗产的跨省合作保护

如前所述，文化线路通常跨越多个地区，是大范围、大尺度的遗产资源，在现实的行政区划中往往分属不同的省区或县市。文化线路理念强调遗产保护不应受地域限制，为跨区域的文化遗产保护提供了新的思路。将这一理念运用到长江流域道教文化遗产保护，既有利于促进长江流域各省就道教文化遗产保护展开多种实质性的合作，也有利于形成道教文化遗产的联合保护机制。

3. 有利于促进长江流域道教文化遗产的利用

道教文化作为中国传统文化的重要组成部分，其在宗教和旅游文化中的作用不能低估，特别是在道教文化日益走出圣殿，与世俗文化结合以适应现代社会的今天，更好地利用道教文化遗产资源，以满足游客日益提高的文化品位，已是大势所趋。以文化线路的思路保护长江流域道教文化遗产，除了对长江流域道教文化遗产保护有利之外，还可以充分利用文化线路的多维功能和特性，如线路的休闲、生态、教育、朝觐、经济等多种功能，大力开展长江流域道教文化遗产的道教文化观光旅游、道教休闲生态旅游、道教医疗保健旅游、道教朝觐旅游、道教生活旅游、道教艺术旅游，等等。以文化线路为契机，利用线路的多种功能，开发利用长江流域道教文化遗产的各项资源，为长江流域道教文化遗产的开发利用注入新的活力。

4. 有利于促进长江流域各省份联合申报世界遗产

申报世界遗产不仅在国际上竞争异常激烈，在我国国内要求申报世界遗产的项目也是非常之多，因为根据申报世界遗产的有关规定，每个国家每年最多只能有两项被列为世界遗产，那么同质资源联合申报无疑是最佳选择，这在我国已有成功先例，如 2010 年申报成功的"中国丹霞"世界自然遗产就是把全面展示中国丹霞地貌形成演化过程的贵州赤水、福建泰宁、湖南崀山、广东丹霞山、江西龙虎山、浙江江郎山 6 个丹霞地貌风景区捆绑申报。文化线路结合长江流域道教文化遗产保护，一方面为长江流域各省联合申报世界文化遗产提供了理论依据和技术指导；另一方面以"线路"为纽带，将长江流域道教文化遗产作为一个整体申报，其遗产价值会得到极大的提升，而且多省联合申报的模式也会产生很大的影响力，自然对获得优先申报权和提高申报成功的概率也会有着重要意义。

（二）长江流域道教文化线路遗产资源保护面临的机遇与挑战

1. 长江流域道教文化线路遗产资源保护面临的机遇

我国自改革开放以后，开始正式关注文化遗产的保护，至今已有 30 多年的时间。30 多年中，文化遗产的保护当然也包括对道教文化遗产的保护发生了飞跃式的历史跨越，在理论、方法、政策以及实施方面都取得了前所未有的成绩，使长江流域道教文化线路遗产资源的保护面临难得的机遇。

（1）加入《世界遗产公约》，并制定了相关的法律保护制度

1985 年在第六届全国政协会议上，著名学者罗哲文、侯仁之、阳含熙、郑孝燮向大会提交提案，建议我国加入《世界遗产公约》（全称为《保护世界文化与自然遗产公约》，Convention Concerning the Protection of the World Culture and Natural Heritage），同年 11 月 22 日，第六届全国人民代表大会常务委员会第十三次会议作出决定：批准联合国教育、科学及文化组织大会第十七届会议于 1972 年 11 月 16 日在巴黎通过的《保护世界文化与自然遗产公约》。至此，我国正式加入到《保护世界文化与自然遗产公约》，成为其缔约国。根据该公约，我国提交的世界遗产被列入《世界遗产名录》，对被列入《世界遗产名录》的世界遗产由国际社会提供援助并安排保护、恢复等工作，同时缔约国对于提交保护的遗产负有鉴定、保护、保存、陈列以及传与后代的义务。中国作为《世界遗产公约》的缔约国，为全人类妥为保护中国境内世界遗产是国家庄严的承诺。

我国已经制定的涉及道教文化遗产保护的法律、法规、规章、制度主要包括：①国家文化部、建设部、国家文物局等九部委联合发出的《关于加强和改善世界遗产保护管理工作的意见》（2004 年），明确规定，一切开发、利用和管理工作，首先要把遗产的保护和保存放在第一位，应以遗产的保护和保存为前提，以有利于遗产的保护和保存为根本；②中华人民共和国文化部发布的《世界文化遗产保护管理办法》（2006 年），强调世界文化遗产工作贯彻保护为主、抢救第一、合理利用、加强管理的方针，确保世界文化遗产的真实性和完整性；③国务院发布的《风景名胜区条例》（1985 年发布，2006 年修订），规定设立风景名胜区，应当有利于保护和合理利用风景名胜资源，风景名胜区的景观和自然环境，应当根据可持续发展的原则，严格保护，不得破坏或者随意

改变；④由全国人大审议通过的《中华人民共和国文物保护法》（1982 年发布，1991 年、2003 年修订），第一次将"保护为主、抢救第一、合理利用、加强管理"的文物工作方针写进法律，强化了文物保护的各项管理措施；⑤全国人大审议通过的《中华人民共和国宪法》、《中华人民共和国刑法》、《中华人民共和国环境保护法》、国家土地管理以及防火规范等有关法律法规中有关文化遗产保护的内容；⑥中国道教协会发布的《关于道教宫观管理办法》（1998 年8 月 24 日中国道教协会第六届代表会议通过），其中规定，要保护和维修宫观建筑、文物和园林，搞好宫观安全消防、卫生，维护宫观秩序。另外，地方各省及道教名山景区还发布了地方的世界遗产保护、风景名胜区管理办法，如四川省先后制定有《四川省风景名胜区管理条例》、《四川省世界遗产保护条例》、《四川省风景名胜区建设管理办法》，青城山景区制定了《青城山风景区旅游资源保护管理规定》等多项规章制度。可以看出我国文化遗产包括道教文化遗产的保护已步入了法制化、规范化轨道，我国的文化遗产保护有法可依。

（2）在道教文化遗产的保护上出现了许多新的做法

党的十一届三中全会以后，各级党委和政府有关部门积极落实党的宗教政策，将被机关、工厂占用的不少道教宫观，归还给道教界作为道教活动场所。1982 年国务院公布了道教全国重点宫观 21 处，长江流域有茅山道院、杭州抱朴道院、龙虎山天师府、武当山太岳太和宫、武当山紫霄宫、武昌长春观、青城山常道观（天师洞）、青城山祖师殿、成都青羊宫被列为全国重点宫观。至20 世纪 90 年代，我国历史文化遗产保护形成了"文物保护单位"、"历史文化保护区"（新的《文物保护法》中定名为"历史文化街区"）、"历史文化名城"三个层次。位于长江流域的武当山紫霄宫、金殿、"治世玄岳"牌坊、南岩宫、玉虚宫遗址、武当山建筑群，云南太和宫金殿，龙虎山天师府，苏州玄妙观三清殿，上海豫园等已被列为全国重点文物保护单位；其他的道教名山和宫观基本上都被列为省级重点文物保护单位。而且保护的对象不仅仅只有物质躯壳，还包含了它们承载的社会、文化活动痕迹。

　　1985 年，我国加入《保护世界文化和自然遗产公约》后，1986 年开始向联合国教科文组织申报世界遗产项目，涉及长江流域道教文化遗产的项目申报成果十分显著。由于长江流域有众多的道教名山和道教宫观，这些都被道教视为神仙栖身的阆苑仙境、洞天福地，其山川洞穴、一草一木等都被赋予神话色彩，受到道教信众的保护，而且道教建筑在规划设计时，力求体现天人合一、顺应自然、朝天敬神、融于山林等思想，所以长江流域的道教名山和宫观大都符合世界遗产的条件和标准。长江流域的道教名山青城山、武当山等道教建筑群由于成功地体现了道教"天人合一"的思想，从历史学、艺术性和科学性而论，具有普遍的价值，先后于 1994 年、2000 年被联合国教科文组织列入《世界文化遗产名录》；江西的道教名山三清山和龙虎山因仙灵众相、清虚之境，先后于 2008 年、2010 年被联合国教科文组织列为《世界自然遗产名录》。它们作为全人类共同的宝贵财富而受到特别的保护。

　　2. 长江流域道教文化线路遗产资源保护面临的压力与挑战

　　如上所言，自改革开放以来，长江流域的道教名山、宫观胜迹在各级政府及有关部门的关心和支持下，不断得到维护和修缮，这些名山和宫观以及承载的道教文化除了因被列为各种名目的保护单位而受到保护之外，随着人们文化遗产保护意识的不断增强，经济发展带来更多的资金投入，为长江流域道教文化线路遗产保护提供了有利条件。然而由于文化线路强调遗产项目的综合性、类型上的广泛性，使得遗产保护面临更广泛和复杂的问题，所以文化线路视阈下的长江流域道教文化遗产的保护将会面临前所未有的压力与挑战。

　　（1）文化线路的大尺度及其对线路实施整体性保护的要求为长江流域道教文化遗产保护实践带来了巨大的挑战

　　面对长江流域道教文化遗产这种跨时代、跨行政区域、跨不同文化背景的庞大的文化复合体，可以说任何一个道教团体、任何一个地方政府部门都无力单独承担这样超大型项目的责任，它不但需要国家层面的专业组织发挥作用，更需要建立起跨区域、具有快速反应能力的新遗产保护体系和相应机制，这无疑对我国现行遗产保护体系带来巨大的挑战。

（2）长江流域道教文化遗产项目的综合性大、复杂性强，涉及遗产产权等问题，给合作保护及管理、联合申遗等具体操作层面带来很多困难

文化线路的理念虽然为长江流域道教文化遗产的跨地区合作提供了平台，为联合申遗提供了可行性和依据，但因其综合性大、复杂性强，加之涉及遗产产权等一系列问题，因此在联合申遗、合作保护等具体操作层面存在很多困难。例如我国已经筹备申报的"京杭大运河"文化线路项目，就因是国内跨省域的联合存在许多现实难题而进展不顺。

（3）对长江流域道教文化遗产建立整体性保护规划和旅游规划，在实践中存在难度

文化线路的特性表明，它具有独特的资源特征，与旅游有天然的内在联系，有利于文化遗产的开发利用，有利于旅游业的发展，尤其是有利于建立整体性的保护规划和旅游规划。但要建立长江流域道教文化遗产这种跨时空、大维度的整体性保护规划和旅游规划在实践中存在难度。

总之，文化线路结合长江流域道教文化遗产如何实施保护带来的压力和挑战问题，是一个需要各方去努力研究和解决的问题。

（三）文化线路视阈下长江流域道教文化遗产资源保护体系构建

1. 更新传统的遗产保护观，树立"整体性"保护文化遗产的观念

我国拥有丰富的文化遗产，是世界上重要的遗产大国，但长期以来我们习惯于用文物标准、历史价值来衡量遗产价值，对遗产的认识局限于历史文物、风景名胜框架内，对遗产的认识大多还停留在孤立的"点"及静态遗产上。[1]同样，这样一种观念也影响到对长江流域道教文化遗产保护的认识，业界和学界探讨的多是四川青城山的保护、湖北武当山道教建筑群的保护、江西龙虎山的保护，等等，没有一种"线"或"面"的认识。文化线路的理念要求我们从

---

[1] 参见李林《"文化线路"对我国文化遗产保护的启示》，《江西社会科学》2008年第4期。

多维视野来重新审视文化遗产，更新传统的遗产保护观，重视文化遗产的多元价值特性、连续性和动态性。在对长江流域道教文化遗产保护中，要树立整体性保护文化遗产的观念。

（1）要将长江流域道教文化遗产看做是一个整体

长江流域道教文化遗产分属不同省份，时空跨度大，但自身是一个有机的整体，其时间上溯至 1800 多年前，东西绵延 6000 多公里，流域面积 180 多万平方公里，空间上横跨青藏高原、四川盆地、云贵高原、长江中下游平原等我国地形三级阶梯，沿线涉及四川、云南、湖北、湖南、江西、安徽、江苏和上海等省、市。同时对其内涵有一整体认识：五斗米道在巴蜀产生之后，在长江流域相继产生上清、灵宝等符箓派别，虽然各道派分合兴衰与 1800 多年的道教历史相始终，但到元代在长江流域主要形成了以天师道、龙虎宗为基础的，集合各符箓道派的符箓大派——正一道，以老子的"道"为基本信仰，以长生成仙为终极目标，以符箓咒术、祈禳、斋醮、行气、导引守一等为达到长生成仙的手段，传衍至今，与主要活动于北方的全真派共同构成中国的道教文化。

（2）重视长江流域道教文化遗产的多维价值和整体价值

在对长江流域道教文化遗产保护中不能单纯强调其历史文物价值，而应只是将历史文物价值看做是遗产价值的一部分。同时还要特别关注非物质文化遗产，关注动态的、活的文化遗产，如道教对民俗的影响、道教音乐、道教美术、道教医药、道教养生，等等，从整体性、多维视野出发，建立长江流域道教文化遗产保护的理念。

2. 以线路为纽带，实施长江流域道教文化遗产的整体性保护战略

（1）对长江流域道教文化遗产实施整体性保护战略的必要性

第一，对文化遗产实施整体性保护战略，是最近一些年来国际遗产保护领域出现的新趋势，即对文化遗产保护范围从单体到街区，从街区到城镇，进而扩大到文化景观、遗产区域，并对文化遗产历史环境给予重视。整体性保护战略的实施，反映了世界文化遗产保护运动对遗产"真实性"、"完整性"的

追求。

第二，整体保护大型线性文化遗产，以面涵点，以线状区域内的铺开带动线上的各个点，有利于国家宏观调控，有利于各种社会资源的集中使用。[①]

第三，实施整体性保护战略，可以将长江流域道教文化遗产沿线的物质和非物质文化遗产保护有机结合起来，便于对长江流域道教文化遗产从整体上开展调查研究和科学研究，通过调查研究和科学研究，有力地推动保护工作。

（2）实施长江流域道教文化遗产整体性保护战略的构想

第一，建立、健全有关道教文化遗产保护的法律法规。虽然道教在保护环境方面有完整的宗教戒律，道教在长期发展过程中形成了一整套系统的尊重和保护生态环境的仪式和措施，道教戒律具有宗教法律的作用，另外中国道教协会也发布了《道教宫观管理办法的规定》，对道教宫观的文物保护和环境保护做了具体规定，但无论是宗教戒律还是宫观管理办法，主要还是规范宫观和道门人士的行为。而对于众多的道外人士，如何让他们重视和保护道教文化遗产，则需要国家从法制建设方面入手，做到有法可依，有法必依。目前长江流域的浙江、江苏等地均出台了历史文化名城保护条例，国家旅游局等国家六部门出台《关于进一步规范全国宗教旅游场所燃香活动的意见》，四川制定了《四川省世界遗产保护条例》，湖北制定了《湖北武当山风景名胜区管理办法》、《武当山世界文化遗产保护管理办法》，等等，但有些省份对此还未引起足够的重视。因此，就目前情况来看，还应从国家层面建立、健全有关道教文化遗产保护的法律法规，制定专门的道教文化遗产保护法规，地方省份也应制定切合本地道教文化遗产保护实际的相关法律制度。

第二，编制长江流域道教文化遗产整体性保护规划。长江流域道教文化遗产数量多，历史、艺术、科学价值高，在编制规划之前开展对长江流域道教文化遗产的资源调查，把握这条文化线路的关键区、脆弱区以及重要的节点，根

---

① 参见单霁翔《大型线性文化遗产保护初论：突破与压力》，《南方文物》2006 年第 3 期。

据统一连续的基底背景，形成对这条文化线路框架的全面完整的认识。在摸清资源情况、形成完整认识的基础上，开展对长江流域道教文化遗产的专项保护规划的编制工作，这是宏观尺度的长江流域道教文化遗产保护战略，是对整个长江流域道教文化遗产保护具有指导意义的纲领性文件，其内容应当包括文化线路整体保护范围、各重要遗产节点的保护范围等。文化线路保护的范围取决于组成它的各个重要遗产节点元素的保护范围，文化线路整体保护范围界定也以这些遗产元素的保护范围的界定为基础。这些遗产节点元素包括构成该线路的一切内容：城镇、村庄、桥梁、码头等文化元素，山脉、陆地、河流、植被等和线路紧密联系的自然元素①。

第三，编制长江流域道教文化遗产各专项保护规划。在长江流域道教文化遗产整体性保护规划下制定具体的、不同层次的道教文化遗产保护规划，并在不同地区因地制宜编制具体的保护规划。例如长江流域各省区的道教文化遗产保护规划，可以根据文化遗产的类别制定道教物质文化遗产保护规划、非物质文化遗产保护规划，针对道教名山或宫观制定相应的专项保护规划等。当然这些规划的制定都需要在摸清资源、进行资源调查的前提下进行。武当山在这方面已取得较为成功的经验。他们对武当山62处国家文物保护单位分别制订了保护范围和建设控制地带；搜集整理文物资料100多万字、图片3万张、拓片1.1万张，建卡5000多张，在此基础上高起点编制完成了《太极湖生态文化旅游区总体规划》、《武当山文物保护总体规划》等发展规划。②

3. 以线路为纽带，建立长江流域道教文化遗产的跨省合作保护机制

（1）建立长江流域道教文化遗产跨省合作保护机制的必要性

第一，文化线路自身保护的需要。长江流域道教文化遗产是中国道教文化的重要组成部分，它已不单单属于某个省、某个地区，而属于长江流域甚至全

---

① 参见李伟、俞孔坚《世界遗产保护的新动向——文化线路》，《城市问题》2005年第4期。

② 参见《2011年湖北武当景区三个转型打造产业核心竞争力调查分析》，http://www.chinairn.com/news/20111217/627132.html。

中国，因此沿线各省都有责任和义务保护道教文化遗产，这种保护自身就需要跨省合作，跨区域交流。

第二，长江流域道教文化遗产空间大、范围广，需要建立跨省合作保护机制。长江流域道教文化遗产大范围、大尺度的特征，决定了在对其进行整体性保护战略的框架下，单独的一个省或地区无法独自承担起保护整个长江流域道教文化遗产的重任，需要有一个国家层面的专业组织来管理和协调。

第三，为了吸纳民众参与保护，也需要建立跨省合作保护机制。民众是保护历史记忆与进行文化传承的活的载体，民众的参与是文化线路遗产保护的重要基础①。长期以来，我国遗产保护、宣传、使用大都在各级政府的指导下进行，公众自发参与保护的意识不强，行动更是少有。公众的草民意识和文化素质偏低常使普通公民主动放弃自己的切身利益和参与权，导致公众参与失效问题。政府费尽心力整治申报遗产地环境、将非物质文化遗产从濒临灭绝中抢救出来，但周边居民、非物质文化遗产拥有者不知其重要和珍贵，对申遗活动表现出难以想象的疏远和冷漠。在对长江流域道教文化线路遗产保护中如何改变这种现状？我们知道，道教本身在海内外有大量的信徒，分布在长江流域各地的道教名山宫观对广大的信徒来说，有着不可思议的吸引力；还有众多的道门外人士，他们对长江流域道教文化遗产也有浓厚的兴趣；另外，道教遗产地居民是遗产区域传统资源的拥有者。如何发动他们成为道教文化遗产保护的主体，如何发动他们参与到保护的行列中，需要跨省合作，形成强大的宣传和教育攻势，才能最大限度地获得民众的支持。

（2）建立长江流域道教文化遗产跨省合作保护机制的构想

第一，建立专门的领导机构。应由长江流域各省市共同建立一个长江流域道教文化遗产保护专业机构，依托专门的平台，全面承担起长江流域道教文化遗产的保护工作。这个专业机构可以组织对长江流域道教文化遗产进行整体调

---

① 参见李林《"文化线路"与"丝绸之路"文化遗产保护探析》，《新疆社会科学》2008 年第 3 期。

研登记，可以组织制订长江流域道教文化遗产的整体保护规划，可以落实、监督遗产保护项目的实施，可以协调跨省合作保护中的各种关系，等等。

第二，建立多元化的辅助机构。目前就道教名山和宫观的管理机构而言，已有城乡建设部门（管理风景名胜区）、宗教部门、园林部门、文物部门、环境保护部门、旅游部门等涉足其中。但是需要它们在长江流域道教文化遗产保护专业机构的组织下，作为专业机构的辅助机构，根据各自的管理权限发挥协助管理、历史保护、环境规划、法律保护、经济投资等不同的作用。

二　长江流域道教文化线路遗产资源旅游开发：措施与实践

（一）长江流域道教文化线路遗产资源旅游开发上面临的压力与挑战

自改革开放以来，长江流域的道教名山、宫观胜迹在各级政府及有关部门的关心和支持下，不断得到维护和修缮。随着宗教政策不断得到落实，宗教活动逐渐开展，多次大型旅游宣传促销活动先后举行，这些宫观胜地已经成为海内外人们朝圣、观光和考察的场所，在海内外道教界、道教信徒以及观光旅游者中享有很高的地位。以武当山和龙虎山为例。

武当山为让武当武术成为武当文化注入旅游的一个重要突破口，不但成功地举办了数届武当武术文化节，在海内外举行了几次成功的武术表演，而且还邀请港台影视明星加盟拍摄了《武当Ⅰ》、《武当Ⅱ》、《武当少年》、《倚天屠龙记》等影片，特别是《功夫梦》、《武当百谜》、《太极武当》、《太极》、《西游记》等多部影视作品相继在武当山进行实景拍摄，使武当山成为媒体关注的焦点，加重了武当山对海内外游客的吸引力。同时，武当山还成功地推出了以"道之旅"为主题的系列道教文化旅游活动，举办一年一度的武当文化旅游节。近几年，武当山还充分结合自身具有的养生资源要素，发掘新的旅游增长点，逐渐形成了以风景养眼、文化养神、服务养心、武术养生、亲水养性等"五养"工程为抓手，推出了一系列符合游客养生需求的产品，着力打造出"太极武当，养生天堂"的形象。由于这些活动内涵丰富，特色鲜明，吸引了大量的海内外游客和信士。据不完全统计，自 1988 年以来，二十余年间里台湾自发到武当山朝圣谒祖的道教宫观庙宇 460 多个，组织来武当山朝圣谒祖进香团 13000 多个近 30 万人。2010 年武当山全年旅游总收入达到 7.9 亿元，旅游人数达到 190 万人次。[①] 2011 年，武当山为让游客感受神奇的武当文化、神秘的道教文化，推出了一系列新的旅游转型发展策略。包括：广告推介——在央视一台、四台品牌栏目播放武当山形象广告，在纸质媒体开辟专栏，引领行业风向标，在西安、武汉、郑州、广州等主要客源市场、周边城市圈公交车、动车组及新闻媒体发布宣传广告，开展形式多样的旅游促销活动；举办十大活动——澳大利亚悉尼春节巡游活动、世界文化遗产（武当山、故宫、布达拉宫、孔庙、承德避暑山庄）文化研讨会，武当山、太极湖与台湾阿里山、日月潭联谊活动，武当等四大道教名山联谊活动，真武神像台湾巡境活动，太极拳国际联谊大会，第二届武当国际摄影大赛，"大兴武当 600 年策划活动"，《天下武当》等电视剧拍摄，《太和之声》武当音画交响乐演出等；文化渗透——与国内知名导演合作打造舞台剧《天下太极出武当》，更投巨资与好莱坞顶级制作团队牵手，打造中国文化山水实景视听盛宴《太极传奇》；网络互动——充分发挥网络作用，全力抓好武当电子商务网、中国武当网建设，利用"信息高速公路"推介宣传武当山；优惠刺激——采取灵活的价格促销，激发旅行社（商）组团积极性。武当山的旅游华丽转型，使武当山旅游上升到一个新台阶。2011 年 1 月至 7 月武当山已接待中外游客 201.8 万人次，实现旅游总收入 11.4 亿元，同比分别增长 62% 和 188.7%。[②]

又如龙虎山曾成功地举办了以天师府祖天师法像开光盛典为中心的"龙虎山道教文化活动周"文化交流活动，在海内外道教界引起很大反响。作为中国

---

① 毕志强：《"道者"武当的文化之力》，《中国旅游报》2010 年 11 月 22 日（第 14 版）。
② 《武当山前七个月游客突破 200 万》，http：//lxs. cncn. com/63322 - news - show - 147314. html。

道教发祥地之一，近年来，他们依托厚重的道教文化，致力于打造"中国丹霞·道教文化旅游胜地"，积极做好道教文化与旅游结合文章，龙虎山先后成功荣膺世界地质公园和世界自然遗产称号，成为江西省唯一的"双冠"景区。今天的龙虎山，不仅是昔日道家修身求道的"洞天"，更是如今八方宾朋观光度假、休闲养生的"福地"。

可以说这些都是旅游风景区利用道教文化优势，开发旅游产品比较成功的一个例子。长江流域其他一些拥有道教文化旅游资源的地区也一直在致力于这种宗教和旅游的嫁接，所取得的成绩也是有目共睹。但长江流域道教文化线路遗产资源在旅游开发上仍存在一些问题和不足之处。

1. 长江流域各省区缺少国家层面的行之有效的道教文化线路遗产合作开发协调机制

如前所述，长江干流跨越我国七省二市，流域面积180万平方公里，长江流域道教文化线路历史悠久、尺度巨大，绵延万里。但目前，在开发利用这些道教文化线路旅游资源时，往往是按行政区划对单体的遗产"点"的开发利用。如湖北着力展示"武当仙山，养生天堂"的形象，四川则展示"拜水都江堰，问道青城山"的内涵，江西则打出龙虎"天师世家"的旗号，四川的鹤鸣山、青城山，江西的龙虎山都宣称自己是天师道的祖庭、祖山，是中国道教的发源地，在道教文化遗产的开发上更是各自为政，各自为战。即使对长江流域道教文化线路某一节点上的文化遗产管理和利用也存在体制分散、多头管理等问题，如青城山虽然成立了专门的青城山风景名胜区管理局，全面负责青城山国家级风景名胜的保护、规划、开发、建设和旅游管理，但由于青城山长期以来按照"道家管庙，政府管山"的管理体制各自分区域管理，造成景区内的道佛寺庙等宗教场所和文物由市政府民族宗教事务局、文物局及青城山道教协会、佛教协会分头管理现状。不难看出，仅文化线路的单个节点文化遗产的保护与管理实际上涉及多个部门，管理现状参差不齐。长江流域道教文化线路的其他节点基本上与青城山类似，这些文化遗产遗迹往往位于风景名胜区、森林公园、自然风景区、地质公园、自然保护区、旅游风景区范围内，分别归属宗教部门、建设部门、园林部门、文物部门、旅游部门等多个单位管辖，其结果是，多方利益博弈，互相掣肘，各自在遗产管理中寻求自身利益的最大化。可见，长江流域各省区之间缺少国家层面的行之有效的道教文化线路遗产合作开发协调机制，缺乏联合开发的思路和行动，在合理利用、综合整治等方面缺乏统筹协调。

2. 长江流域道教文化线路遗产资源还处于公众意识的"印象盲点"之中

长江流域的青城山、武当山、龙虎山、三清山等道教圣地已是世界级的旅游资源，它们都是世界遗产，已是旅游发展的热点地区，而如闹市洞天青羊宫、长春观、玄妙观等都是一方胜迹。但公众对长江流域道教文化遗产整体认识并不高，对长江流域道教文化在中国道教文化中的地位并没有完整认识，有"只见树木，不见森林"之印象盲点。而诸如《水浒传》电视剧播出，水浒开篇"张天师祈禳瘟疫，洪太蔚误走妖魔"的镇妖井就在上清宫伏魔之殿中，让人们知道了那三十六天罡、七十二地煞是怎样从井里冲将出来，变成梁山一百零八将搅得天下大乱的，也让人们知道了张天师、龙虎山、天师道。《问道武当》、《武当少年》、《倚天屠龙记》等影视作品的播出，则让人们了解了武当功夫、武当道等。但这些都只是人们对长江流域道教的一种"点"上的认识，对长江流域道教文化线路遗产这条"线"则缺乏整体印象。

3. 长江流域道教文化线路遗产资源的原真性和完整性突出不够

任何一项文化资源，其成为世界文化遗产最基础的条件就是真实性，以及由此而产生的完整性。真实性和完整性所代表的遗产蕴含的真实的全部的历史信息，是人们了解文化遗产突出的普遍价值（文化重要性）的最基本的要求和依据①。长江流域的道教名山和宫观在开展以观赏性为主的文化旅游活动上取

① 参见王建波、阮仪三《作为遗产类型的文化线路——〈文化线路宪章〉解读》，《城市规划学刊》2009 年第 4 期。

得了成功的经验，如四川青城山、湖北武当山、江西龙虎山等，在开发其自然风光旅游资源的同时，充分挖掘其内在的道教文化价值，重点开发了山上的著名宫观，从而形成了集人文景观和自然景观于一体的道教文化名胜。但是某些道教文化景区虽然对其拥有的道教名山和宫观胜迹做了一定程度的开发，但对道教文化遗产资源的原真性和完整性不够重视，突出表现在：

（1）一些道教名山景区的开发明显与道教教义、周围景观、历史机理不相协调

道教崇尚自然、顺应自然、返璞归真、主张天人合一，然而，一些道教文化景区在旅游开发中，对这个问题尚未引起应有的重视，还普遍存在着重旅游、轻生态的倾向。主要表现在：修建索道、公路等旅游设施，不顾生态安危，随意开山砍树，破坏了自然资源和自然环境；在景区内滥建宾馆、饭店、商店和游乐场所，污染严重，宗教圣地日益城镇化、商品化；旅游管理失控，入区游人过多，秩序不良，导致区内资源和环境受损；重视开展观景游乐，忽视生态科学的宣传教育，缺少生态旅游应有的科学文化内涵。以上这些做法既有悖于发展生态旅游的宗旨，不利于生态环境的保护和生态旅游的持续健康发展，也与道教的崇尚自然、顺应自然的基本思想背道而驰。

（2）旅游产品的开发未能突出道教文化的完整性

一些道教旅游景区在旅游产品的开发上偏重孤立的资源形态和静态的表现手段，开发出来的产品多限于走马观花式的景观游等，游客在景点的旅游活动基本上是以进香礼神求愿、参观静态陈列式的道教景观和道教艺术、观看一些道教法事活动等一些较为初级的旅游活动为主。殊不知，很多游客还想亲自参加到道教文化中来，亲自体验道教独特的生活氛围、感悟道教的思想真谛。因此，仅停留在低层次开发阶段的道教文化景区的开发，难以全面地挖掘和充分地展示道教旅游资源的文化内涵，难以满足游客更深更高层次的旅游需求。而且现在一些道教文化景区的工作人员或导游人员，专业素养良莠不齐，无法向游客全面展示道教真正的文化内涵。

（二）长江流域道教文化线路遗产旅游开发措施

1. 应树立起文化线路理念，采取整体性开发策略

长江流域作为一个完整的系统，具有相当强的整体性与关联性，因此在流域内进行道教文化旅游产品开发有空间上的整体性、文化上的同源性、资源上的互补性及区域交通的便利性等优势。长江流域各省区应根据道教在长江流域传播发展的轨迹，遵循"区域联动、资源整合、优势互补、共同发展"的原则，建立协调合作机制，共同形成一个有机整体。

（1）确认长江流域道教文化线路遗产的"文化线路身份"

通过一个国家层面的行之有效的文化线路遗产机制，确认长江流域道教文化线路遗产的"文化线路身份"，在长江流域文化大系中树立起鲜明的道教文化线路形象，唤醒人们对长江流域道教文化线路遗产的认同感。

（2）共同制订完成"长江流域道教之旅"旅游开发规划，着重打造"长江流域道教之旅"旅游线路这个大品牌

依靠国家层面的跨区域的文化线路遗产专业机构，协调长江流域各省市在合作开发利用中的各种关系，共同制订完成"长江流域道教之旅"旅游开发规划。在产品及线路的设计上，既可推出局部线路的专线游，如武当"道之旅"、江西道教胜迹专线游，还可与邻省联合推出专线游项目，湖北武当山、重庆大足石刻（道教造像占20%）、四川青城山相邻几地就可联合推出世界文化遗产道教专线游。更可按文化线路大视野大尺度地推出"长江流域道教风景名胜文物古迹游"、"长江风光——道教胜迹游"等"长江流域道教之旅"大品牌。文化线路作为一个整体，代表了不同地区之间的交流和对话，"其整体的价值大于其各部分的价值之和，线路正是通过整体而获得它的文化重要性"[①]。相信"长江流域道教之旅"这个大品牌的推出，将会产生极大的震撼力。

---

① 姚雅欣、李小青：《文化线路的多维度内涵》，《文物世界》2006年第1期。

（3）加强区域联合，建立长江流域道教旅游圈

要在联合开发多样化旅游产品的基础上，加强区域联合，扩大宣传促销，共同开发市场，打破区域限制，互相开放市场，开通绿色通道，建立长江流域道教旅游圈，联合长江流域各省区，拆除樊篱，打破省内旅游圈，进一步联手协作，提升区域旅游竞争力，进而提高长江流域旅游业在海内外的知名度、市场份额和在全国的产业地位。

（4）利用文化线路方法，促进长江流域联合申报长江流域道教文化线路世界遗产类型

2005 年 2 月世界遗产大会将"文化线路"作为特殊遗产类型列入《世界遗产大会执行操作指南》，文化线路成为世界遗产的申报类型之一。而从目前旅游资源级别提升来看，成功申报世界遗产也是一条重要途径。按"文化线路"遗产类型标准和要求将长江流域道教文化遗产作为一个整体申报，长江流域道教文化线路所涉及地区进行联合申报，能集中各省市力量和努力，提升遗产价值，有助于提高申报世界遗产的成功率。同时联合申报也可以避免如"祖庭"、"祖山"属地之争，还可以摆脱形象遮蔽，摆脱公众"只见树木，不见森林"的印象盲点，在以后的文化线路遗产的管理中取得主动地位。

2. 根据文化线路内容要求，深度开发长江流域道教有形遗产资源和无形遗产资源

文化线路的内容，是其作为一种遗产类型的基本组成要素，包括交通线路本身和有形遗产要素与无形遗产要素，它既是遗产识别的主要对象，也是深度旅游开发的主要对象。长江流域道教文化有丰富的有形和无形遗产资源，有待于我们对其进行研究和科学地实施深度开发。长江流域道教旅游资源的深度开发除了对资源的整体进行深入发掘，注重资源的科学配置，在开发中注重产品的点、线、面的结合，既有重点开发，又有区域的联片开发，为旅游者提供跌宕起伏、起承转合、具有时间和环境韵律的高质量的组合产品——"长江流域

道教之旅"之外，还需对已有资源节点进行深入发掘。①

（1）挖掘道教的深层文化内涵，深层次开发道教景观游

道教景观游就是让旅游者参观游览道教宫观及周围的自然山水风光而进行的以观赏性为主的文化旅游活动，是开展道教旅游的最基本形式。许多道教名山和宫观在开展该项活动上取得了成功的经验，如四川青城山、湖北武当山、江西龙虎山等，就在开发其自然风光旅游资源的同时，充分挖掘其内在的道教文化价值，重点开发了山上的著名宫观，从而形成了集人文景观和自然景观于一体的道教文化名胜。但是长江流域道教景区在景观的开发上，还需深挖道教的文化内涵，既要营建浓郁的宗教旅游环境，又要提高导游等有关工作人员的宗教知识修养，还要开发出颇具深层文化内涵的旅游项目。具体应做到：

第一，景区要灵活利用现有的道教文化旅游资源，努力营造出一种良好的宗教旅游环境。让游客到此观的是殿堂楼阁、壁画彩饰、神像雕塑、炉鼎香烛，看的是道士们诵经奏乐、上表化疏、步罡踏斗，食的是素菜斋饭、野菜药膳，住的是宫观式旅馆，买的是配套的道教旅游商品，使游客在一种肃穆、崇敬的心态中，摒绝杂念，忘却烦恼，达到一种心灵的松弛与净化。

第二，加强对景区导游人员的培训和任用。要求他们不仅能介绍道教景观的一般内容，更要能够对道教文化的深刻内涵作出生动的解说。同时可以考虑让道教中人充当导游解说员，从广义上讲，宗教人员也可以是一道独特的宗教景观，他们在宗教圣地的日常生活、日常功课也是游客们感兴趣的焦点，具有很强的旅游吸引力，如果他们能对游客进行基本的景观介绍、道教思想阐述等，将对营建庄重的宗教气氛、引领游客去体会道教文化、感受道教真谛起到不可忽视的作用。

第三，开展道教生活游，让游客亲身体验道教文化。宫观别有洞天，道教外的人们对宫观的道教内涵和道士们的生活永远感到神秘新奇，因此，开展道

---

① 参见卢世菊《中国道教文化旅游资源深度开发对策分析》，《思想战线》2003 年第 4 期。

教生活旅游，可让游人亲身体验道士们在宫观的日常生活、做功课以及丛林清规、道教戒律等，从而感受道教独特的生活氛围。建议，在游客参观游览名山宫观胜迹时，可根据需求适当安排一定的时间让他们去体味一下道士们的生活，以满足他们在心理上更高层次的需求。如可策划当一天"道人"等活动，以吸引更多的向往中国传统文化的游客来旅游。

第四，开展道教思想游，让游客感悟道教真谛。道教是中国的本土宗教，其成仙得道、返璞归真、善恶报应、重生恶死的思想早已渗透到人们的生活中，与中华民族传统文化的许多领域有着密切的联系，将它们作为一种旅游资源进行开发，是一种全新的思路和开发方向。它主要是通过道教教义思想和有关的神话传说故事，让游客从思想上亲身体验道教文化的奥妙和神秘所在，去感悟道教的真谛。建议，可在开发道教景观时将让人深思回味的宗教思想寓于其中：天雾缭绕，泉咽松吟，晨钟暮鼓，深山藏古观，曲径通殿堂，通过这些道教自然景观和建筑景观，让游人从中自然而然地体悟到修身养性、得道成仙的道教思想。

第五，开展道教养生游，让游客体验道教的养生、饮食文化。道教的养生术是道教文化遗产中的瑰宝，是中国传统养生方法的主干。道教养生术的主要内容包括守一、存思、导引、吐纳、胎息、服食、外丹、内丹、起居等。实践证明，只要持之以恒地进行养生锻炼，道教养生术对预防和治疗慢性疾病等是有较好效果的。为让游客体验道教的养生文化，可策划"听道长讲长生之道"等活动。药膳是道教养生术的重要内容。道教倡导清心寡欲，返璞归真，其饮食往往利用当地天然物产精制而成，讲究营养和清淡，不求肥甘。一些道教宫观所研制的饮食颇为独特，如青城山的"白果炖鸡"，以古常道观汉代张陵手植白果树所结果实为原料，不仅味道清醇，富于营养，而且带有历史文化的芬芳。青城泡菜，所用原料均为常见蔬菜，制作时强调菜、水、器皿、佐料均洁净不染，制成后十分爽口。道教对于酒和饮料也很重视，青城山的洞天乳酒、江西龙虎山的天师家酒以及江西的麻姑酒等均有独特的配方，享誉中外。道教对饮茶也颇有研究，青城贡茶、茅山茶、武当茶均很有名。道教的这些特色饮食深受教外人士的喜爱。因此，可以把道教养生、饮食与旅游结合起来，用道教养生术为旅游者服务，会更增添旅游的吸引力。

第六，开展一些突出道教文化特色的综合性的旅游文化项目。有特色的旅游产品，才有生命力，才有竞争力，才能吸引更多的旅游者。开发道教文化旅游资源，还可围绕道教文化主题，根据道教景点所处的或在深山或在闹市的不同特点，开展一些综合性的有特色的旅游文化项目，如道教与书法绘画、道教与医药、道教与音乐、道教与武术等，让游客研习道教医药、道教音乐、道教美术，习练道教书法等。这样，既可以充分调动游客的积极性，又可以使古老的宗教文化焕发出时代的气息。

（2）利用宫观的祖庭地位，积极拓展道教朝觐游

由于是多神教的缘故，道教的神仙体系阵容庞大，它将"三清四御"等道教尊神、张陵等仙真祖师、泰山神等岳渎镇海神灵及阴间天子等俗神悉数纳入麾下，并毫无例外地为他们建起了宫观庙宇加以供奉。长期以来，这些宫观庙宇以其凝固的文化形式散布于长江流域各地，似一块块磁石，吸引着无数游人前来朝觐瞻仰。在这些游人中，除了那些纯粹的观光客外，还有就是以朝觐为主要目的的旅游群体。他们到各地宫观庙宇进香朝拜、寻源归宗。特别是道教宫观中那些仙真祖庭，更以其独特的魅力吸引着他们去朝觐谒拜。如正一天师道的祖庭是江西龙虎山天师府，正一茅山宗的祖庭是江苏茅山的九霄万福宫等，这些仙真祖庭最能引起后世信徒朝觐拜谒、发思古之幽情。由是朝觐游人纷至沓来，殿堂院落终日香火缭绕。

朝觐的游人信士作为重要的旅游者，其购物、游乐、游景的消费不容忽视。但目前存在的问题是，由于大部分信士是邻近各地的妇女和村民，文化层次较低，消费水平有限。如，据调查，武当山的信士主要是来自河南农村和周边地区。因此，开展道教朝觐旅游，除了稳定现有的客源市场，引导香客提高消费水平外，还要借助各地宫观的祖庭地位，利用宣传促销等手段，吸引多层

次的朝拜者。特别是利用这些祖庭在海外华人中的影响，吸引他们前来朝觐。多少年来，华人们远离家乡，孤身奋斗，但仍保持着强烈的道教信仰情感。他们渴望寻根访祖、家乡香火旺盛，有到自己崇拜的神的祖庭敬香满足自己宗教信仰的愿望。因此，只要稍作宣传，有相应的政策保证，相信会有大批的华人信徒踏上祖国的故土，进香了却心愿。实际上，这方面的市场我们已开发出来，现在是进一步开拓和巩固的问题。

第一，长江流域地方各级政府及有关部门进一步落实政策，提高认识，为道教朝觐游市场的开拓创造一个良好的环境，协调道教与旅游的共赢发展。有关部门要进一步正确认识宗教，认识旅游，要真正落实国家有关宗教政策，协调各方关系，把工作落到实处。各级人员应认识到，道教文化是长江文化大系中的一员，是我国的民族文化，是世界文化的重要组成部分，是历史的载体，其文化艺术、建筑艺术至今仍有相当的影响，中华武术、养生、音乐、书画、雕塑等均吸收了道教文化中的许多有益成分。所以，长江流域有关政府及部门在强调大力发展旅游业的同时，还要采取历史唯物主义态度，落实宗教政策，保护正常的宗教活动，切实维护宗教界的合法权益。道教旅游资源的开发、道教朝觐游的开展会涉及宗教、旅游、林业、建筑、交通、地方政府等方方面面，政府应有机协调好各方关系，建立起互相尊重、互相了解、互相支持的良好关系，并在资金投入、改造交通环境等基础设施上起到积极的主导作用。

第二，道教宫观祖庭自身要积极创造条件，吸纳海内外进香团和信士参访谒拜。各地宫观祖庭可以利用自身演绎的优势，开展诸如道教文化活动月等道教文化交流活动，举行"授箓传度"等宗教仪式，邀请各地道教高人以及海内外的道教团体参加盛典活动，既可以满足海内外道教徒进香朝拜的心愿，又可以扩大宫观祖庭在海内外的影响和传播。正一天师道祖庭龙虎山在这方面取得了比较成功的经验，龙虎山曾举行了几次天师"授箓传度"仪式，在海内外道教界引起很大反响，港、台、东南亚等地的很多道友和游客不远万里来到龙虎山进香，了却心中的宿愿，这些道友和信士除了参访拜谒以外，还纷纷表示助资修建殿宇，恭请天师神像回去朝奉，共为道教的发扬光大作贡献。这一方面反映了道教文化的旅游价值和文化交流作用，另一方面也说明龙虎山的朝觐旅游的日趋活跃。现在龙虎山的旅游业有了突飞猛进的发展，主要应归功于其对朝觐游市场的开拓。其他的道教宫观祖庭亦可效法。

（3）假借宫观庆典节日，开展丰富多彩的道教庙会游

大多数游人并非虔诚的宗教信徒，他们旅游的目的是欣赏各种宗教环境艺术，除了静态的寺观建筑、石窟建筑、雕塑绘画等艺术之外，还欣赏动态的礼祀活动、香烟缭绕的神秘气氛等动态旅游景观。如何扩大这些欢乐祥和的节庆活动的影响，从而吸引更多的游客呢？开展丰富多彩的庙会活动不失为上举。

实际上，在各地宫观开展的庙会活动自古有之，每逢道教庆典节日，各地的信徒便纷纷前往圣地朝觐，届时举办有大型的民间庆典和民间艺术活动，由此衍生出丰富多彩的信仰习俗，形成独具特色的宗教文化景观，对周边地区的文化、经济发展起了重要作用。历史上，围绕著名宫观的庆典节日而形成的庙会，规模大，人员广。现在随着宫观庙堂旅游环境的改善，更有条件将传统庙会形式改造更新，使之具备观赏性、参与性、娱乐性、教育性。

第一，在道教重要节日里，各地宫观均可与当地政府、景点联手对口举办活动，邀请善男信女、有兴趣的游客到宫观参加祈祷庆祝，有组织的招引小商小贩围绕宫观开展商品交流活动，组织举办各种地方色彩浓厚的民间传统技艺戏剧表演，体现出道教传统节庆和民俗庙会活动的丰富多彩。在当前世界各类经济资源全球流动的情况下，开展这种具有天然垄断性的宗教旅游活动，对国内外游客都会有很强的吸引力。事实上诸如武汉长春观等宫观都已多次成功举办类似活动。

第二，有针对性地开展一些宣传促销活动。广告宣传是最有效的宣传媒体，可以利用电视、报纸杂志、电脑网络等宣传媒体，对即将举行的庙会旅游活动、道教庆典节日的神秘色彩、神仙圣哲们的迷人传说等直接进行广告宣传，扩大道教庙会旅游活动的影响，提高庙会旅游活动的知名度，使之吸引更

多的香客和游人。同时加强与国内各旅游部门、各旅行社的联系，联络我国驻外机构，开展多种促销活动。

（4）结合道教的教理教义，开展独具特色的生态游

生态旅游是当前国际、国内旅游界的热门话题。生态旅游是一种以自然生态环境为基础，以满足旅游者对观赏自然景观和地方文化需求为内容，以生态环境保护教育为特征，最大限度地减少对自然环境和社会文化产生负面影响为目的的旅游方式。生态旅游已成为当今国际、国内旅游发展的主流和趋势。长江流域道教旅游文化产品的开发，在这一趋势下，更应借助自身崇尚自然、顺应自然、返璞归真、主张天人合一等教理教义的优势，为中国生态旅游的发展注入一股新的活力。具体应做到：

第一，坚持生态优先，重视保护周围大环境。任何类型的旅游都要注重经济效益和旅游资源的可持续利用，而开发道教文化旅游产品更应维护景区资源和环境的可持续发展，因为道教景区现有的资源和环境是道教中人千百年来维护和发展起来的，一定要坚持生态优先，绝不能以发展旅游的名义，做出开山破石、毁坏树木、破坏环境的事情。

第二，坚持适度开发，重视环境容量、客容量以及由此带来的大气、噪声等污染问题。可以聘请专家进行科学考察和论证，提出景区生态环境安全容量，并据此确定旅游发展的规模，调控入区的游客量。特别是在祖庭名山的庆典节日中，更应严格控制客流量。

第三，坚持自然化，保持道教旅游产品与环境的和谐一致。在景区内旅游路线的设置、各项旅游设施建设的规划布局上，要遵循道教建筑的顺应自然、灵活布局、就地取材、与周围环境保持和谐的特点，保持道教景区的原有意境和风格。深山藏古观，曲径通殿堂，切忌在游览区内修建现代化的游乐场所以及高大的建筑，使游人真正能从旅游中感受到回归自然、返璞归真的妙趣。

第四，坚持旅游与宣传教育相结合，发挥道教旅游景区的宣传教育基地作用。生态旅游不仅仅是游山玩水，观赏美景，还要使游客通过旅游更多地了解

自然，丰富知识，这是生态旅游应有的科学文化内涵。因而道教旅游景区要重视生态环境教育，要借助道教的基本思想，不断地向游人宣传生态平衡和生态保护的重要性，使他们自觉地投身于环境保护之中，真正使游览区的生态环境幽雅清静。

3. 践行文化线路理念，采取深度开发的保障措施

那么，如何践行文化线路理念使上述深度开发得以顺利开展呢？笔者建议，宜采取以下几点保障措施：

（1）强化政府的主导作用

由于我国旅游业是由计划经济下的政府接待型事业发展而来的，这种国情决定了我国旅游业为政府主导型行业，在今后相当长的时间里，政府主导的作用不会减弱。尤其是以文化线路为理念，在对长江流域道教文化线路遗产旅游资源的开发利用上，需要专门的政府机构做出全面规划。目前，针对长江流域各地各业开发道教文化旅游资源的热潮，利与弊，各级地方政府应尽快出台关于长江流域道教文化线路遗产旅游资源开发与规划的政策与措施，为长江流域道教旅游资源的深度开发创造有利条件，提供指导与保障。

（2）重视民间团体的促进作用

目前国内外已有不少团体、院校和科研机构研究文化遗产，研究道教文化，特别是对道教文化的开发进行了理论上的探讨。如在对武当山的道教文化研究上，陨阳师专成立了"武当文化研究所"，中国武术界挖掘出许多早已失传的武当武术套路，丹江口人民医院对道医道药进行了研究，还有著名书画家会聚武当，"名人画名山"，这些团体对丰富和传播武当道教文化起了促进作用。借助民间力量开展道教旅游文化的研究，不仅可以丰富道教旅游的文化内涵，而且可以极大地促进道教旅游文化的传播。

（3）开拓有效的筹资渠道

旅游资源的深度开发，文化线路的大尺度大视野开发，必须要有资金作保障，如果缺乏必要的资金，再好的设想也难以付诸实施。用于旅游资源开发的

资金来源有多种渠道，一是政府投入。由于我国需开发的旅游资源众多，所需资金较多，而国家财力有限，故国家在这方面的投资主要是解决基础设施和样板性开发项目。二是招商引资。根据谁投资谁受益的原则，以优惠条件吸引外商和企业直接投资。三是资本市场的融资。可以通过发行债券、股票上市等筹集资金。应该说社会化的投入和多元化的融资是长江流域道教文化线路遗产旅游资源开发进行筹资的重要途径。例如武当山在 2011 年引进国内知名的 10 大文化产业企业，组建太极湖集团，投资 180 亿元开发太极湖岸 30 多平方公里的秀丽山川，兴建起世界一流的休闲养生园地。①

（4）发挥旅游服务企业的基础作用

现有的一些道教景区的旅游服务企业或多或少地存在着管理落后、设施不足、人员素质低、服务不规范等问题，难以适应大尺度、深度开发的需要。因此，企业要大胆地突破体制归属上的局限，树立新的管理理念，广罗人才，加强员工培训，提高服务质量，发挥旅游服务企业的基础保障作用。

---

① 参见《2011 年湖北武当景区三个转型打造产业核心竞争力调查分析》，http：//www. chi-nairn. com/news/20111217/627132. html。

参考文献

1. 卿希泰：《中国道教》第 1—4 卷，东方出版中心 1994 年版。

2. 《道藏》，文物出版社、上海书店、天津古籍出版社 1988 年版。

3. 卢世菊：《紫气清风——长江流域的道教》，武汉出版社、中国言实出版社 2006 年版。

4. 葛兆光：《道教与中国文化》，上海人民出版社 1987 年版。

5. 杨立志、李程：《道教与长江文化》，湖北教育出版社 2005 年版。

6. 朱越利：《中国道教宫观文化》，宗教出版社 1996 年版。

7. 刘仲宇：《道家与道教》，上海古籍出版社 1996 年版。

8. 朱耀庭：《古代仙山道观》，辽宁师大出版社 1996 年版。

9. 唐代剑：《中国十大名道》，延边大学出版社 1996 年版。

10. 张晓敏：《道教十日谈》，安徽文艺出版社 1994 年版。

11. 朱越利：《道教答问》，华文出版社 1989 年版。

12. 李远国：《四川道教史话》，四川人民出版社 1985 年版。

13. 卢国龙：《道教知识百问》，今日中国出版社 1989 年版。

14. 赵有声：《生死·享乐·自由》，国际文化出版公司 1988 年版。

15. 邱进之：《中国历代名道》，吉林教育出版社 1997 年版。

16. 陈樱宁：《道教与养生》，华文出版社 1989 年版。

17. 朱越利：《道经总论》，辽宁教育出版社 1991 年版。

18. 郝勤：《鹤鸣仙道》，四川人民出版社 1994 年版。

19. 李养正：《道教概说》，中国道教协会 1987 年版。

20. 黄世中：《唐诗与道教》，漓江出版社 1996 年版。

21. 王光德、杨立志：《武当道教史略》，华文出版社 1993 年版。

22. 任继愈：《中国道教史》，上海人民出版社 1990 年版。

23. 葛晓音：《中国名胜与历史文化》，北京大学出版社 1992 年版。

24. 张继禹：《天师道史略》，华文出版社 1990 年版。

25. 金正耀：《道教与科学》，中国社会科学出版社 1990 年版。

26. 张凤林：《苏州道教史略》，华文出版社 1994 年版。

27. 卿希泰：《道教文化新探》，四川人民出版社 1988 年版。

28. 王家佑：《道教论稿》，巴蜀书社 1987 年版。

29. 黄钊：《中国古代政治思想史纲》，武汉大学出版社 1992 年版。

30. 詹石窗：《生命灵光》，云南人民出版社 1997 年版。

31. 方培元：《楚俗研究》，湖北美术出版社 1993 年版。

32. 罗开玉：《丧葬与中国文化》，三环出版社 1990 年版。

33. 范勇、张健世：《中国年节文化》，海南人民出版社 1988 年版。

34. 谢选骏：《神话与民族精神》，山东文艺出版社 1986 年版。

35. 袁珂：《中国神话传说词典》，上海辞书出版社 1985 年版。

36. 郑传寅、张健：《中国民俗词典》，湖北辞书出版社 1987 年版。

37. 宗懔：《荆楚岁时记》，岳麓书社 1986 年版。

38. 文史知识编辑部：《道教与传统文化》，中华书局 1992 年版。

39. 曾召南、石衍丰：《道教基础知识》，四川大学出版社 1988 年版。

40. 孙雍长注译：《老子》，花城出版社 1998 年版。

41. 孙雍长注译：《庄子》，花城出版社 1998 年版。

42. 李养正：《道教手册》，中州古籍出版社 1993 年版。

43. 吴枫：《中华道学通典》，南海出版公司 1994 年版。

44. 贺圣迪：《古树新枝——道教与中国科技文明》，上海辞书出版社 2007 年版。

45. 郭重威、孔新芳：《道教文化丛谈》，黑龙江人民出版社 2005 年版。

46. 戈国龙：《道教内丹学溯源》，宗教文化出版社 2004 年版。

47. 孙亦平：《道教文化》，南京大学出版社 2009 年版。

48. 李申：《道教洞天福地》，宗教文化出版社 2001 年版。

49. 茅山道教文化研究室：《茅山道院》，1993 年。

50. 张继禹：《道法自然与环境保护》，华夏出版社 1998 年版。

51. 盖建民：《道教医学》，宗教文化出版社 2001 年版。

52. 李养正：《当代中国道教》，中国社会科学出版社 1993 年版。

53. 王淑良：《中国旅游史（古代部分）》，旅游教育出版社 1998 年版。

54. 王振复：《宫室之魂——儒道释与中国建筑文化》，复旦大学出版社 2001 年版。

55. 王丽英：《道教南传与岭南文化》，华中师范大学出版社 2006 年版。

56. 詹石窗：《道教文化十五讲》，北京大学出版社 2003 年版。

57. 钟国发、龙飞俊：《恍兮惚兮：中国道教文化象征》，四川出版集团、四川人民出版社 2007 年版。

58. 朱越利、陈敏：《道教学》，当代世界出版社 2000 年版。

59. 徐复观：《中国艺术精神》，春风文艺出版社 1987 年版。

60. 刘笑敢：《庄子哲学及其演变》，中国社会科学出版社 1987 年版。

61. 王明：《太平经合校》，中华书局 1960 年版。

62. 陈少丰：《中国雕塑史》，广州岭南美术出版社 1993 年版。

63. 梁文慧、马勇：《澳门文化遗产旅游与城市互动发展》，科学出版社 2010 年版。

64. 陈垣：《道家金石略》，文物出版社 1988 年版。

65. 周维权：《中国名山风景区》，清华大学出版社 1996 年版。

66.《太岳武当山》，湖北人民出版社 1991 年版。

67. 詹石窗：《易学与道教符号揭秘》，中国书店 2001 年版。

68. 潘谷西：《中国古代建筑史》第 4 卷，中国建筑工业出版社 2001 年版。

69. 杨永生：《中外名建筑鉴赏》，同济大学出版社 1997 年版。

70. 赵逵：《川盐古道——文化线路视野中的聚落与建筑》，东南大学出版社 2008 年版。

71. 任继愈：《中国佛教史》，中国社会科学出版社 1981 年版。

72. 李远国：《四川道教史话》，四川人民出版社 1985 年版。

73. 顾朴光：《中国面具史》，贵州民族出版社 1996 年版。

74. 张愚山：《楚辞译注》，山东教育出版社 1986 年版。

75. 王明：《抱朴子内篇校释》，中华书局 1980 年版。

76. 饶宗颐：《老子想尔注校证》，上海古籍出版社 1991 年版。

77. 乐爱国：《道教生态学》，社会科学文献出版社 2005 年版。

78. 顾军、苑利：《文化遗产报告——世界文化遗产保护运动的理论与实践》，社会科学文献出版社 2005 年版。

79. 单霁翔：《从"文物保护"走向"文化遗产保护"》，天津大学出版社 2008 年版。

80. 刘红婴、王健民：《世界遗产概论》，中国旅游出版社 2003 年版。

81. 刘红婴：《世界遗产精神》，华夏出版社 2006 年版。

82. 彭顺生：《世界遗产旅游概论》，中国旅游出版社 2008 年版。

83. 陶伟：《中国"世界遗产"的可持续旅游发展研究》，中国旅游出版社 2001 年版。

84. 罗佳明：《中国世界遗产管理体系研究》，复旦大学出版社 2004 年版。

85. 邹统钎：《遗产旅游发展与管理》，中国旅游出版社 2010 年版。

86. 邹统钎：《遗产旅游管理经典案例》，中国旅游出版社 2010 年版。

87. 章小平、任啸：《世界遗产旅游可持续发展研究：以九寨沟为例》，西南财经大学出版社 2009 年版。

88. 宋振春：《日本文化遗产旅游发展的制度因素分析》，经济管理出版社 2009 年版。

89. 彭兆荣：《遗产：反思与阐释》，云南教育出版社 2008 年版。

90. 方李莉：《遗产：实践与经验》，云南教育出版社 2008 年版。

91. 朱祥贵：《文化遗产保护法研究：生态法范式的视角》，法律出版社 2007 年版。

92. 徐嵩龄、张晓明、章建刚：《文化遗产的保护与经营：中国实践与理论进展》，社会科学文献出版社 2003 年版。

93. 樊传庚：《新疆文化遗产的保护与利用》，中央民族大学出版社 2006 年版。

94. 《中国文化遗产事业发展报告》，社会科学文献出版社 2008 年版。

95. 王星光、贾兵强：《中原历史文化遗产可持续发展研究》，科学出版社 2009 年版。

96. 于海广、王巨山：《中国文化遗产保护概论》，山东大学出版社 2008 年版。

97. 邓明艳：《世界遗产旅游研究》，中央文献出版社 2009 年版。

98. 张朝枝：《旅游与遗产保护：政府治理视角的理论与实证》，中国旅游出版社 2006 年版。

99. 张朝枝：《旅游与遗产保护：基于案例的理论研究》，南开大学出版社 2008 年版。

100. 孙建华：《漫步世界遗产》，中国社会科学出版社 2005 年版。

101. 沈祖祥：《中国宗教旅游》，福建人民出版社 2005 年版。

102. 孙建华：《漫步道观》，中国社会科学出版社 2008 年版。

103. 陈理：《民族历史文化资源与旅游开发》，民族出版社 2007 年版。

104. 王亚欣：《宗教文化旅游与环境保护：宗教文化旅游与民族地区生态环境保护研究》，中央民族大学出版社 2008 年版。

105. 丁援：《文化线路：有形与无形之间》，东南大学出版社 2011 年版。

106. ［英］马林诺夫斯基：《巫术、科学、宗教与神话》，李安宅译，中国民间文艺出版社 1986 年版。

107. ［英］戴伦·J. 蒂莫西、斯蒂芬·W. 博伊德：《遗产旅游》，程尽能译，旅游教育出版社 2007 年版。

108. ［英］李约瑟：《中国科学技术史》，科学出版社、上海古籍出版社 1990 年版。

109. 姚雅欣、李小青：《文化线路的多维度内涵》，《文物世界》2006 年第 1 期。

110. 卢世菊：《中国道教文化旅游资源深度开发对策分析》，《思想战线》 2003 年第 4 期。

111. 杨晓新：《关于文化遗产的属性、价值及保护的文化思索》，《殷都学刊》2001 年第 2 期。

112. 胡锐：《道教旅游文化与道教文化旅游辨析》，《宗教学研究》2008 年第 4 期。

113. 张昕、陈惊：《文化遗产的审美教育价值》，《湖北美术学院学报》 2008 年第 3 期。

114. 单霁翔：《大型线性文化遗产保护初论：突破与压力》，《南方文物》 2006 年第 3 期。

115. 李伟、俞孔坚：《世界遗产保护的新动向——文化线路》，《城市问题》2005 年第 4 期。

116. 李林：《"文化线路"与"丝绸之路"文化遗产保护探析》，《新疆社会科学》2008 年第 3 期。

117. 王建波、阮仪三：《作为遗产类型的文化线路——〈文化线路宪章〉解读》，《城市规划学刊》2009 年第 4 期。

118. 刘仲宇：《道教想象力对文学的滋润——略论神魔小说和道法的关系》，《中国道教》1996 年第 1 期。

119. 卢世菊：《道教与名山的开发》，《中国方域》2000 年第 4 期。

120. 卢世菊：《道教与长江流域古代文化的关系初探》，《武汉交通科技大学学报》2000 年第 4 期。

121. 李林：《"文化线路"对我国文化遗产保护的启示》，《江西社会科学》2008 年第 4 期。

122. 吕舟：《文化线路：世界遗产的新类型》，《中华遗产》2006 年第 1 期。

123. 王晶：《文化线路申报世界遗产的探讨》，《中国文物科学研究》2011 年第 1 期。

124. 俞孔坚：《中国国家线性文化遗产网络构建》，《人文地理》2009 年第 3 期。

125. 刘小方：《文化线路研究的新进展》，《桂林旅游高等专科学校学报》2007 年第 6 期。

126. 吕舟：《文化线路构建文化遗产保护网络》，《中国文物科学研究》2006 年第 1 期。

127. 刘小方、李海军：《世界文化线路遗产的保护与旅游开发——以四川省为例》，《桂林旅游高等专科学报》2007 年第 2 期。

128. 牛云峰：《文化线路与丝绸之路（新疆段）民族文化资源开发——以库车—新和段为例》，《乌鲁木齐职业大学学报》2008 年第 4 期。

129. 章剑华：《江苏文化线路遗产及其保护》，《东南文化》2009 年第 4 期。

130. 王建波、阮仪三：《作为文化线路的京杭大运河水路遗产体系研究》，《中国名城》2010 年第 9 期。

131. 张泽洪：《20 世纪以来日本的道教研究》，《四川大学学报》2003 年第 2 期。

132. 袁银枝：《巍宝山道教文化旅游资源与开发略论》，《宗教学研究》2004 年第 4 期。

133. 兰虹：《青城山道教资源的保护与开发》，《西南民族大学学报》2007 年第 12 期。

134. 刘春燕：《三清山道教文化旅游资源开发研究》，《江西社会科学》2003 年第 4 期。

135. 冀群风：《武当山旅游发展对策研究》，《郧阳师范高等专科学校学报》2002 年第 2 期。

136. 唐崇敏：《对成都市综合开发道教文化资源的思考》，《中共成都市委党校学报》2006 年第 6 期。

137. 熊伯坚：《以道教文化优势打造特色旅游景区——江西龙虎山旅游资源的深度开发分析》，《上海经济研究》2006 年第 1 期。

138. 孔令宏：《论道家与道教文化旅游》，《浙江大学学报》2005 年第 6 期。

139. 胡锐：《道教与旅游——道教旅游文化初探》，《宗教学研究》1999 年第 4 期。

140. 江妍、陶莉：《中国道教文化与旅游》，《商业文化》2007 年第 5 期。

141. 秦永红：《道家、道教与旅游可持续发展》，《西南民族学院学报》2002 年第 3 期。

142. 卢世菊：《道教生态伦理思想与旅游业的可持续发展》，《中南民族大学学报》2003 年第 6 期。

143. 毛丽娅：《青城山道教文化遗产保护现状及其对策》，《绵阳师范学院学报》2011 年第 6 期。

144. 吕桦、吕江虹、陈建国：《龙虎山道教文化的保护与发展研究》，《农业考古》2009 年第 3 期。

145. 李小光：《重返社会舞台的努力——"道教文化国际论坛"综述》，《宗教学研究》2007 年第 1 期。

146. 郭伟锋、许亦善：《武夷山道教文化及其旅游价值》，《武夷学院学报》2009 年第 6 期。

147. 徐洋：《试论青城山道教文化旅游的开发》，《消费导刊》2010 年第 4 期。

148. 胡锐：《道教的宫观文化及其现代化——兼论道教宫观文化旅游》2010 年第 1 期。

149. 胡锐：《道教旅游文化与道教文化旅游辨析》，《宗教学研究》2007 年第 1 期。

150. 邵文涛、杨立志：《保护和开发武当文化资源探析》，《郧阳师范高等专科学校学报》2011 年第 2 期。

151. 张渭：《道家、道教文化在旅游节庆开发中的应用研究》，《中国人口·资源与环境》2010 年第 3 期。

152. 骆文伟：《文化线路视域下的"海上丝绸之路：泉州史迹"申报世界遗产探索》，《湖南医科大学学报》（社会科学版）2009 年第 4 期。

153. 刘小方：《文化线路辨析》，《桂林旅游高等专科学校学报》2006 年第 5 期。

154. 向岚麟：《近 22 年世界遗产地研究进展——基于 13 种中文期刊的考察》，《旅游学刊》2009 年第 4 期。

155. 付文军：《论剑门蜀道文化线路的保护（上）》，《中国名城》2009 年第 11 期。

156. 付文军：《论剑门蜀道文化线路的保护（下）》，《中国名城》2009 年第 12 期。

157. 陈怡：《大运河作为文化线路的认识与分析》，《东南文化》2010 年第 1 期。

158. 王晶：《隋唐大运河线性文化遗产特点及保护方式初探》，《东南文化》2010 年第 1 期。

159. 刘大群：《大运河线性文化遗产的旅游开发——以邢台运河旅游开发为例》，《中国名城》2009 年第 11 期。

160. 王金伟、韩宾娜、李勇：《线性文化遗产旅游及其发展潜力研究》，《旅游论坛》2008 年第 2 期。

161. 王金伟、韩宾娜：《线性文化遗产旅游及其发展潜力评价及实证研究》，《云南师范大学学报》2008 年第 5 期。

162. 杨雪松、赵逵：《"川盐古道"文化线路的特征解析》，《华中建筑》2008 年第 10 期。

163. 陈安强、陈学志、王小琴：《作为族群文化交融互动的线性文化遗产——以中国西部松茂茶马古道为例》，《前沿》2011 年第 7 期。

164. 喇明英、徐学书：《四川茶马古道路网系统及其文化与旅游价值探讨》，《社会科学研究》2011 年第 4 期。

165. 王丽萍：《文化线路与滇藏茶马古道文化遗产的整体保护》，《西南民族大学学报》2010 年第 7 期。

166. 胡朝相：《论生态博物馆社区的文化遗产保护》，《贵州民族研究》2002 年第 2 期。

167. 刘丽华：《非物质工业遗产保护体系构建》，《沈阳师范大学学报》2010 年第 5 期。

168. 龚坚：《当前人类学视野中遗产研究的三种范式》2010 年第 5 期。

169. Tove Oliver. *The Cultural Tour Route：A Journey of The Imagination*，Tourism Analysis，2004（8）。

170. 《世界遗产网》http：//whc. unesco. org/en/guiddlines。

171. 《中国世界遗产网》http：//www. whcn. org/。

172. 《中国道教协会网》http：//www. taoist. org. cn。

后　记

本书受"中南民族大学中央高校基本科研业务费专项资金项目"资助而完成。长江流域是道教的发源地，长江流域道教名山、宫观如繁星点缀，灿若银河，而在世界遗产领域有一种遗产类型——文化线路正日益受到政府部门和研究者的关注，何不以文化线路的视野来审视长江流域道教文化遗产呢？基于这样的认识，促使我在 2010 年申报中南民族大学中央高校基本科研业务费专项资金项目"长江流域道教文化遗产的保护与可持续旅游发展研究——基于文化线路视角"，并得以批准。当然，该项目的获批，也与我的前期取得的研究成果有关。在十来年的时间里，发表了相关研究论文 10 篇左右，2006 年拙作《紫气清风——长江流域的道教》由中国言实出版社、武汉出版社联合出版，该书系中华长江文化大系 60 卷本之一，为国家"十一五"重点图书出版工程。正是在中央专项的资助下，在前期相关成果的基础上，本书才得以顺利撰写完成。

本书在写作过程中，参阅并征引了大量海内外道教和文化遗产方面的相关资料，吸取了海内外学者的相关研究成果，谨此，对学者先贤、相关作者表示衷心的感谢。

掩卷而思，本书虽已完成，心仍惶惶然。道教是中国的本土宗教，它与儒、佛三足鼎立，其根柢和影响已深深烙在中国社会深层之中，在中国文化的核心之中。要写好本书，确实不易。再加上本人知识水平所限等原因，本书疏漏之处在所难免。在此，恳请广大读者们多多批评指正。

饮水思源，本书得以顺利完成，离不开恩师、好友、家人的支持和帮助。感谢恩师韩荣宝、朱秀武先生，他们虽已 80 高龄，身在大洋彼岸，但仍时常打来电话关心我的家庭、我的生活，给我的写作以极大的鼓励。感谢我的好友杨彬教授，是她的穿针引线帮我与出版社取得联系。感谢中国社会科学出版社的郭晓鸿老师的悉心指导。感谢中南民族大学旅游管理专业的研究生陈玲宇、沈炜等同学帮助整理撰写资料。最后特别感谢我的先生、我的家人，是他们的任劳任怨才使我有充足的时间完成撰写。

卢世菊

2012 年 1 月 16 日于武汉